AF141346

C. Homburg

Die Schriftsteller - Das französische Schriftstellerleben.

Sittengemälde und Bilder aus unserer Zeit

C. Homburg

Die Schriftsteller - Das französische Schriftstellerleben.
Sittengemälde und Bilder aus unserer Zeit

ISBN/EAN: 9783743617537

Hergestellt in Europa, USA, Kanada, Australien, Japan

Cover: Foto ©ninafisch / pixelio.de

Manufactured and distributed by brebook publishing software (www.brebook.com)

C. Homburg

Die Schriftsteller - Das französische Schriftstellerleben.

Die Schriftsteller.

Das
französische Schriftstellerleben.

Sittengemälde und Bilder aus unserer Zeit.

Deutsch

von

C. Homburg.

Zweiter Band.

Leipzig

Verlag von Otto Wigand.

1860.

Die Schriftsteller.

Die Schriftsteller.

Das

französische Schriftstellerleben.

Sittengemälde und Bilder aus unserer Zeit.

Deutsch

von

C. Homburg.

Zweiter Band.

Leipzig

Verlag von Otto Wigand.

1860.

Diese Nacht hatte Demailly viele Mühe, um einzuschlafen . . . Er drehte und wendete sich auf seinem Kopfkissen, endlich fing er zu träumen an . . . In seinem Traume stieg der gute Gott auf die Erde herab, er sendete ihm sein Stück, unterzeichnete es Carl Demailly, und trug es ins Gymnase-Theater. Der Portier ließ ihn hinaufsteigen. Der gute Gott wurde sehr gut von dem Direktor Herrn Montigny empfangen, welcher das Stück an sich nahm.

Das Stück, durch eines jener Wunder, welche die Träume nicht in Verlegenheit bringen, wurde noch am selben Abend aufgeführt, und Carl im Hintergrund einer Loge sah im Schauspielsaale den guten Gott als Claqueur, und auf der Scene Martha, ganz vertieft in sein Stück . . .

„Ach! wie dumm!" sagte er am Morgen, sich die Augen ausreibend.

Und er machte sich an die Arbeit. Aber zwischen sein Werk und ihn glitt ein Schatten, ein Bild, wie ein Schleier, worin die jugendliche Liebhaberin ihr Gesicht zurückgelassen hatte. Er hörte nicht mehr seine Gedanken in seinen Phrasen, sondern die Stimme, welche er des Abends vorher gehört hatte. Je nachdem er an eine Scene griff, wurde sein

Stück eine Serenade Tag eine der Personen nach der andern aus ihrer Rolle treten, um Martha den Hof zu machen.

Nach Verlauf von zwei Stunden dieser verzauberten Arbeit gab er seinem Manuscript einen derben Faustschlag — warf die Feder weg — und begab sich nach dem Atelier einer seiner Freunde, der einzige Ort auf der Erde, welcher das Vorrecht besaß, seine Traurigkeit aufzuheitern und seinen Mißmuth zu zerstreuen.

Carl fand, was man dort stets findet, eine Bummel= Atmosphäre, eine majestätische Bummelei, welche die Heiterkeit der Arbeit hätte, ein far niente ohne Ge= wissensbisse noch Gewissen, die Faulheit auf dem Tabaks= rauch sitzend oder in eine Nummer des Tintamare gewiegt, das hellste Gelächter und die feinste Licenz des Geistes, ein wahrer Blaumontag des Pinsels, eine Betrunkenheit mit Wortspielen, Kindereien, Pantomimen, Nachahmung von Schauspielern, Thieren oder der Religion, akrobatische Uebungen und Fußtritte überall; jenen Taugenichtslärm und jenes Pariser Geplauder, Alles dies um verzauberte Farben und Fiolen herum, welche die Sonne und das Fleisch enthalten, fließende Stunden, gerade wie die Stunden im Theater; und so wurde die Zeit den ganzen Tag durch die drei lustigen Cumpane, welche das Atelier mit ihrer Fröh= lichkeit und Unbekümmertheit erfüllten, getödtet, durch drei Männer, Maler oder doch ungefähr solche, von welchen der Eine den Geist eines alten Affen, der Andere den Geist eines Gamin und der Dritte den Geist eines Lumpen hatte. Carl wurde mit ungefähr achtzehn Wortspielen und durch die

famose Nachahmung des Begräbnisses eines Pairs von
Frankreichs empfangen; mit solchen Ehren wurden sonst
nur die gekrönten Häupter und jene Damen begrüßt,
welche kamen, um ihr Bildniß machen zu lassen. Carl fand
diese Späße sehr stupid, und nach einer Viertelstunde bereits
hatte er das Aussehn eines Mannes, welcher an etwas denkt,
so daß Einer ausrief:

„Meine Herren! Carl ist erwischt! . . . Du bist also in
der That verliebt, Alterchen?"

Carl fühlte sich erröthen, ergriff seinen Hut und flüchtete
— zu seiner Maitresse. Die Maitresse Carl's war eine sehr
wohlerzogene Frau, welcher Carl strengstens verboten hatte,
ihm die Ueberraschung eines Besuchs zu bereiten, ihn in
seiner Arbeit oder Faulheit zu stören, mit einem Wort, bei
ihm einzufallen wie die Liebe oder ein Wachbillet der Bürger-
wehr. Carl hatte sie bewundernswerth d r e f f i r t, durch
festbestimmte Rendezvous, unabänderlich, zu festgesetzten
Tagen, geheiligten Stunden, mit der Pünktlichkeit einer
Sonnenumwälzung eingehalten. Deßhalb war aber auch das
Erstaunen von Carl's Maitresse groß, als sie ihn an diesem Tage
so plötzlich eintreten sah. Aber noch viel größer war dieses
Erstaunen, als sie ihn charmant, liebkosend — verliebt fand!
Carl führte sie zu einem kleinen Diner und Abends in ein
kleines Boulevardtheater. Aber als er sie nach Hause führte
und an dem noch erleuchteten Gymnase-Theater vorüberkam,
stieg er, sie verlassend, schnell die Treppen empor, um den letzten
Akt jenes Stückes zu sehen, welchem er bereits mit Remonville beigewohnt. Während einiger Tage stattete er Freunden
Besuche ab, die das Jahr über ihn nicht zwei Mal besuchten,

Verwandten im zwanzigsten Grade, welche sich nicht gut erinnerten, ihn je gesehen zu haben — und ihn dessenungeachtet sehr gewachsen fanden.

Aber Carl hatte gut sich herumtreiben und ab- und zugehen, er blieb nichtsdestoweniger durch einen innern Monolog verfolgt, von welchem mitunter einige Phrasen bis zu seinen Lippen heraufstiegen, so daß die Vorübergehenden sich umwandten, stets neugierig, einen Menschen zu sehen, welcher sich allein auf der Straße zu befinden glaubt. „Die Vorurtheile! ... die Vorurtheile! ... Am Ende aber," sagte Carl, „ich habe keine Mutter mehr ... habe keine Familie mehr ..."

Die Liebe ist stets Liebe, aber je nach den Persönlichkeiten hat sie ihre Sonderbarkeiten, Eigenheiten und verschiedenartige Thorheiten. Wenn auch nach gewissen Seiten hin, durch die Plötzlichkeit, die Lebhaftigkeit und den Blitzstrahl, durch diesen Anfang von Liebe, welcher die Liebe selbst ist, die Leidenschaft Carl's auch wie die Leidenschaft Jedermanns war, so hatte sie aber dennoch einen eigenen seltenen Charakter. Die Liebe Carl's, festgehalten und bestimmt durch einen gewissen Zug der Schönheit, war hierdurch eine Liebe des Kopfes. Er liebte vielleicht noch viel mehr als Schriftsteller denn als Verliebter. Es war weniger das Weib, welches ihn in diesem Weibe ansprach, als die Schauspielerin. Martha war für ihn die lebendige Form und das liebliche Leben seines Gedankens, sie war die Rolle selbst, welche er in seinem Stücke geliebkost und con amore gesucht hatte.

Sie war seine personificirte Einbildung, seine in eine

Kreatur übertragene und glorreich gemachte Schöpfung, der
Körper und die Seele seines Werkes. Es war nicht mehr
Martha, es war Rosalba, sie war seine Heroine, das junge
Mädchen seines Stückes, die Vielgeliebte seines Geistes.
Deßhalb aber auch, als Carl durch die Einwendungen seiner
Vernunft, durch die Regeln der Gedanken, in welchen er
auferzogen worden, bis aufs Aeußerste getrieben war, dann
betäubte er sich durch dieses letzte Wort: „Wir, die wir
unser Vergnügen, unsere Trägheit, unsere Gesundheit, unser
Leben einem Werke opfern, sollten wir diesem Werke im
Nothfalle nicht auch unser Glück zum Opfer bringen können? . . . .“ Und dann an einem andern Tage wollte er sich
diesen Sophismus wiederholen, die Zunge drehte sich in ihm:
er sprach E h r e anstatt G l ü ck, und der Schrei: „Unmöglich!“ stieg ihm in die Kehle . . . .

Und, trotz Allem, ging er jeden Abend in's Gymnase-
Theater, als er eine Einladung zu einem costümirten Ball
erhielt, von einem Millionär den Männern seines Journals
und den Frauen seines Theaters angeboten.

XXXIX.

Es war ein herrlicher Gedanke, welcher veranlaßt hatte,
den Tanzsaal mit einem goldenen Rebengitter zu umgeben,
ganz in ächte Weintrauben gehüllt, und von Entfernung zu
Entfernung goldene Scheeren an Bändern aufzuhängen,
welche die Hand zum Abschneiden der Trauben einluden.
Dieses natürliche und feenhafte Geländer, die Füße in ein
umlaufendes Gärtchen eingesenkt, rundete sich über die beiden

großen Säle aus, und zwar am Ende des Tanzsaales in
ländliche Lauben auslaufend, von welchen jede einzelne,
gleich einem goldenen Käfig, eine Weinlaubenwiege, ein
Tischchen mit zwei Couverten einschloß. Die Weinranken
verbargen das Orchester, welches man nicht sah und hinter
denselben wie ein Herbstchor am Abend erklang.

Der Ball war herrlich. Es gab da alle nur erdenklichen
Costüme, hübsche, kokette, geistreiche, reiche, absurde Co-
stüme . . . Man hätte in dem Volke die Geschichte und die
Phantasiewelt tanzen glauben sollen.

Carl war in der Nähe der Thüre und betrachtete die
ankommenden Leute, als eine Stimme — es war Martha
am Arme Remonville's, welchen sie im Vorzimmer unter
seiner Verkleidung als Zauberer erkannt hatte:

„Oh! Das herrliche Lila-Weiß!"

Carl, welcher sich als Frühling verkleidet hatte, nahm
seinen Hut, welcher nur aus einem Bouquet weißer Lilas
bestand, ab, und überreichte es Martha, welche ihm mit der
lieblichsten ihrer Geberden dafür dankte.

Eine Stunde später:

„Herr Demailly!"

Martha war es, die vorüberging.

„Mein Fräulein!"

„Haben Sie meinen Tänzer nicht gesehen? Wenn er
vorüberkommen sollte, schicken Sie ihn mir doch . . ." flüsterte
Martha und eilte davon.

Carl ließ sich auf einen Divan nieder. Nach fünf Minuten:

„Tanzen Sie denn nicht, Herr Demailly?" fragte
Martha abermals vorbeirauschend.

„Und Ihr Tänzer?"

„Ich suche ihn," sagte Martha sich niederlassend.

„Liegt Ihnen viel daran, ihn zu finden?"

„Es liegt mir daran, zu tanzen . . ."

„Wollen Sie mir die Ehre erlauben?" sagte Carl, ihr seinen Arm anbietend.

„Es ist auch wahr! Wie dumm wir sind! . . . Sie tanzen also?"

„Niemals!" sagte Carl.

„Aber alsdann . . . Ach! mein Gott, es ist vorbei! . . . Sie sind begnadigt," sagte Martha mit einem Lächeln. „Aber ich verliere heute ja Jedermann . . . Wo ist denn meine Mutter? Ach da . . . Ich gebe Sie Ihrer Freiheit zurück, Sie wissen . . . Wieviel Uhr ist es jetzt?"

„Es ist um die Zeit, wo vernünftige Menschen eine Fleischbrühe und eine Fasanen-Gelantine zu sich nehmen."

„Meinen Sie?"

„Ich wette darauf, mein Fräulein. Wollen Sie, daß wir zusammen sehen?"

„Oh! Ich mißbrauche aber . . ."

Und Carl gab Martha seinen Arm und führte sie in den Speisesaal. Martha hatte jene Lebendigkeit, jenes herrliche Feuer, jenes schöne Fieber der Geberden, des Blicks, des Wortes, jene lebhafte und lustige Spannkraft, welche den Frauen in den letzten Stunden eines von Musik trunkenen Balles die Bewegung, die Hitze und die Lichter geben.

Sie suchten sich ein Bosquet, einen Tisch aus, aber ehe Martha sich niederließ, reckte sie sich auf ihren kleinen Füßchen etwas in die Lüfte, hob die Arme in die Höhe und schnitt mit der goldenen Scheere ein kleines Träubchen ab. Und während die Beeren unter ihren Zähnen zerknarrten:

„O! wie merkwürdig dies ist! . . . Stellen Sie sich vor . . . das ruft mir in's Gedächtniß . . . ich war noch ganz klein . . . noch in der Pension . . . da gab's ein Reben= gelände wie hier unter dieser Laube, aber weit höher . . . höher . . . sehr hoch, ebenso hoch wie unsere Mauer . . . am Ende unseres Gartens . . in einem andern Garten . . . dies Rebengelände gehörte . . . nicht uns . . . Glücklicherweise gab es in dem Garten eine Bank, eine große Bank, welche sehr schwer war! Wir mußten uns zum mindesten vier oder fünf dahinter machen, um sie fortziehen zu können . . . that aber nichts, wir zogen sie. Endlich an der Mauer, war ich die Größte, welche auf die Bank stieg . . . und so erwischte ich die jenseitige Traube . . . das Ende vom Liede war, daß wir die Bank zerbrachen . . .“

„Man endigt stets damit, die Bank zu zerbrechen . . .“ sagte Carl, „das ist das Leben!“

„Ich habe mich aber doch köstlich unterhalten . . . Und die Preisvertheilungen! . . Man spielte Comödie! . . . Damals unterhielt es mich wohl, Theater zu spielen! . . Und ich wurde beklatscht . . . Es gab da keine jener garstigen Feuilletons, um einem unangenehme Sachen zu sagen . . . Und wenn man an diese Zeit denkt, so bedauert man sie . . . Glücklicher Weise denkt man nicht daran . . . Ist es Ihnen auch wie mir?“

„Ha! Ha, mir, Fräulein, bei mir, ist etwas ganz Anderes, ich stahl nur Aepfel . . . dazu habe ich niemals die Aepfel leiden mögen . . . Latein, Griechisch, Professoren, Sitzen=

bleiben . . . meiner Treu, nein! ich bedaure nichts. Aber doch, doch, ich bedaure einen Engländer."

„Einen Engländer?"

„Ich war noch ganz klein. Der Engländer war mein Classennachbar, ein großer Engländer, einen Kopf größer als ich, und stark! . . große Fäuste, tüchtige Knochen . . . Alles dies ist mir ein wenig dunkel; aber wenn ich mich noch recht erinnere, so war es in der Classe am Montag-Morgen, ja in der Geographieclasse, da verschwanden wir regelmäßig hinter einem großen Atlas; was habe ich nicht hinter diesem großen Atlas ausgestanden! . . . ich weiß nicht, woher er es wußte, daß ich der Sohn eines alten Soldaten sei . . . Wenn er sonst nichts gethan hätte, als mich zu schlagen! aber er gab mir unter dem Tische nicht einen einzigen Fußtritt, ohne mir zu sagen: „Die Franzosen zu Waterloo geschlagen! . . . stets geschlagen!" . . . Und seine Stimme drang mir in die Ohren . . während seine großen Füße meine kleinen Füße zertraten . . . ich hatte die Augen voll Thränen, nicht wegen der Fußtritte, sondern wegen der nationalen Demüthigung . . . ."

„Ich sehe nicht . . ."

„Ach! Fräulein, es war dort doch nur eine Meinungsverschiedenheit über Wellington, die Eigenliebe des Vaterlandes . . . und ich sah, daß es einfach nur ein guter Engländer war . . und nicht ein böses Herz, als er aus seiner Schultasche zwischen zwei Stücke Brod gelegt, einen Häring hervorzog, von welchem er mir die Hälfte anbot . . . Seit jener Zeit habe ich nie mehr das nämliche Vergnügen verspürt, etwas zu theilen, selbst nicht das Unglück eines Freundes!"

Und Carl schenkte Martha ein Glas Champagner ein.

„Meiner Treu, gleichviel,“ sagte Martha, indem sie sich einschenken ließ, „wenn es mir übel bekömmt — nun so mag es drum sein! . . . Welch' schöner Ball! ich habe mich unterhalten! ich habe getanzt! . . . außerdem bete ich den Maskenball an . . . es scheint mir fast, man benehme sich weniger einfältig mit seinen Tänzern . . . Es ist so eisig, mit einem schwarzen Frack zu reden . . . .“

„Und einen solchen zu tragen, wenn Sie das erst wüßten! . . . Sie haben ein prachtvolles Kostüm . . von einem Geschmack . . .“

„Oh! Ich habe das Alles selbst gemacht . . Nicht wahr, diese großen Schleifen?“

„Ganz herrlich — sie stehen Ihnen wie Ihre Augen . . .“

„Wenn Sie mir noch ein Compliment machen, dann stecke ich meine Handschuhe in mein Glas Champagner . . .“

„Mein Fräulein,“ sagte Carl, eine Ananas zerschneidend, „ich glaubte lange nicht an die Ananas; ich glaubte stets, es sei ein holländischer Käse in Blättern . . .“

„Man verliert alle seine Illusionen,“ sagte Martha lächelnd. „Sagen Sie mir, mein Herr, gehen Sie denn nirgend hin? Ich glaube, ich habe Sie noch nie gesehen . . . .“

„Das rührt von meinem Geschlecht her, Fräulein.“

„Wie so, von ihrem Geschlecht?“

„Ja, Fräulein, von meinem Geschlecht . . . Sie werden mir zugeben, daß es Marter und Marter giebt . . . Ich nehme an, man schnitte mir den Kopf ab, das wäre furchtbar . . .“

„Welcher Gedanke!“

„Oder man kitzelte mir die Fußsohlen, bis der Tod daraus erfolgte . . . . das wäre schrecklich. Wohlan, Fräulein, was würden Sie von einer Marter zwischen einem Kitzeln und einer Enthauptung sagen? etwa . . . eine freiwillige Schinderei?"

„Aber von was reden Sie denn?"

„Ich, ich rede von dem Rastrenlassen."

„Ach! ach!"

„Nehmen Sie sich in Acht! Ihr Kopfputz wickelt sich auf . . ja auf dieser Seite."

„Haben Sie den Kopfputz von Fräulein Duvert gesehen?"

„Nein."

„Ich liebe diesen Kopfputz nicht."

„Auch ich nicht . . . Lieben Sie die Musik, Fräulein?"

„Ungemein."

„Sie haben Recht; eine Frau, welche die Musik nicht liebt, und ein Mann, welcher solche liebt, sind zwei unvollständige Wesen."

„Ach! Sie sind Spötter!"

„Nein, gewiß nicht, ich versichere Sie. Ich bin nur furchtsam, woher es auch kömmt, daß ich in meinem ganzen Leben es nicht wagte, mit einer Frau zu reden, ohne dabei zu thun, als lachte ich . . . Soll ich Ihnen die ganze Wahrheit sagen? Ich bin Spötter, gerade wie man Notar honorarius ist, aus Anstand . . . Aber sagen Sie es nicht wieder!"

„Zum mindesten sind Sie offen," sagte Martha lachend.

„Ein wenig Champagner?"

„Danke."

„Zum Anstoßen!"

„Auf was?"

„Stoßen wir auf unsere Gedanken an, wollen Sie?"

„Man stößt nicht auf solche Sachen an . . ohne zu wissen . . ."

„Aber man trinkt wol auf die Zukunft . . und wer weiß?"

„Ich," sagte v. Remonville, der vorüberging, „ich sage die Vergangenheit vorher."

„Herr v. Remonville," sagte Martha, „wollen Sie mir mein Schicksal prophezeien?"

„Ihre Hand, hübsches Kind . . . Nein, die andere . . die Linke . . . Welche Farbe lieben Sie?"

„Rosa."

„Lesen Sie die Patrie oder den Constitutionnel?"

„Die Abendnummer der Patrie."

„Hoffnung!" sagte v. Remonville. — „Sie sind geliebt! von einem jungen Mann! . . welcher Illusionen an Wolken spannt! . . . braun! im Monat März geboren, im dritten Arrondissement und Wohlstand! . . Lindor ist nicht sein Name! . . Seine Gefühle sind rein! . . . . Nur noch einen Augenblick Ruhe, Jugend! Keine Thorheiten! . . Der Maire von Nauterre betrachtet Euch mit goldenen Brillen . . ."

„Remonville!" schrie eine Stimme im Saale.

„Hier! . . Auf Euere Gesundheit, meine Kinder!"

Als Remonville abgegangen war, trat zwischen Carl und Martha ein Schweigen ein.

„Haben Sie die erste Vorstellung an der Porte St. Martin gesehen?" fragte Martha.

„Nein."

„Oh! Wahrhaftig, Sie leben also in einem Festungs-
thurme?"

„Ungefähr so . . . Und dann will ich Ihnen sagen . .
abermals unter uns . . daß das Theater eines jener Vergnügen ist, welches mich am meisten langweilt. Ich habe
darauf verzichtet."

„Ich wette darauf, Sie haben mich noch nie spielen
sehen."

„Wetten wir!"

„Lassen Sie das gut sein! keine Höflichkeit . . . Die
Wahrheit. Sehen Sie! ich bin dessen sicher."

„Glauben Sie auf mein Ehrenwort, wenn ich es Ihnen
geben sollte?"

„Ja, geben Sie."

„Wohlan, Fräulein, ich schwöre Ihnen, daß ich Sie
gestern in Ihrer letzten Rolle gesehen . . ."

„Ach!"

„Zum einundzwanzigsten Mal!"

„Ach, mein Gott! zum Ein . . ."

„Undzwanzigsten Mal . . . Waren Sie nicht in Scene,
dann las ich."

„Meine Mutter wird um mich bekümmert sein . . .
Wollen Sie mir den Arm bieten, Herr Demailly?"

XL.

Als Carl des andern Tags erwachte, war es Mittag.
Er ging spazieren und befand sich vor dem Hause Martha's.
Er ging vorüber, kehrte wieder um, kehrte nochmals um,

als plötzlich die Augen emporrichtend, er an einem Fenster
im zweiten Stock eine Dame ihren Hut abnehmen sah, die
so sehr Martha glich, daß sie es selbst war; und die Augen
niederschlagend, sah er ein Täfelchen oberhalb der Hausthüre
mit der Aufschrift: „Kleine Appartements für
junge Leute zu vermiethen." Carl trat bei dem
Portier ein und ließ sich das kleine Appartement zeigen.
Die Liebesromane haben auf solche Weise mit diesem Mittel
Mißbrauch getrieben, daß Carl sich beinahe vorerst schämte,
eine Wohnung Mauer an Mauer, Fenster an Fenster mit
Martha's Wohnung zu finden: Der Zufall kopirte die
Feuilletons. Aber es war dies nur ein kurzes Schämen.
Des darauffolgenden Tages bereits hatte ein Tapezierer das
Appartement ausmöblirt, und zwei Tage nach dem Ball, als
Martha den Kopf aus dem Fenster steckte und dazu ein
kleines Liedchen sang, ließ sie aus Schrecken ihr Liedchen
auf die Straße fallen; Herr Demailly im Schlafrock, beide
Ellbogen auf die hölzerne Fensterbrüstung gestützt, rauchte in
größter Ruhe aus einer prachtvollen Pfeife an der Seite
ihres Fensters. Sie stieß einen kleinen Schrei aus, auf
welchen Carl mit einer respektvollen Verbeugung mit jenem
Theil seines Körpers antwortete, der zum Fenster hinausreichte.

Aber er hörte das Geräusch eines sich schließenden Fensters und Martha erschien nicht wieder.

Carl wartete. Er wartete diesen Tag. Er wartete
des darauf folgenden Tages . . den zweitfolgenden Tag stets
in sein Zimmer eingeschlossen und die Fenster offen, das
Geräusch der Fenster nebenan ablauschend, und dazu Bücher
lesend, wo er mit dem hintersten Blatt anfing. Endlich nach)

einigen Tagen, gegen elf Uhr Abends, hörte er öffnen, Martha war am Fenster, aber mit dem Rücken nach Außen gekehrt.

„Weshalb sind Sie hier, mein Herr?" sagte sie zu ihm, mit leisem Tone ohne sich umzudrehen. — „Ist gar nicht artig . . . . Sie bringen mich in üblen Ruf . . . Ist dies vielleicht Ihre Absicht? Man kann mich hören . . . wenn man uns sähe . . ."

„Fräulein, machen Sie es wie ich, und dann ist jede Gefahr vorbei," und Carl ließ die Marquise in der Art herab, daß er dahinter versteckt wurde.

„Weshalb ich hier bin, Fräulein? weil das Stadtviertel im Mittelpunkt liegt . . . weil der Name der Straße mir gefällt . . . weil hier die Luft für meine Brust gut ist . . . . weil ich Sie liebe, Fräulein."

„Weil Sie mich lieben? . . . Oh! Nicht wahr, Herr, das ist ein Spaß? Wir haben einmal zusammengesprochen! Und dann, wenn Ihnen soviel daran lag, mich wieder zu sehen . . . so habe ich ja meine Mutter . . . Uebrigens findet sie mich auch noch zu jung zum Heirathen, somit . . ."

„Warte ich am Fenster."

„Ach! fortwährend Spötter!"

„Wenn Sie es wollen, Fräulein, verspreche ich Ihnen nicht mehr zu lachen."

„Und zu rauchen? Denn Sie thun sonst nichts als dies . . . stets! und die Pfeife! . . Wieviel Pfeifen rauchen Sie?"

„Sechs, mein Fräulein . . . drei nach dem Frühstück und drei nach dem Diner."

„Aber das muß Ihnen ja die Kehle verbrennen . . .
Pfui! das ist garstig!“

„Verlangen Sie, Fräulein, daß ich Ihnen eine Pfeife
per Tag zum Opfer bringe?“

„Ich verlange kein Opfer von Ihnen, mein Herr.“
Ein Stillschweigen trat ein.

„Sehen Sie!“ nahm Martha wieder auf, „zu was soll
Ihr Dableiben dienen?“

„Vorerst um Sie zu sehen.“

„Ich komme nicht mehr an's Fenster . . . Gute Nacht,
Herr Demailly.“

„Jetzt schon . . . es ist kaum . . .“

„Ich habe zu sehr Furcht, daß meine Mutter in mein
Zimmer kommen könne . . . Guten Abend!“ sagte Martha
nochmals und dennoch blieb sie.

„Kennen Sie jenes Singspiel?“

„Welches Singspiel?“ sagte Martha.

„Wo eine Person fortwährend sagt: Ich gehe schlafen...“
Als Antwort schloß sich das Fenster.

Des andern und die darauffolgenden Tage ganz gleiches
Spiel: das Fenster endigte stets damit, sich zu schließen,
aber ehe es sich schloß, wurde es stets vorher geöffnet.

XLI.

Einen Monat später sagte Martha zu Carl:

„Warum kommen Sie nicht in's Theater?“

„Ich bin eifersüchtig . . .“

„Auf die Lorgnetten?“

„Auf Alles . . . und auf die Schauspieler . . Hier sind wir so gut unter uns . . ."

„Sagen Sie mir, mein Freund, weßhalb gehen Sie jeden Abend aus, wenn ich zu Bette bin? Jüngst sind Sie um ein Viertel nach Mitternacht ausgegangen . . ."

„So! Sie überwachen mich? Ich gehe spazieren."

„Um Mitternacht?"

„Das ist gerade die schönste Stunde . . . da tritt uns Niemand auf den Fuß . . . Man wird nicht überfahren . . . Die Straßen sind da breit . . . Das Gas erleuchtet den Mond . . . Man begegnet Niemandem . . . und die Leute, welchen man begegnet, haben eine Opernmelodie zwischen den Zähnen . . . Und Ihre Mutter, Martha?"

„Ach, ich wurde wacker von ihr ausgezankt diesen Morgen! Man muß ihr gesagt haben, daß Sie mir die Cour machen . . . Ich weiß nicht wer, aber sie denkt an Nichts . . . Wir haben Ihretwegen einen Wortstreit zusammen gehabt . . . Ich habe Sie zwar nicht zu sehr vertheidigt, aus Furcht . . ."

„Aber was konnte denn Ihre Mutter sagen?"

„Oh! . . Was man so eben sagt . . . daß Sie ein junger Mensch seien . . . daß die Strohfeuer nicht lange andauerten . . . Ich erinnere mich nicht mehr . . . Meine Mutter hat so sehr Angst . . . sie hat mich so gern!"

Eines andern Tages sagte Martha zu Carl:

„Sie sind heute traurig?"

„Ja, Martha, ich habe schlecht geschlafen, ich bin zwei Stunden am Fenster geblieben, auf Sie zu warten . . . Ich befinde mich an Körper und Seele leidend . . ."

„Sie leiden?"

„Ich weiß nicht, aber es muß wohl so sein."

„Sie waren des Tages über sehr blaß, Sie arbeiten zu viel . . wie mir scheint . . ."

„Ich arbeite gar Nichts . . . seitdem ich hier bin, habe ich meine Gedanken nicht mehr . . . Sie sind . . ich weiß nicht wo hingekommen . . . Ich will es versuchen, mich heute Nacht darüber zu besinnen."

„Oh! Ich will nicht, daß Sie aufbleiben . . . ich könnte nicht schlafen deswegen . . . Aber Sie husten," sagte Martha.

„Ich?" sagte Carl, „nein . . ."

„Haben Sie Orangeblüthen-Wasser?"

„Wozu?"

„Nein? Ach! ich will Ihnen ein Glas Zuckerwasser machen . . ."

„Hier!" sagte sie, indem sie zurückkehrend, durch das Fenster die Marquise hindurch das Glas reichte . . . . so nehmen Sie doch . . . man wird uns sehen . . ."

„Wenn man uns sieht!" sagte Carl, „Sie haben noch nicht davon getrunken . . ."

„Oh! welche Kinderei! . . Sie wollen, ich soll trinken . . . Carl! . sehen Sie, ich habe getrunken . . . Nun?"

„Sie haben nicht getrunken."

„So! Ich habe nicht getrunken! . . . da sehen Sie!" Und Martha hob das Glas etwas in die Höhe und zeigte beim Mondlicht die Abnahme des Wassers.

„Ach! Diesmal . . ." sagte Carl, indem er das Glas ergriff.

„Ja . . . das geschieht, weil Sie krank sind . . ."

XLII.

Von diesem Abend an erhielt Carl regelmäßig ein Glas Wasser, in welches Martha die Lippen getaucht hatte. Aber dies war auch Alles, was er erhielt, die Liebe Martha's — Carl fühlte dies durch ihre Liebkosungen hindurch — wollte kein Roman sein. Die Heirath war für sie ein aufbewahrter Fall.

Eines Abends öffnete sich das Fenster nicht. Des darauffolgenden Tages blieb es ebenfalls geschlossen. Erst nach Verlauf von vier Tagen öffnete es sich; aber nicht Martha erschien an demselben — sondern ihre Mutter, welche Carl nicht zu kennen das Aussehn hatte.

Carl zündete eine Cigarre an, warf sie aber alsbald in das Feuer und ging an die neben seiner Wohnung befindliche Thüre und klingelte. Die Mutter Martha's öffnete und empfing ihn. Carl erwartete in ihr eine Schauspielerin-Mutter zu sehen, er fand eine Mutter mit dem Wohlanstand einer Frau von Welt. Frau Mancel begann damit, ihm vorerst die größte Kälte zu bezeugen. Sie sagte ihm, sie wisse von ihrem kleinen Roman, daß seine Entschuldigung in der Stellung ihrer Tochter und in ihrem Stande liege, und daß es ganz natürlich sei, daß man eine Schauspielerin nicht zu beleidigen glaube, indem man sie für ein Theater-Frauenzimmer halte. Carl, ein wenig aus dem Sattel gehoben, sprach von Heirath — sprach von seinen zehntausend Franken Renten. Aber Frau Mancel rührte dies so wenig, daß Carl ihr für ihre Tochter die ehrgeizigsten Pläne unterschob. Sie begann abermals mit jenem ruhigen und leichten Worte und

2*

sagte: ihre Tochter sei natürlich frei, man könne aber mit
siebzehn Jahren eine Bewegung des Kopfes für eine Bewegung des Herzens halten, dies könne zwar zu allen Altern
vorkommen und sogar Herrn Demailly selbst; man müsse in
solchen Dingen darauf bedacht sein, sich nicht selbst zu be-
lügen und sein ganzes Leben nicht an die Illusion einer Stunde
zu ketten, daß ihre Tochter einen Urlaub von vier Monaten
erhalten und wahrscheinlich ein Engagement in Belgien annehmen werde, und wenn nach Verlauf dieser vier Monate
die Gefühle, von welchen Carl ihr die Versicherung brächte,
gegenseitig noch fortbeständen, dann werde man weiter sehen.
„Es ist eine Thorheit, mein Herr,“ sagte sie endend, „deren
Verantwortlichkeit ich nicht tragen möchte.“

Carl nahm die Bedingung, Martha nahm das ihr an-
gebotene Engagement an, und reiste mit ihrer Mutter nach
Brüssel ab.

Carl schrieb ihr jeden Tag, und so lange Briefe, daß
Martha nach Verlauf von vier Monaten ihrer Mutter be-
deutete, sie wolle sich verheirathen. Madame Mancel seufzte,
zürnte und ergab sich in die Bedingung, daß Martha noch
zwei weitere Monate warte.

Vierzehn Tage nach der Rückkehr Martha's veröffentlichte
der „Scandal“ ohne Kommentar die Heirath des Herrn
Carl Demailly mit Fräulein Martha Mancel.

XLIII.

Als Martha bei ihrem Gemahl erwachte, als ihr Blick
vorerst noch halb eingenickt, umherirrte und endlich den

Willen erlangte, sehen zu können, rieb sie sich die Augen, und in dem ersten und verwirrten Erwachen ihrer Gedanken und der Dinge um sich her, glaubte sie sich noch nicht recht aufgewacht. Abermals sah sie um sich, sie befand sich in dem schönsten Schlafzimmer, welches nur je gemacht worden.

Ihr Zimmer war in eine jener Tapisserien eingeschlossen, auf welcher, glänzend von Seide, frisch, leuchtend und sanft die Palette Boucher's triumphirt, eine jener Frühlings-tapeten, wo Alles Morgenröthe ist, und wo die Thüren sich nach dem Rosenlande hin zu öffnen scheinen. Alle Farben waren sanft und lachend. Von jenem bewundernswerthen weichen Blau, welches man nur noch selten auf alter chinesischer Emaille findet, ging das Auge auf Schwefelgelb zu den Schatten verbrannter Topase über, geliebkost von den lilafarbigen Jacken der Schäfer, deren Fleisch-Töne des Gesichts der Pfirsiche und die Schminke auf deren Bäckchen einen herrlichen Schatten bildeten. Unter dieser ganzen nachgeahmten Natur war es diese prachtvollste Lüge des Schönen, welche entzückte, ferner Gegenden in eingeschläferte Morgenschimmer gebadet, Schäfchen von einem Schneelicht erleuchtet, purpurne Weiberröcke von Seidenblitzen durch-zogen, Ruinen aus grauen Cameen zart und gelb wie ab-gestorbenes Moos, Böden, wo auf blassem Grün Tulpen emporblühten, die ersten Rosen sich blätterten. Dieses ganze Gemälde trat aus der ruhigen und freudigen Harmonie eines weißen Untergrundes hervor, aus jenem erloschenen und durch die Zeit vergilbten Weiß, in einem blaß goldenen Licht, diese ganze Tonleiter untermischter Farben heraushebend, welche sich in demselben dann verschmelzen und in ihm ersterben.

Auf dem Plafond ruhte strahlend, wie in einem Pastel-Staube, der verschleierte Körper einer blonden fliegenden Venus mit der Erziehung eines kleinen rostgen Amors beschäftigt.

Eine magische Laterne, auf dem Piedestal einer Ruine unterzeichnet: „Boucher 1737", lief um das ganze kleine Zimmer herum, nur für das Fenster allein Platz lassend.

Die Tapisserie zeigte und rollte einen Zigeunermarkt vor den Augen ab, die schöne Wahrsagerin auf einem Karren thronend, hiezu das gesammte auf den Armen emporgehaltene Kindervolk und neugierige junge Mädchen, sich niederbückend und das Auge an das Loch der Optik legend, gelehrte Esel, welche dem Jahrmarktsvolk Rosen anbieten und ihre National-sprache diesmal nicht sprechen, dies Alles, diese gesammte Composition, bezaubert durch ein Apotheosen-Licht, welches dem Blick von Liebe spricht . . . .

Es war ein regnerischer Tag. Jeden Augenblick jagte eine große schwarze Wolke die Sonne, welche vorüberziehend ihre Strahlen leuchten ließ, und diese rasche, nur wenige Augen-blicke andauernden Abwechslungen verschafften Martha einen doppelten Anblick der Tapisserie, welche bald verdampfend in eine Wolke sich zu vergraben schien, bald darauf aber wieder durch eine plötzliche Tageshelle sich wie ein Thau belebte, wie ein Reifen an's Licht drängte, sich belebte, ent-zündete, wiederauflebte. Dann schweiften die Augen Mar-tha's auf eine Toilette, welche ganz mit Spitzen reich aus-gestattet, tausend kleine Gegenstände aus Silber zeigte.

„Findest Du dies hübsch?" fragte Carl, welcher hinter dem Vorhang ihr Erwachen abgelauscht hatte und sich an ihrem Erstaunen ergötzte.

„Oh! das ist sehr schön!.. Gieb, daß ich sehen kann.. Das hast Du bei Tahan gekauft?"

„Nein," sagte Carl, „das gerade nicht. Es ist von einem gewissen Germain, welcher seiner Zeit beinahe ebenso gut arbeitete .... Ein Gelegenheitskauf oder vielmehr eine Thorheit ... wie alle Gelegenheitskäufe, die sich in unsern Tagen alle Tage darbieten."

XLIV.

Nichts steht dem Glücke so ähnlich als die Liebe. Und wie es nur sagen? wie es sagen, daß diese zwei Monate nur eine schöne Stunde waren? Blicke, Strahlen, Lieder, auf solche Vergangenheit müßte man Worte werfen wie Blumen. Es waren närrische Worte, närrische Trunkenheiten, närrische Liebkosungen, Wollüste, welche sie durchdrangen, Kartenschlösser, welche sie fertig zu bauen vergaßen, lange Trägheiten, wo sie sich in der Ewigkeit der Gegenwart einwiegten, Hoffnungen und Launen, welche zu ihren Füßen wie Kinder spielten, Willen, welche sich gegenseitig zulächelten wie Schwestern, lange Stillschweigen, wo sie sich ohne Worte unterhielten, ferner jene tausend Kindereien, welche die Leidenschaft hervorbringt, diese volle Befriedigung, welche der Genugthuung unserer zarten Instinkte folgt, diese stets junge und stets erneute Freude, welche der materielle Besitz dieses Ideals: Liebe giebt. Das freudige Erwachen! So

erwacht das Kind, so erwacht der Vogel, singend und lachend.
Theure Augenblicke, glückliche Sekunden, wo ihre stammelnden Gedanken, ihre Augen, welche mit dem Flügel zu schlagen schienen, um die leichten „Träume ihrer Nacht" zu verscheuchen, sie nahmen nach und nach das Bewußtsein der Dinge ihres Lebens, ihrer Vergangenheit, welche erst gestern war, und jenes ihrer Zukunft, die heute bereits da war, an! Jeden Morgen stellte sich alle ihre Glückseligkeit einen Augenblick so auf's Neue dar und küßte sie auf die Stirne, während Seite an Seite, geliebkost durch eine angenehme Wärme, sie sich vorerst zulächelten, ehe sie sich betrachteten, langsam sich so selbst wiedergebärend und darauf Bedacht nehmend, nicht völlig das letzte Wiegen des entfliehenden Schlafes zu verlieren.

Diese Levers waren voll Zauber, Teufeleien und Lieblichkeiten. Halb angekleidet — frischer Haut und ganz von ihrer Jugend durchzittert, glitt sich Martha bis zum Arbeitscabinette Carl's, wo sie wie ein Ueberfall eintrat. Sie legte ihm ihre beiden Hände um die Augen, dann ihre Arme um seinen Hals. Sie zauste ihn herum, schlug ihn, kitzelte ihn, rollte ihn umgeworfen längs dem großen Divan hin, welcher das Cabinet umgab. Alle beide setzten sich dann zu Tische und beide Stühle rückten augenblicklich einander näher, beim Dessert streiften sie aneinander. Alsdann, eine Erdbeere zwischen ihre Opal-Zähne nehmend, bog sie sich zurück und ließ sie Carl so von ihren Lippen nehmen.

„Ich werde sie erhaschen . . ."

„Nein!"

„Warte."

„Aber nicht mit den Händen!" und die Erdbeere ging in ihrem Munde hin und her, bald muthig, bald fürchtend. Ihre feuchten Lippen, ihre blauen Augen, halb angefeuchtet durch das Lachen, flohen Carl, griffen ihn an und flohen ihn abermals. In der Gefahr beinahe gefangen zu sein, wendete sie den Hals und ließ sich gegen ihn gleiten, dann mit ihrer Wange brachte sie die seinige in Versuchung, bis endlich sie es müde wurde, diese Umarmungen zu täuschen, daher den Kopf vorschob und, mit den Händen auf den Rücken, sie ihm endlich ihren kleinen Mund mit einer herrlichen Trotzgeberde hinhielt und ihm mit der Erdbeere zugleich ihre Lippen darbot, um geschnäbelt zu werden . . . .

„Dein Walzer, Du weißt, Dein Walzer! . ." Und er zum Piano gehend, fing sie das Walzen an . . . als plötzlich der Rhythmus trauernder anschlug und sie dann mit ihren beiden Ellbogen auf Carl's Schultern sich stützend und, ihren Hauch in seinen Haaren, sie sich über ihn hinbeugte, hätte man sie für eine Muße gehalten, welche ihn an dem Ohre herum küßte. Er sagte: „Nun, so höre doch auf . . das ist aber dumm! . . Du thust mir weh!" und als er sich endlich umwandte, um sich zu rächen, fand er sie nicht mehr; da lag sie der ganzen Länge nach auf dem Divan und blieb dort wie eine schlafende Katze mit offenen Augen liegen. Einer ihrer nackten Arme, unter ihren Kopf geschoben, krönte sie, der andere ließ eine irrende Hand in den Haaren Carl's umherlaufen, der seinerseits ihren Blick betrachtete. Eines ihrer kleinen Füßchen ohne Pantoffel, an welchem der Strumpf herrlich sich abformte, schlug, indem er vom Divan herabglitt den Takt eines Säugammen-Liedes auf dem Boden.

Und nichts würde diese hübsche Trägheit gestört haben, wenn er nicht mit der Fläche seiner Hand den bläulichen Dampf seiner Cigarre, welcher ihn scharf in die Augen biß, hätte abwehren müssen.

Lange Augenblicke, beinahe ganze Tage brachte sie so hin — mit aufgerollten Haaren, ein Bein über das andere geschlagen, unaufhörlich mit dem rothen Pantöffelchen, welches jeden Augenblick zu entwischen drohte, spielend, ihren ganzen Körper gegen Carl gestützt und oben von seiner Schulter herab, wie ein Traum, in Albums, Zeichnungen, Reiseandenken stöbernd und herumblätternd.

Welche Massen von Fragen dies waren! welche Erläuterungen waren ihr nicht nöthig! Und diese Warum und diese Wie!

„Zu Fuß? in der That mein Bester, Du reistest zu Fuße? mit einem Reisesäckchen?"

„Mit einem Reisesäckchen?"

„Und einer Blouse?"

„In einer Blouse."

„Da hast Du sicherlich viel Omelets gegessen?"

„Ich habe deren selbst gemacht!"

„Und Du bist nie ermordet worden?"

„Nein! Ich nahm ja nie den Eilwagen."

„Ei sieh! Das ist hübsch . . . was ist das da? Sag', Du hast auch Abenteuer auf diesen Fußreisen erlebt . . . Abenteuer mit Frauen . . he?"

„Ich habe Dir ja schon einmal gesagt, daß ich den Eilwagen nicht benutzte."

Und Beide lachten.

„Oh! Der Türke! Du warst also überall? Sieh! das ist ja eine schwarze Gondel ... Weßhalb denn?"

„Weil die Masken schwarz sind."

„Dann aber. Aber wo ist denn das? O! die hübsche Tracht! Das ist schweizerisch, he? Nicht wahr, wir gehen in die Schweiz? Siehst Du, da in dies Schweizerhäuschen hinein! .. O! Eine Puppe! .. Sieh da! eine Puppe! ."

„Ich habe dies im Vatican gezeichnet; es ist eine römische Puppe, meine Theuerste."

„Aber sieh' doch, sie ist gerade wie die Unserigen."

„Ganz dieselbe."

„Wie drollig!"

„Nicht doch, es giebt eine Menge von Dingen in der Welt, die nicht wechseln: das Spielzeug .. die Kinder ..."

„Und die Männer?" fügte Martha lachend hinzu.

„Und arbeiten? ... Du mußt arbeiten! ... Vorwärts, mein Herr," sagte Martha manchmal. Und Beide setzten sich zur Arbeit — jedoch so wenig weit auseinander als möglich, und bemühten sich dann an etwas Anderes zu denken als an sich selbst.

Aber beim geringsten Blick, welchen der Eine gegen das Andere hingleiten ließ, begegneten sich zwei Blicke und alsbald darauf zwei Münde ... Und der angefangene Roman und die durchlaufene Rolle rollten dann zu Füßen ihrer Küsse.

Die Genüsse ohne Ende erfüllten das ganze kleine Gemach, kaum jedoch, daß ihr Paradies für ihre Liebe groß genug und die Welt von ihrem Glücke weit genug entfernt war.

Nichts um sie her, was nicht für sie selbst gewesen wäre.

Kein anderer Zeuge als ein großes Veilchen-Bouquet von
Parma, dessen Parfüm mit ihnen zu erwachen schien und
des Nachts über die durchdringenden Gerüche eines Blumen=
straußes verbreitete, der im Absterben begriffen.

Keine Stimme zwischen beiden Stimmen, kein Zu=
bringlicher, kein Freund, kein Hund von der Scaïl=Insel,
neidisch und freudig, ein Ohrläppchen in der Höhe, das
Andere herabhängend, der sich an ihren Spielereien rieb
oder bei ihren Küssen kleffte.

XLV.

Draußen schlechtes Wetter, Tage ohne Licht, Mittage,
wo die Sonne weiß ist an dem bleichen Himmel, Regen, der
Wind peitscht die Fenster . . . Kaum daß sie ausgingen.
Nur manchmal, versucht durch einen seltenen, schönen, trocke=
nen und hellen Tag, durch einen Sonnenstrahl, durch ein
klein wenig Azur, welches sich durch zwei zerrissene Wolken
hindurchstahl, ein Fetzen des aus dem Himmel heraushängen=
den Flügelkleides des Frühlings — da gingen sie aus. Sie
promenirten dann langsamen Schrittes dahin, Einer auf das
Andere gestützt und Martha's Kopf an Carl's Schulter, sie
gingen ruhig wie Genesende, ohne zu wissen wohin sie gingen,
ohne zu wissen wer sie anblickte, hinter sich, wie ein Murmeln
des Neids, jene Worte aus allen Augen nachziehend: Sie
lieben sich! . . . Mitunter blieb Carl mit Martha vor den
Fensterauslagen der Magazine stehen und drang in sie, sich
Etwas auszuwählen, aber der Baum der Mode hatte für sie
so wenig Verführerisches, daß sie beinahe vernünftig war.

Mitunter aber machten sie auch eine große Partie, nämlich ein kleines Diner im Restaurant, wo sie die Speisekarte wie ein Feuilleton lasen und unwahrscheinliche Entremets verlangten . . . die aber doch auf der Karte standen. Mitunter folgte das Theater auf diese Diners, man aß alsdann Orangen in den Baignoires eines Drama-Theaters, um zu lachen, wenn das o b e r e Stockwerk weinte.

Dann aber beeilte man sich, daß man schnell wieder nach Hause kam. Martha und Carl waren ganz glücklich, dort wieder die Einsamkeit und ihr Vaterland zu finden. Selbst die Dinge um sich herum schienen ihnen vertraulich: nicht ein einziges unter denselben, welches nicht der Vertraute, oder die Reliquie einer Stunde ihres Glückes gewesen wäre.

Besonders aber sprach das Häusliche sie Abends an und wiegte sie wie eine sanfte Stimme ein, in welche sich die Lieder von Trieby und der Gesang der Götter Lares vermischt hätten. Das den ganzen Tag über unterhaltene Feuer hatte das Zimmer mit gemächlicher Wärme erfüllt. Die Lampe goß ihr weißes Licht aus, und ließ es von einem Tische auf einen Teppich, von einem Teppich auf ein Fauteuil, und von einem Fauteuil auf einen Bilderrahmen überspielen; das Uebrige lag in einem schlafenden Schatten, hie und da erfreut durch irgend einen Widerschein, einen Lichtstreifen an einer Kupferwindung, an einem goldenen Haken, einer von seidenem Stoffe ausgehenden Helle, von einem Nichts erfreut.

Sie selbst, in einer Halbnacht, mit dem Rücken der Lampe zugekehrt, die Füße auf dem Feuerbock ausgestreckt, sprachen oder sprachen nicht, endigten aber stets damit, zu schweigen.

Sie betrachteten lange das Kaminfeuer, hefteten Beide ihren Blick auf den nämlichen Brand und umarmten sich selbst nicht einmal, auf solche Weise nahm sie die Stunde und der Ort in einer geheimnißvollen Gemeinschaft, in einer gesammelten Intimität in Anspruch.

Mit dem Schlage ihres Pantoffels unterbrach Martha plötzlich alsdann den wachen Schlaf ihres Glückes: ein Flug sprühender Funken knarrte aus dem Holzbrande empor und warf ihnen einige seiner Hellen in's Gesicht, hierauf lagerte sich aber der Schatten abermals über sie und ein erneutes Schweigen schloß ihre Lippen.

Endlich schlug die Stunde zum Schlafengehen. Das langsame und zögernde Auskleiden, die Nachttoilette, Nadel für Nadel, die Kleider, die fallen, ein kleines Busentüchlein, welches eine Hand erwischt, und welches der andern wieder entgleitet, diese schöne Mitternachts = Scham, welche ihre Niederlagen in dem Spiegel betrachtet und den Nestel ihres Corsettes verknüpft, um zur Hülfe zu rufen . . . .

Carl wurde jeden Abend mit diesem anbetungswürdigen Schauspiel regalirt. Und wenn alsdann von der ganzen Toilette kaum mehr etwas Anderes übrig blieb, als die Frau, dann sagte ihm Martha mit den Augen und dem Munde: Trage mich! und ihre beiden Arme um Carl's Hals schlingend, sich völlig ihm überlassend, ließ sie sich bis in's Bett tragen wie ein Kind . . . .

XLVI.

Martha hatte sehr kleine Füße und die Füße einer
Pariserin, kleine, unruhige Füße, kokette, beinahe geistreiche
Füßchen. Sie hatte ebenfalls kleine Händchen mit Grübchen
und rosa Nägeln, und allerhand hübsche Geberden an den
Fingerspitzen. Ihre Taille war frei, behaglich und abgerundet.
Martha war blond, sie hatte sehr feine, wolkenartige Haare,
von feiner Aschenfarbe, welche in dem Lichte wie ein Strahlen
des Mondes auf dem Staube sich ausnimmt. Ihr Gesicht
war ein Kinder-Gesicht, wo die Züge ganz klein, die Augen
ganz groß waren, große, blaue, offene, fließende, strahlende
Augen, welche mit ihrer Sanftmuth, ihrem Lichte und ihrer
Helle die liebliche Figur Martha's erfüllten. Diese Augen
Martha's, Watteau oder Lawrence, diese beiden Kinderblick-
Maler, diese beiden Maler des überfließenden und leuchtenden
Blickes, nur sie allein hätten sie malen können. Martha
war eine runde Figur, hatte einen milchfarbenen Teint, rosa-
farbene Backen, wie die Aufregung eines jungen Mädchens,
eine kurze, gerade, etwas gewölbte, glatte Perlmutterstreifen-
Stirn, ein kleines Näschen voll Laune und Tollheit.

Kleine blaue Nerven liefen an ihren Schläfen dahin.
Natürlicherweise hatte sie kleine Zähne und weiße Zähne, und
einen so hübschen Mund, daß er dem verzogenen schönen kleinen
Kindermündchen glich, welches zwischen den beiden dicken
Bäckchen kaum Platz findet. Die sanfte und schwache Stimme
Martha's war eine Musik und ein Murmeln; um sich Carl's
Ohr anzunähern, hatte sie wellenförmige, bezaubernde Hals-
und Kopfbewegungen. Ihre Sprache war bewegt, beinahe

zitternd, und sehr oft endeten die Augen ihre Phrase, und gestanden gleichzeitig ihre Gedanken ein. So war dieses bewundernswerthe Wesen, diese Frau beschaffen, welche ein Typus, die Incarnation eines Alters ihres Geschlechtes, mit einer Rolle ihrer Zeit war; jene Schauspielerin, welche alle Gaben, alle Lieblichkeit, alle Charaktere und alle Unwahrscheinlichkeiten des Mädchens unserer modernen Comödie, des heirathsfähigen Mädchens, — der jugendlichen Liebhaberin, in sich vereinigte.

XLVII.

Und in diesen Süßigkeiten und Kitzeleien, in diesem Frieden, in diesem Waffenstillstand des Lebens, ließ ihre Liebe die Zeit wie eine Welle zwischen ihren offenen Händen dahinfließen. Ihr Leben floß wie ein Bach, welcher klar und singend über die mit Vögeln beladenen Ufergesträuche, die Sonne und die Rosen der Einzäunung auf seinen glatten Kiesel fortwälzend, dahinzieht . . .

Für sie drängten die geräuschlosen Stunden, die Stunden voran, stets gleich schön, stets gleich lachend, nirgends Bitterkeit, nirgends Furcht, nirgends Sorge, nirgends Zweifel, nirgends Drohung; ihre Stirnen hatten keine Falte, ihr Himmel war ganz blau, sie wußten nicht was eine Wolke, und was ein Wunsch war, das hatten sie vergessen.

Kaum daß es in allem diesem Glücke ein Sandkörnchen gab. Und doch war ein kleiner Stich nichts . . ein Stich . . allerdings, es ist wahr, nicht in das Herz des Ehegemahls, aber in das Herz des Schriftstellers, dem Stolze seines Geistes,

der Eitelkeit seiner Werke. Martha wußte nicht, daß, durch
eine vielleicht einzig dastehende Naturerscheinung, der Schriftsteller in dem verliebten Schriftsteller lebt; sie hatte mit
Carl nie von seinen Büchern gesprochen: dieses Stillschweigen hatte Carl betroffen, welcher ihr gegenüber deshalb auch
nie von seinem Stücke und von der Rolle sprach, welche er
ihr darin zugedacht. Und er hatte sich gelobt zu schweigen,
trotzdem aber arbeitete er dennoch im Verborgenen Nachts
an diesem geliebkosten und theuern Werke, in welches er alle
seine Geduld, alle seine Seele legte, es corrigirte, verbesserte,
wieder las, zerstörte, wieder baute, sich mit Vorliebe an diese
Frauenrolle anschließend und unaufhörlich mit neuen Strichen
solche heraushebend. Er wurde es nicht müde, sie nach der
Natur zu zeichnen, er wollte Martha ganz so machen, wie sie
war: ihr Alter, ihre Lieblichkeit, ihr Lächeln, ihr Herz, die
erste Liebhaberin, oder die erste treuherzige Darstellerin
vielleicht, sagte er zu sich selbst, welche keine Puppe sein wird.

Sobald das Stück vollendet sein würde, gedachte er es
Martha zu lesen: sie sollte sein erstes Publikum — sein
erster Triumph sein, und alsdann würde sie ihn kennen!

Eines Tages, als sie heimkehrte, sagte sie: — „Ich bin
wüthend, mein Herr!" — indem sie ihm zugleich ihre Arme
um den Hals legte und ihren Spitzenhut auf das Fauteuil
warf, — „wüthend! Aber, es ist wahr . . . ich habe Dir
noch keinen Kuß gegeben, nicht wahr? Doch? . . . Er sagt:
Doch! . . . Ich? einen garstigen Mann küssen, welcher . . .
Wollen Sie gestehen? Da gestehen Sie augenblicklich ein!"

„Was denn?"

„Was? . . . Spitzfindiger! Da ich nun aber einmal

doch Alles weiß! — Alles! wiederholte sie, indem sie einen
komisch-ernsten Ton annahm. — „So, so, Sie sind ein
Heimlichthuer!"

„Ich?"

„So, so, der Herr ist verschlossen! ... Der Herr hat
Geheimnisse! ... Gut! auch ich werde deren haben, Geheimnisse, und ganz große noch dazu! ... Vorerst sage ich Ihnen
gar nichts mehr ... Oh! Sie können mir immerhin in die
Augen sehen! ich habe ihnen verboten, nicht mit Ihnen zu
reden ... Sie werden nicht mehr wissen, was ich denke, da
haben Sie's! ... Und kommen Sie mir noch einmal mich
zu fragen, ob ich Sie liebe, dann sollen Sie sehen!" ...
Und Martha begleitete diese Drohung mit einer hübschen
Geberde.

„Laß sehen, mein kleines Marthchen, was giebt es denn?"
fragte Carl, welcher nicht wußte, wo diese köstliche Aus-
schimpfung hinaus wollte.

„Wie, großer Kindskopf, Du erräthst nicht? Nun, so
suche!" ... und die Meuterin machte ihm mit den Fingern
ein Zeichen der Schadenfreude, wie man dies bei Kindern
macht. — „Ich werde Ihnen sagen, wenn Du brennst ...
Wollen Sie nicht lieber Ihr Gewissen prüfen, anstatt meine
Fingerspitzen da zu küssen?"

„Ich will wohl, aber halten wir diese Prüfung zusammen
ab ... Ich habe Dir verborgen, daß ich weiße Haare habe ...
zwei auf der rechten und drei auf der linken Seite."

„Es sind keine mehr da!" sagte Martha, indem sie seinen
Kopf zwischen die Hände nahm und ihn auf beiden Seiten
küßte, — „weiter?"

„Ich habe Dir verborgen, daß ich Freunde habe . . :
Ist es das?"

„Nein."

„Ich habe Dir verborgen . . . habe Dir verborgen . . .
meiner Treu! beim Teufel, wenn ich weiß . . ."

„Eins, zwei, drei, geben Sie Ihre Zunge der Katze?"

„Warte . . ."

„Er sieht auch noch dazu aus als suche er! . . . Oh!
diese Männer! Werden Sie endlich reden, ja oder nein?"

„Wohlan."

„Wohlan, werden Sie reden?"

„Ach!"

„Was ach?"

„Nichts," sagte Carl sich verbessernd.

„Das ist es Alles noch nicht," sagte Martha — und sie
wartete.

„Meine kleine Martha!"

„Sie täuschen mich, Herr," sagte Martha aufstehend.
Ihre Stimme war beinahe strenge. Carl lief ihr ganz bewegt nach. Aber ihr Kinn gegen seine Schulter wendend und
Carl ihr freundlichstes Lächeln darbietend, sagte sie: „Du
machst ein Stück! Du machst mir eine Rolle! . . . Sag'
doch, Lügner!"

„Ich? . . . ich? wer aber hat Dir denn dies gesagt? . .
ein Stück? Erstens habe ich noch nie ein solches gemacht . . .
und ferner, Dich in demselben auftreten lassen? . . ich hätte
zu viel Angst, Dich mißglücken zu sehen . . . Ein Stück?
wozu? nein . . ."

„Ich sage aber Ja! Deine Rolle ist für mich, und

3*

wenn ſie auch nicht für mich ſein ſollte, deſto beſſer, ich nehme mir ſie! Da haben Sie's! Aber ſie iſt doch für mich . . . ja, ja, für mich . . Nein? So! Du ſagſt ſtets noch Nein? . . Nein! Dann aber erkläre mir . . . weßhalb Du in Deinem Stück anſtatt Roſalba, jeden Augenblick den Namen Martha ſchreibſt? . . Deine jugendliche Liebhaberin heißt Roſalba? nicht wahr? ſage?"

Das Eingeſtändniß Carl's war ein Kuß, in welchem das Herz des Dichters bis zu den Lippen emporſtieg.

Die Suppe war aufgetragen. Sie ließen ſie warten und kalt werden. Carl mußte augenblicklich ſein Manuſcript herbeiholen und es ohne Zögern leſen. Martha hatte es nur im Verborgenen durchlaufen können, mit geſpitzten Ohren und die Hand auf Carl's Sekretärſchlüſſel. Carl las, die Lebhaftigkeit des Augenblicks, die Aufregung deſſelben, die Vibrirung ſeiner Seele, das Klopfen ſeines überfüllten Herzens in ſeine Stimme legend; und je mehr das Imbroglio voranging und die Perſonen des Stücks an Martha vorüberzogen, nämlich die Liebe, der Geiſt und die Jugend, deſto mehr lachte Martha, klatſchte mit den Händen, ſprang von einem Fauteuil zum andern, pirouettirte auf einem Fuße, fiel ſitzend nieder, umarmte Carl von hinten, tanzte Galopp . . . Beim Diner wurde wenig gegeſſen — aber welche Complimente, welche kleine Freudenausrufe, ſanftes Beifallklatſchen, glückliche Worte, Beglückwünſchungen voller Verſprechen wurden nicht bereits dem dramatiſchen Dichter zum Voraus, bei dem erſten Geräuſch ſeines Erfolges und der Verkündigung ſeines Ruhmes zu Theil! Die Worte, Ausrufe, die Verſicherungen, die Pläne, Stolz und Herausforderung

*

drängten sich bereits im Munde Martha's und ließen sich einander nicht die Zeit, zu Ende zu kommen.

„Ach! wie schön es ist! . . schön . . . schön . . ." sagte sie, das Ende ihrer Phrase singend. „He? Mein Auftreten im ersten Aufzug . . . Du weißt . . . der Marquis ist da? . . . das Fenster ist da . . . Siehe! ich denke! Ich sehe mich eintreten! . . . Und dann meine Tirade im zweiten Aufzug! und dann mein Endwort in der letzten Scene: Auf meine Ehre, Herr, ich glaube, ich liebe Sie... Nein, ich werde so sagen: Auf meine Ehre, Herr . . . he? . . . ja: Auf meine Ehre . . . Und dann sollst Du sehen, wenn wir uns verlassen . . . O! ich verstehe auch zu weinen, mag man sagen was man will . . . Ist er drollig, Dein Bedienter! Es ist das Etwas für den Dingsda . . . Du weißt ja . . . Und dann noch meine große Balconscene! . . . Tr de ri de ra! . . wir werden das Alles sehen! Ich weiß wohl, wie ich sagen werde: Mein Herz ist ein Vogel . . . . aber ich werde es nur in der ersten Vorstellung so sagen, wie ich will . . und ich sage Dir weiter nichts, als, wir werden sehen."

Und auf dies folgte dann ein ganzer Schwarm dahinfliegender Küsse, die Servietten auf dem Boden, das Manuscript auf dem Tische, die Scenen und die Knalleffekte lebhaft mit dem Zeigefinger aufgesucht und Martha ihre Betonung versuchend, ihre Geberden wiederholend, Carl's Auge befragend und nach jeder Bewegung, bei jedem Ton, wo sie den Fuß in die Rolle bringt, ein lautes Bravo einsammelnd, während Carl, verblendet, seinem Traum Körper annehmen zu sehen, denselben durch diesen angebeteten Mund sprechen zu hören,

Martha vom Kopf bis zu den Lippen Nichts zu sagen weiß als Ja, Ja und Küsse . . . .

„Oh! und dann noch mein Costüm! . . . Da, laß uns schnell da unten sehen . . .“ Und in's Zimmer zurückgekehrt, einen Schirm über die Lampe werfend, rennen sie nach den Bildern und öffnen mit vier Händen die dickleibigen Porte- feuilles . . . . „Nichts, alles Nichts . . weiter . . so blättre doch zu!“ sagte sie, „stets noch Nichts, Nichts . . . Nichts . . . Ach! wenn ich diesen Kopfputz da wählte? . . Nein. Ich muß etwas haben, was so macht . . . schau her . .“ und ihre Finger liefen in ihr Taschentuch und machten ein un- mögliches kokettes Häubchen daraus, welches sie ganz puffend über ihre Haare warf. „Siehst Du, das bekleidet meine Stirne für dies hier, habe ich nicht genug Stirne? . . .“ Und sie betrachtete sich dabei im Spiegel. „Ich gehe zur Lucy Hocquet . . . Es giebt nur eine Modistin auf der Welt wie sie . . . Dieser da? . . . . wie dumm Du bist! . . . Dieser Kopfputz ist fürchterlich . . . . Warum ist er denn so garstig? Ei deßhalb, weil er mir nicht stehen würde . . . Mein Gott! Wie wäre ein Mann in Verlegenheit, wenn er schön sein wollte! . . . Aha! das sind Schuhe wie ich sie haben will . . . ich will diese Absätzchen hier! . . .“

„Aber, meine Theuerste, das sind ja Schuhe aus der Zeit Ludwig XV. . . . . es sind Pantoffeln.“

„Gleichviel, ich bin eigensinnig, diese Pantoffeln stehen mir an!“ und sie lachte.

„Aber, Martha, bedenke doch, mein Kind, die historische Farbe . . . .“

„Ach! Deine historische Farbe, laß mich doch! . . Fräu-

lein Mars spielte alles mit einem Turban! Da nimm! hier
ist ein Bleistift. Und dann werde ich Strümpfe à jour dazu
haben ... mache mir eine Zeichnung davon ... und dann
auch eine davon ... Ei! Ei! ich sehe mir ja ähnlich ...
nicht wahr? ... Und die Schleifen am Unterrock da ...
Oh! Ich werde hübsch sein! ... Du wirst meinen Costü-
mier abgeben ... Dies hier, dies wird meine Robe zum
zweiten Aufzug werden ... Aber sage mir doch, Carlos, ich
wußte nicht, daß Du solchen Geist besitzest."

„Also im Ernst, ohne Thorheit, Du findest mein
Stück ...?"

„Ich finde es ... Aber Du mußt mir nun auch Deine
Werke zu lesen geben."

XLVIII.

Dieser und die darauffolgenden Tage krönten das Glück
Carl's. Sein Stolz war in Theilung getreten mit den
Freuden seines Lebens und der Genugthuung seines Herzens.
Die Liebe Martha's war stolz auf die Vertraulichkeit ihrer
Intelligenz und schöpfte in dem Erstaunen und in der Ach-
tung ihres durch die Lieblichkeit noch gehobenen Talentes,
Bezauberungen, Sanftmuth, Entschuldigungen und Beifalls-
bezeugungen, welche Carl's Herz schmeichelten wie eine
fromme, stille Andachtsmusik.

Carl schwamm ganz gemächlich in der Glorie dieses so
seltenen Glückes, ein großer Mann in den Augen jener zu
sein, welche er liebte. Von da an, den Geist seiner Frau
würdigend, fand Carl auch tausend Reize in diesem Geiste
Martha's und sah ihn ebenso jung und frisch wie ihr Gesicht.

Carl liebte ihre Naivetäten, ihre geistreichen Kinderworte; nicht nur daß Martha Geist hatte, sondern sie besaß auch noch jene besondere Gabe des Ausdrucks: diese Lebhaftigkeiten, diese lustigen Funken verzogener Kinder, welche von der der Frau so eigenen Sicherheit, ferner von der günstigen und ermuthigenden Umgebung, in welcher sie sich befindet, von jenem stets bereiten Hof herrühren, da Beifall zu spenden, wo ihr Wort regiert. Ihre Unterhaltung oder ihre Gesprächsweise bestand in jener dahinfließenden und hüpfenden Plauderei, in jenem schönen Geräusch, welches besonders den Männern so wohl gefällt, welche wenig reden, und in ihren Gedanken das Geräusch einer leichten Hand, welche auf einem Piano umherirrt, hervorbringt. Aber vor Allem besaß Martha in den Augen Carl's jene liebenswürdige Ignoranz des aus der Pension kommenden Mädchens; eine kostbare Tugend des Lebensanfangs, welche zum anbetenswürdigen Reize wird, wenn die Frau diese Ignoranz mit jenen Geberden und jenem Lächeln, jener halben Verschämtheit und diesem kleinen linkischen Aussehn, welche Verführung alle jungen Mädchen besitzen, auch zugesteht.

Martha hatte auf den Lippen das „Warum" der Kindheit nicht in einer eigensinnigen und betäubenden Frag-Beharrlichkeit, sondern in einer umschleierten, furchtsamen, koketten, erröthenden, ja beinahe verwirrten Frage, geschickt, wie sie war, aus einem Kuß ihre Entschuldigung, ihre Vergebung und ihren Dank zu machen. Carl fand übrigens in ihr jene Anschauung, jenes Durchdringen der Dinge, welches das Genie der Pariserin bildet, das Verständniß mit halbem Wort, ohne daß es nöthig geworden wäre, ihr etwas zu unterstreichen; jenen ganzen Lauf des Lebens, und am Ende noch für Alles dasjenige, von welchem er nicht überzeugt war, daß sie den Begriff oder das Gefühl davon besitze, hatte Martha einen so köstlichen Blitz der Augen, eine solche Intelligenz der Gesichtsbildung, oder besser gesagt, ein solches kleine unentzifferbare Aussehn, daß Carl hierdurch jeden Gedanken an Nachforschung oder Prüfung aufgab.

Mit einem Worte, die ersten Erforschungen Carl's, oder vielmehr die ersten Nachsichten seiner Liebe begegneten in Martha Allem, was er von ihr nur wünschen konnte; in dem Bereiche der moralischen Eigenschaften des Weibes, darüber hinaus, in der Ordnung höherer Gedanken, als jene der Natur des Geschlechtes Martha's. von welchen der Mann seine Frau unterhält, spricht er ungefähr auf die nämliche Weise wie zu einem Vogel, ohne hier officiell den Beistand ihrer Intelligenz in Anspruch zu nehmen.

Carl beurtheilte Martha für fähig, vollständig jene Rolle durchführen zu können, welche die Ironie eines Denkers unter seinen Freunden der Frau anwies, nämlich jene Jean de la Vigne's: die guten Alten aus Holz, an welchen der Taschenspieler das Wort richtet und zwar so täuschend, daß nach einigen Augenblicken es dem Publikum, ja dem Taschenspieler und beinahe dem guten alten Holzmännchen selbst scheint, als bestände das Zwiegespräch in der That.

XLIX.

Diese Illusion, diese Trunkenheit, wo alle Eigenschaften Carl's sich dem Vergessen des Elendes des wirklichen Lebens, des Humorkampfes, dem Langweilen der Umstände und den von außen kommenden Verwundungen beigesellten, jener Trunkenheit, in welcher sein ganzes moralisches Wesen, alle seine Begierden, alle Anforderungen seiner Natur und alle Instinkte seines Handwerkes, die Genugthuung oder der Schlaf, Nahrung fanden; diese Trunkenheit dauerte die Ewigkeit einiger Tage — einige Tage, wo seinem Glücke weiter Nichts als Nachfolgendes begegnete.

Es war am Morgen.

„Ho! Ho!" rief Carl, „ich sage es . . . Ja ich sage . . . Und man wird sich ordentlich über Dich lustig machen, meine arme kleine Martha! . . He? wenn man wüßte, daß ich eine Frau habe, die mit einem Spiegel unter ihrem Kopfkissen sich zu Bette legt? . . . Oh! Das ist ein wenig zu stark!"

„Wollen Sie mir ihn wiedergeben? . . Ich will ihn haben, Carl, ich will es!"

„Nein, ich bin eifersüchtig! Sie werden ihn nicht mehr erhalten!"

„Carl!"

„Nein!"

„Sie geben mir ihn . . Ich werde böse . . ." Und Martha versuchte desselben habhaft zu werden.

„Ungeschickte! . . . Oh! Ich bin stärker als Sie."

„Ich will ihn haben, hören Sie es? Sie thun mir wehe . . . aber Sie thun mir wehe!" Und die Stimme Martha's wurde bitterer.

Sie machte einen Kraftversuch nach vornen mit ihrem ganzen Körper, dessen Formen die Betttücher wie eine weiche

Draperie liebkosten. Ihre Haare waren aus dem sie fest-
haltenden Kamme gefallen .. und ihre beiden nervigen
Händchen wandten sich krampfhaft nach dem von Carl ver-
theidigten und zurückgehaltenen Spiegel. Der Spiegel kam
und ging. Endlich glitt er aus, fiel ... und war zerbrochen.

„Ach! Das ist ein Unglück!" Und in die Kissen
zurückfallend, zerfloß Martha in Thränen. „Sie haben
auch Schuld daran! ..." erwiederte sie den Küssen Carl's,
„ich habe stets vor einem zerbrochenen Spiegel Angst gehabt ... Das bringt Unglück, Sie werden sehen!"

L.

Glücklicher Tag voll sanfter Aufregungen, jener Tag,
an welchem Carl Martha als Ehegemahl in's Theater führte!
Welches schöne liebliche Aussehn von Stolz sie hatte, als sie
zur Ankleiderin sagte: „Madame Durand, wie viel bin ich
Ihnen für das Eis schuldig, Sie wissen ja für das Eis mit
Berthe noch von diesem Winter her ... Es ist wohl vier
Monate? Hier! nehmen Sie," dabei gab sie ihr ein Fünf-
frankstück, „ach, jetzt bin ich ja reich!" Und in ihre Loge
tretend, zeigte sie lächelnd Carl mit ihrem Finger auf den
zerbrochenen Wassernapf und die ausgebesserte Wasch-
schüssel ....

Martha hatte eine Anstellung, welche ihr sechstausend
Franken eintrug, aber ihre Mutter bezog solche pünktlich und
gab ihrer Tochter, außer einer sehr mageren Kleidung, nur
sonst was man Kindern giebt. Es war keine der geringsten
Freuden Carl's, Martha diesem Elende zu entziehen, sie

mit Wohlstand zu umgeben, ihr kleine Ueberraschungen zu bereiten, sie mit tausend Freuden und Erstaunen zu überhäufen und in ihre Börse schöne funkelneue Louisd'ors zu schieben. Er belustigte sich an der Sparsamkeit seiner Frau, an ihren Rechnungen und finanziellen Sorgen, ihre Additionen unterbrechend, ihr Budget störend, ihr Geld stehlend, ihr mehr dafür in die Börse legend, mit ihrer Börse Weihnachten spielend und ein besonderes Vergnügen daran findend, wenn seine Frau wegen seines geringen Ordnungssinnes und seiner Manie, Geschenke zu geben, gegen ihn eiferte.

Inmitten dieser kleinen Freuden und lustigen Plaudereien Carl's brachte man für Madame Demailly eine Rechnung, deren Betrag einen Monat des Einkommens ihres Mannes ausmachte.

„Meine Theure," sagte Carl, als er die Gesammtsumme der Rechnung sah, „Du mußt etwas vernünftiger hausen..."

„Aber, mein Freund, ich hatte ja nichts als Winterkleider ... ich hatte kein einziges Frühlingskleid ... Mein grünes Kleid ist ganz verschossen, Du weißt es wohl ... Vor ...."

„Ich frage Dich nicht nach der Zahl Deiner Kleider, meine liebe Freundin, ich sage Dir nichts darüber und bin nicht unwillig ... Aber Du kennst unser Vermögen ebenso gut wie ich .. das allein .. Ich weiß es wohl, daß Du nicht Ausgaben machst, um nur auszugeben ..."

„Ich werde das Kleid zurückschicken," sagte Martha mit einem gezwungenen Aussehn.

LI.

Eines Morgens, als die Stunde, wo Martha gewöhnlich in das Cabinet Carl's trat, vorüber war, ging Carl, glaubend, sie sei spät eingeschlafen, nach dem Schlafzimmer, um zu sehen, ob sie noch schliefe. Er fand sie aufrechtsitzend, von jener Unzahl von Theaterzeitungen und kleinen Journalen umgeben, welche den Schriftstellern und den Künstlern zugeschickt werden. Martha hält ein solches Journal in der Hand, welches sie, als sie Carl ansichtig wurde, verbarg. Carl näherte sich und wollte es nehmen. Martha wollte nicht. — Sie war im Begriff, es zu lesen.. Er konnte ja ein anderes nehmen . . .

„Sage es mir nur gleich", sagte Carl zu ihr, „daß Du nicht willst, daß ich es lese."

„Ich? . . . aber . . . . aber nein" . . . Und Martha, ganz verwirrt, ließ das Journal nicht los.

„Bah!" sagte Carl, sich über sie hinbeugend, „ich wette darauf, irgend ein großer Angriff gegen mich . . he?"

Martha bejahte es mit einer schweren Kopfbewegung.

„Teufel!" rief Carl erstaunt aus, indem er sich des Journals bemächtigte, „drei Colonnen! . . und Nacherte unterschrieben! . . . da läßt sich etwas erwarten! . . . Die erste Linie beginnt gut" . . . und er machte sich daran, den Artikel zu lesen. .

— . . . Der Triumph der litterarischen Revolution von 1830 war von kurzer Dauer. Einmal gemacht, sind die Oeffnungen der Kopf-Colonnen, die Armee, der Sieg in Abspannung verfallen. Die Classiker haben sich umgeformt, und sich wieder auf's Schlachtfeld gestellt. Außer ihren Werken hat sonst Alles zu ihren Gunsten conspirirt; die Ermüdung des Publikums, jene Entnervung, welche den großen Kämpfen folgt, die Pacification der Seelen, der Geschmack an leicht verdaulichen Theaterstücken und übelriechender Lectüre, ferner noch deren persönlicher Einfluß, ihre officielle Stellung in der Literatur, die Summe von Oeffentlichkeit, Unterstützung, Empfehlungen von kleinen und großen Zutrittserlaubnissen, Plätzen und Orden, Unterstützung durch Epauletten und empfehlenden Einbegleitungsschreiben, über welche allerdings eine Partei verfügen kann, welche ein Gewerbe daraus macht, in sich „den ehrlichen Mann“ aus dem 17. Jahrhundert darzustellen. Noch Etwas aber half den Classikern den verlornen Boden wieder zu gewinnen: es war dies jene Verdächtigung von Oben herab, bereits von Frau v. Staël bemerkt, dieses gouvermentale Vorurtheil gegen die Leidenschaft literarischer Werke und die Lebhaftigkeit der Beinamen. . —

Nachette hatte diese literarische Reaction ganz gut gesehen und verstanden, so gut, daß er augenblicklich sich zu ihr umwandte. Der Nachette „des Scandals“, dieser Possenreißer, welcher die französische Sprache ausbeutet und in Stylbeziehung das blitzend Drollige erfunden hatte, Nachette begann gegenüber seiner ehemaligen farbenreichen Irrthümer Buße zu thun, indem er Alles auf den Rücken seiner unbußfertigen Kameraden schob. Er hatte deshalb beobachtet, befühlt, berechnet. Die großen, ernsten Journale, von der Epidemie durch den eingebildeten Styl des jüngern Theils ihrer Redaction ergriffen, und sehr darüber in Verlegenheit,

einen neuen Mann zu finden, welcher St. Simon nicht gelesen und Diderot vergessen habe, die großen Journale mußten
nach Rachette's Gedanken wohl nothgedrungen zu ihm kommen, als dem letzten jungen Mann Frankreichs, welcher noch
den Styl Vertot's und die Meinungen Geoffroy's besaß, und
daß er, von dem Erdgeschoß eines großen Journals aus alsdann in jenen Platz hineinhüpfen würde, welcher seine Träume
und Schlaflosigkeiten für ihn herbeiriefen.

Deshalb waren auch die Artikel Rachette's seit einiger
Zeit weiter nichts, als nach rechts und links dem aufkeimen-
den Ruf mit einem grünsaftigen Holz ausgetheilte Prügel,
wahrhafte Hinrichtungen, von dem Geist eines gewissenlosen
Menschen vollzogen, durchschossen und abgewechselt durch sehr
gut angebrachte Niedrigkeiten, Complimente und fein ge-
drechselte liebenswürdige Anspielungen, welche an jene bereits
anerkannten Ehrenmänner sich richteten, die an den patentirten
Sprachreinigern, an jedem akademischen Talente dennoch
zerschellt waren.

In diesen drei Colonnen, in welchen er sich die Genugthuung verschaffte, seinen Freund Demailly abzubolzen, fand
er dennoch Zeit und Platz, der hübschen Prosa des Herrn
M. X . . . und der schönen Sprache des M. Y . . . ., sowie
der schönen Phrase des Herrn M. Z . . . . ein tiefes Hut-
Abziehen zu bezeigen. Nach diesem Bückling kam er wieder
zu seinem Patienten zurück. Er citirte, indem er aus dem
Gesammtsinne herausgerissene Phrasen mit Cursivschrift
druckte, ein kritisches Verfahren, welchem selbst der Styl des
Herrn Jourdain nicht widerstehen würde. Er belustigte sich
lange mit einer sehr ironischen Beredtsamkeit, mit großem

boshaften Glücksgefühl über die Ansprüche des Verfassers
„des Bürgerstandes" und endigte mit der üblichen
Phrase, einer Art von Ueberdruck, welche einen Theil des
Gehalts aller vergangenen und gegenwärtigen Kritiken ausmacht: „Derartige Bücher haben ihren bereits zum Voraus
„bezeichneten Platz in der Bibliothek zu Charenton*), und
„ist es nur zu bedauern, daß deren Verfasser ihnen nicht
„folgen."

„Ach! der Unglückselige!" sagte Carl, als er fertig gelesen, „selbst nicht einmal eine literarische Ueberzeugung!"
Denn für Carl waren alle anderen Verräthereien des Gewissens, alle Ableugnungen politischen und religiösen
Glaubens doch nichts, als kleine Sünden gegenüber dieser
literarischen Apostasie! „Er verdiente . . . er verdiente alle
jene Leute, die er lobt, lesen zu müssen! . . . Nein, es ist
abscheulich!" Und sich gegen Martha umdrehend, fing Carl
zu lachen an. „Stelle Dir nur vor, daß nicht das Herunter-
machen mich in Zorn versetzt, . . . übrigens könnte ich mir
lange böses Blut machen . . . Aber Rachette war ein Mensch,
welcher das Zeitwort „hochbuckeln" erfunden . . . Und
da soll man am Ende noch an etwas glauben!"

„Wahrhaftig, Du nimmst das hin? . . Du hast ein
kaltes Blut! Ich begreife nicht," sagte Martha, indem sie mit
ihren Betttüchern eine dramatische Schulterbewegung machte.

„Ach! mein armes Kind, wenn Dir einmal eben so viel
solcher Sachen über den Rücken gelaufen, wie mir . . . dann
würdest Du auch eine Philosophie annehmen."

————————

*) Narrenhaus.

„Und Du wirst nicht antworten?"

„Nein, ich antworte nicht. Es giebt nur eine Antwort; zwei Zeugen, und ich gestehe Dir offen, daß es mir höchst lächerlich erscheint, sein Talent mit Degenstichen beweisen zu wollen ... Ich besitze meinen Stolz, Theuerste, höre mich an! In unserm Handwerk, der Mann, welcher keine Feinde hat, der Mann, welcher nicht angegriffen, beleidigt und verleumdet worden, ... dieser Mann möchte ich nicht sein, nein! Und dennoch, was ich schon gelitten ... Siehst Du, man versetzt sich nicht in Zorn wegen Nichts ... Ein Angriff wie der vorliegende will heißen, daß ich dem Verfasser desselben hinderlich bin, — oder auch seinen Freunden ... seinem Herrn ... dies will so viel heißen, daß ich eine kleine Berühmtheit habe, deren ich mich kaum versehe, die ihn aber ansticht und langweilt ... Weißt Du, was ein Unglück ist? Daß ich erst von solchen Dingen eine Schublade voll habe, wenn ich aber erst einmal eine ganze Kommode voll habe, oh, alsdann ...."

„Thut Alles nichts," sagte Martha, „ist aber doch sehr unangenehm ..."

„Ei, meine Theuerste, wenn Du glaubst, daß der Ruhm mit Schwanenflaum ausgefüttert ist! ...."

„Du magst sagen, was Du willst .. mir, mir thut es sehr wehe."

Und Carl sah mit Bitterkeit, daß es nicht die Frau war, welche sein Herz trug und nur in seiner Liebe litt, sondern jene, welche seinen Namen trug und in ihrer Eigenliebe gekränkt war. Aber gerade, als ob Martha diesen Gedanken in den Augen Carl's gesehen hätte, sagte sie ihm plötzlich:

„Ach! wie dumm ich bin, was machst Du Dir daraus!"
Und seinen Kopf in ihre Hände nehmend: „Nicht wahr, wir
machen uns über die Andern lustig, he?..."

LII.

„Ja, ich finde Dein Stück sehr gut, nur..."

„Was, nur?" sagte Carl.

„Nur hast Du noch kein Theater gemacht... Weshalb
nimmst Du keinen Mitarbeiter?.. Voudenet findet, Du
habest viel Talent...."

Es war vierzehn Tage nach Nachette's Artikel. Dieser
Artikel war in dem Kopfe Martha's reif geworden, und er
trug seine Früchte. Denn das größte Uebel des Angriffes
liegt darin, daß er den Zweifel um den Angegriffenen herum=
säet. Er setzt das Mißtrauen sich selbst, gegen seinen Werth,
zu den Füßen des Schriftstellers. Der Angriff ist in der
That mitunter nicht nur eine Wunde der Eigenliebe,... er
ist vor Allem ein Schlag, welcher dem Credit versetzt wird.
Es werden hierdurch hinsichtlich der Zukunft selbst solche
Leute in Aufregung versetzt, welche den Angegriffenen lieben.

Carl und Martha hatten alle Beide die Füße auf dem
Feuerbock. Bei der Phrase Martha's sagte Carl, welcher
das Feuer mit der Zange zusammenlegte, wie ein plötzlich
aufgewachter Mensch:

„Einen Mitarbeiter!... Voudenet?..." Und aus
Staunen ließ er die Feuerzange fallen. „Aber, meine
Theure..." Und sie betrachtend, wich er vor dem zurück,
was er ihr hatte sagen wollen, nahm die Zange wieder auf
und antwortete nichts.

Ein Mann hat gefunden, oder glaubt etwas Neues,
Delicates, Gefühltes gefunden zu haben, ein ungekanntes
Eckchen im menschlichen Herzen, eine Laune leichten Geistes,
fliegend und plaudernd, einen Hauch von Leidenschaft, ein
ganz junges Lied, er hat eine Welt geboren und die Ausschmückung derselben, er hat sie mit seinen Phantasien aus-
gestattet, hat seine Träume spielen, tanzen, handeln und reden
lassen, hat sein Werk ausgetragen, hat die Geburtswehen
für dasselbe durchgemacht, hat ihm seine Tage, seine Nächte,
seine Seele gegeben . . . Diesem Mann schlaget auf die
Schulter und saget zu ihm: „Sie sehen den Herrn, der da so
eben vorübergeht? Dieser Mann wird die Hälfte Ihres
Werkes unterzeichnen, die Hälfte Ihres errungenen Erfolges
für sich nehmen und ebenso die Hälfte Ihres Rufes. Für
Alles dies wird dieser Herr Ihr Manuscript öffnen, und wie
ein Garn, welches die Farben des Schmetterlinges verwischt,
wirft er in Ihrem Werke Alles hinweg, was lacht und
murmelt, Alles, was glänzender Staub und Flügelschlag
ist . . .“ „Sehr schön mein Bester .., aber das Publikum,
Sie begreifen . . .“ „Das wird sein Refrain sein. Er wird
Ihr Lächeln in ein Sparbüchslächeln spalten. Dort, wo Sie
hinweggleiten, wird er stützen . . Er wird Ihrer Feencomödie
dicksohlige Stiefeln anziehen. Er wird Ihren Geist ver-
dicken in der Weise, wie eine Daguerreotype die Hände ver-
dickt. Er wird den Thränen Zwangsjacken anlegen. Er
wird unterstreichen, was Sie verdeckt haben. Er wird
den luftigen Chor Ihrer Gedanken seinem Geschmacke und
seinem Ohre anpassen. Er wird Ihr Werk über den Haufen
werfen, um demselben die Entwickelung einer Heirath auf-

4 *

zupfropfen. Er wird eine der zehn geheiligten Theater-
Intriguen in zwölf Tempo's exerciren laſſen. Er wird Worte
herausreißen, um dafür Worte hineinzuzwängen, die er dem
Publikum zur Gewohnheit gemacht hat, und wenn Alles
dies geſchehen, wird er Ihnen, ſeinen Vatermörder herauf-
ziehend, ſagen: „„Da! .. ich, ich würde Shakſpeare ſogar
für die Scene arrangirt haben!"" "

Alles dies hatte das Wort Martha's zu Carl geſagt.

„Nun?" ſagte Martha, welche eine Antwort erwartete.

„Ach! bitte um Vergebung, ich glaubte Dir geantwortet
zu haben ... Voudenet? Sieh! Laſſen wir das!"

„Aber, mein Beſter, ich habe von allen Seiten ſagen
hören, daß Voudenet berufen ſei, Herrn Scribe zu erſetzen .."

„Herr Scribe wird nicht ſterben."

„Ach, wenn er von Deinem Stücke ..."

„Ich ſage Dir, daß ich Niemanden will .. ich habe mir
in den Kopf geſetzt, ganz allein aufgeführt zu werden, oder
ſonſt gar nicht."

Ein Stillſchweigen trat ein.

„Was lieſeſt Du da, Martha?"

„Von Paul de Kock ... „Der Mann mit den drei
Hoſen" ... Man ſieht wohl, daß es eine erfundene Geſchichte iſt, aber es liegt doch viel Wahres in ihr, man fühlt
es heraus .. kennſt Du es? Sehr intereſſant .. und ſo
herrlich Inſceneſetzen! Er hat das an ſich, dieſer Mann,
das in Scene Setzen ... Denke Dir vorerſt einen jungen
Mann, welcher bei dem Père Duchéne Setzer iſt ... Er hat
eine alte Mutter ... eine arme, brave Frau .. Dann ein
Banquier, welcher durch einen ſchändlichen Portier denunzirt

wird, Du weißt ja, wie sie waren, mit ihren fuchspelzver-
brämten Mützen ... Ach! der Bösewicht! man sieht es! ..
Und die Göttin der Freiheit! .. das hat wohl Charakter ...
Und dazu dann noch eine Intrigue ... Zum mindesten
geht stets etwas vor ... es ist nicht da, wie in diesen
Romanen ... Und wenn sie sich dann Alle wieder finden,
d. h. wie zufrieden ist man, daß sie sich wieder finden! ...
Es war nicht bequem, so drollige Scenen zu jener schrecklichen Zeit zu finden ... Man kann immerhin sagen, und
es kann vielleicht sein .. wie Du sagst, daß hierin keine
große historische Treue liegt .. aber das thut nichts .. ich
sehe da drinnen jene fürchterliche Schreckenszeit besser, als
in den Büchern der Geschichte ....."

„Ach!" sagte Carl, dessen Augen sich öffneten, und
welcher in der Intelligenz seiner Frau klar zu sehen begann.
Er verschlang, aus Verdruß darüber, die Farbe eines Pinsels,
welchen er über ein Aquarell hinlaufen ließ.

„Ei!" sagte Martha, „es ist hübsch, was Du da
machst .. es liegt Färbung darin .. Ich hatte, als ich noch
ganz klein war, viel Geschmack für die Zeichnung .. Kunst=
Geschmack ... Ich machte kleine Dingchen, kleine An-
sichten .. Schade darum .. meine Mutter hielt mich nicht
dazu an ... und dann die Perspective. Ich hatte einen
Onkel ... er hatte ein Liebhabertalent .. aber ein wahres
Talent .... Er machte kleine Bilder, Profils ... ganz
prachtvoll und von großer Aehnlichkeit ... während er
sprach. Jedermann wollte Bilder von ihm haben. Er hatte
mich Herumklecksen sehen, und da er meine Mutter sehr lieb
hatte ... Du mußt wissen, daß unsere Familie stets in der

größten Eintracht lebte . . . es war erstaunlich! Die Heirathen
brachten stets nur noch größere und engere Verbindung
hervor . . Schwager, Schwägerinnen, man stimmte mit einander überein, man liebte sich, Du kannst Dir keinen Gedanken davon machen . . . meine Pathin. Frau Stephauser,
die Frau des Banquier, welche mich auch auferzog, wie ihre
Tochter . . sie hatte den Domestiken anbefohlen, mir gerade
so zu gehorchen, wie Elisa . . . Ich war ihre große Freundin,
sie, Elisa, that nichts, ohne mich zu berathen . . . Frau
Stephauser glaubte auch an meine Anlagen . . . aber wie
ich Dir sage, Mama war es . . und dann hielt mich auch die
Perspective auf . . ."

Carl versuchte sich in sein Aquarell zu vertiefen.

„Ach! sage doch," nahm ohne Mitleiden Martha wieder
auf, „Du hast den Salon nicht gesehen, den sich Boudenet
hat herrichten lassen? . . . Es scheint, daß er viel Geld verdient! Thorheiten, selbst nicht einmal literarische Dinge, die
er macht, Alles was Du willst . . . Aber er hat dieses Jahr
. . ein Jahr von 30,000 Franken gemacht . . . Die Ausschmückung in vergoldeter Verzierung."

„Aus Pappe?"

„Aus Pappe oder Holz, ich weiß nicht . . . und kirsch-
rother Sammet."

„Sehr hübsch! . . aber das muß ja gerade aussehen,
wie ein bei dem Fallissement eines Boulevardcafé's ange-
kaufter Salon eines amerikanischen Zahnarztes . . ."

„Oh! Was Dich betrifft, Du, Du liebst nichts als Dein
Gerümpel und das alte Zeug . . . Alles, was nicht alt ist

... Und dann sollen bei Dir die Frauen keinen Geschmack haben ... ich weiß dies Alles."

„Was meinst Du?" sagte Carl, „wir treiben heute nichts; Du spielst nicht diesen Abend, wenn wir auf's Land gingen?"

„Oh! auf's Land ..."

„Du liebst das Landleben nicht ..."

„Ich? doch, doch ... Aber ich liebte es nur mit Vermögen .. ich liebte es mit einem Vermögen, größer als das unsere, mit einem großen Vermögen ... Mit einem Schloß ... Ich möchte gerne Hühner, Kühe, Schafe aufziehen lassen, ich würde dies anbeten .... Thiere sind sehr interessant! ... Und dann thut man Gutes ... Ich würde eine kleine Apotheke für die Bauern gehalten haben ... man geht die Kranken besuchen ... Und man ist dabei so ruhig ... Und wenn man daran denkt, daß so viele Bitterkeiten ... denn das Leben hat nicht nur allein seine schöne Seite ... Auf diese Weise lasse ich mir das Land gefallen! .. Oh! ich ließe nicht ein einziges Schwalbennest angreifen! Bei meiner Pathin gab es deren unter dem Dach; und wenn Du gesehen hättest — ich betrachtete dies oft ganze Tage lang —, wie die Mutter von einem Baume ihre Jungen ruft ... sie rief sie ... sie rief sie ... um sie aus dem Nest herauskommen zu sehen, und hatte sich eines der Jungen emporgeschwungen, dann unterstützte sie es durch den Flügel, ließ es gehen, nahm es wieder auf .. und führte es endlich zum Neste wieder zurück ... Ich habe sehr angreifende Sachen über die Schwalben gelesen ... und eben so auch über die andern Vögel ... aber nicht so viel als über die Schwalben ..."

Das erste Mal, seitdem Carl verheirathet war, hatte er Mühe, den Ausbruch einer Bewegung von Ungeduld zurückzuhalten, welche ihm die Lippen bearbeitete .. es schien ihm, als spiele man die falscheste Melodie nach einem welt= bekannten Liede.

„Du hast heute Morgen das Journal nicht gelesen?" fuhr Martha fort. „Es hat mich Etwas in demselben interessirt! ... die Liste der ausgetheilten Tugendpreise .... Greise ... arme Weiber ... und sehr oft ohne alle Erziehung ... Wie schöne Herzen es doch giebt! .. auf solche Weise Gutes thun ... auf den Dörfern ... ohne daß man es weiß ... Gewissen von Engeln! ... und Er= gebenheiten, o wie schön ist das! Das hat mich bewegt, Du kannst es Dir nicht einbilden ... Unter andern führt man einen siebzigjährigen Diener auf ... so etwas ist erhaben .. Ich weinte wie ein Kind, als ich dies las, gute Thränen, von diesen Thränen, Du weißt, von jenen, die wohl thun ..."

„Du hast Dich gestern Abend nicht zu sehr gelangweilt?" unterbrach sie Carl mit einer barschen Betonung.

„Bei diesen braven Leuten? Ach! mein Gott, nein ... Ihre Kleine ist sehr unerträglich! .. Wie kann man auch ein Kind so erziehen .. Hast Du bemerkt? Die kleinen Erb= sen waren angebrannt" ... Den Tag vorher hatte nämlich Carl Martha in die Familie von alten Freunden zum Diner geführt, eine arme Familie, welche die kleinen Platten in die großen stellten, um Frau Demailly recht gut zu empfangen. Diese Haushaltung mit jenem rührenden Eifer der Armuth hatten sie mit Aufmerksamkeiten und Zuvorkommenheiten überhäuft; und diese mit den Schwalben so mitleidsvolle

Frau, und so gefühlvoll bei dem Durchlesen der ausgetheilten Tugendpreise, erinnerte sich des andern Tages an nichts weiter als an die angebrannten kleinen Erbsen! Von einer Freundschaft, welche ihr so herzlich die Hand geboten, hatte Martha nur diesen Eindruck bewahrt: Die kleinen Erbsen waren angebrannt.

LIII.

Die darauf folgenden Tage begann Carl damit, den Geist seiner Frau zu prüfen und in ihrer Seele zu wühlen. Martha hatte hievon keine Ahnung, und mit jener Freiheit, jener Ungebundenheit und Schwatzhaftigkeit, welche den Frauen mit dieser Ungebundenheit selbst kömmt, beichtete sie sich selbst ohne es nur zu wissen. Carl ließ jedoch seine Vorhut geschickt voranrücken, und sie nur dann ruhen, wenn er, zu sehr angegriffen, litt, und seine Maske auf seinem Gesicht zitterte. Er blieb bei seiner Entdeckung verblüfft, beschämt durch diese falsche Sentimentalität, durch diese puppenartige Persönlichkeit betrogen worden zu sein, durch die Lüge dieser sanften Auszeichnung ... durch das Geräusch dieses leeren Hirns, und er maß von seinem Falle aus die Blindheit eines Mannes, welcher liebt.

Einmal war der Schmerz so stark, daß Carl das Blut und den Zorn sich in's Gesicht steigen fühlte. Martha sah nichts davon. Ihr stets sich gleichbleibendes Wort fuhr fort. Carl erhob sich und nahm seinen Hut.

„Wie, Du gehst aus? .. Aber es regnet ...“ sagte ihm Martha erstaunt.

„Ich bitte Dich um Vergebung .. ein Rendezvous . . . welches ich vergaß."

„Gehe!" sagte Martha. Und sie hielt ihm die Stirne zum Abschiedskuß hin. Dies erinnerte Carl an die Ueblichkeit des Kusses. Er umarmte sie, floh in das Vorzimmer, nahm maschinenmäßig dort seinen Regenschirm und schlug barsch die Thüre zu; auf den Rath, sich vor dem Schnupfen zu schützen, aus dem Zimmer, durch welches die Stimme Martha's ertönte, keine Antwort gebend. Er nahm, seinen Regenschirm unter dem Arme, stets zwei Stufen auf einmal. Es regnete was herunter konnte. — „Es ist wahr" . . . sprach er nach ungefähr hundert Schritten zu sich selbst . . . „sie hatte mir es gesagt, daß es regnete . . ." Und er trat in eine Passage. Die Passage war vollgepfropft von ehrlichen Leuten, welche von dem Regen erwischt worden, und von welchen einige ihre Hüte abschüttelten, gerade wie man das Wasser vom Salat schüttelt.

Carl maß die Passage von einem Ende zum andern.

„Ruhe," sagte er zu sich selbst, „keine Kinderei . . Ruhe . . Ich stelle mir vielleicht Geister vor . . Ach! mein Gott . . . ist wohl möglich, ja sehr möglich . . . Was ist mir übrigens auch nach Allem begegnet? Man muß die Dinge ansehen, so wie sie sind . . . Ich werde schlechte Laune gehabt und mit meiner Illusion Streit angefangen haben, um doch meine Nerven irgendwo zu reiben . . . Jedermann hat solche schlechten Tage in seinem Leben, wie der heutige . . . Sie finden mein Stück nicht gut, das ist die ganze Geschichte . . . . Seitdem es Ehemänner giebt, welche Stücke machen, und Ehefrauen, welche solche

anhören, bin ich vielleicht nicht das erste Beispiel . . . . und
nach Allem . . . macht sie es gerade wie der Erfolg . . .
sie wartet es ab, bis es mir gelungen sein werde . . . Im
Grunde halte ich sie für stupid, denn sie hält mich nicht für
einen Mann von Genie . . . ich bin ein Tölpel . . . so
etwas ist blödsinnig: seine Liebe von seinem Hochmuth tobt
schlagen zu lassen! . . ."

Und Carl wiederholte sich selbst die Gedanken und die
Worte, gerade wie wenn er hierdurch seine Ueberzeugung
hätte betäuben wollen. Es war ihm gelungen, dennoch einen
Augenblick der Ruhe aus diesen Wiederholungen, welche
das Urtheil gegenüber grausamer Wahrheiten einschläfert,
sich abzuringen, als er plötzlich einen tüchtigen Stoß mit
seinem Regenschirme auf die Platten der Passage führte:
„Alles dies sind nur Feigheiten! . . ich suche mich zu täuschen wie ein Kind . . . Es handelt sich wol um mein Stück!
Mein Stück, mein Talent, wenn es weiter nichts wäre! es
handelt sich aber ferner darum, daß mein Leben an ein Hirn
gekettet ist, in welchem Nichts ist, an eine Seele ohne Ohren,
an einen Geist, falsch wie ein Rechenpfennig . . . Von dieser
Kugel handelt es sich! . . Einen ganzen Monat bereits lasse
ich sie nun reden, lasse ich sie denken . . . Nun habe ich sie
moralisch von oben bis unten ausgekleidet . . . Wohlan!
Ei, beim Henker . . . in meiner ganzen Frau steckt höchstens
so viel, um zu meiner Maitresse gut genug zu sein . . . und
selbst dann, wenn sie mir zu sonst nichts weiter nützen sollte,
auch dann gäbe es da noch Worte, welche mir die Arme
brächen . . und einen Geschmack, der mir das Herz in die
Höhe treibt . . . Voudenet! da haben wir ihren Mann! . .

das ist ganz Boudenet! .. Das Wortspiel und meine Frau sind dafür geschaffen, sich zu verstehen . . . Einerlei! . . . Ich habe mir da eine kleine Liebe angeheirathet, die ihr Gewicht in der Dummheitswaage wiegt!" Und Carl überzog ein gewisses krampfhaftes Lächeln, und er hob seinen Regenschirm gegen den Himmel empor.

„Hör' mal, willst Du mich blind machen?" schrie ihm eine starke, mächtige und lustige Stimme entgegen.

„Ach! mein Bester, sag' an, wo lebst Du? was machst Du? wo bist Du? was bewohnst Du? einen Baum? oder das Decameron? Camille Desmoulins hat gesagt, die Frau sei die erste Wohnung des Menschen, ich will Dir das zugeben; aber von da gar nicht mehr aus seinem Glücke herauszugehen, ist es eine Entfernung wie von der Erde nach dem Sterne Syrius siebentausend Milliarden Meilen! Man schließt sich nur auf diese Weise ein, um Hexameter aufzuziehen" . . .

„Ach, Remonville — ich bin erfreut, Dich zusehen. — Mein Gott, wir hatten einen Honigmond, sehr . . . Honigmond . . . Wir haben sehr allein gelebt . . . Aber, wenn Du liebenswürdig wärest, weißt Du, was Du thun solltest?"

„Ich bin ein Mensch, um heute Abend Alles zu thun! Willst Du vielleicht, daß wir den Jansenismus insultiren? und daß wir den großen Ironien von de Maistres über Port Royal werfen? .. Port Royal, das ist der heilige Geist, der Tröster des Lehrbegriffs! Port Royal . . ."

„Willst Du eine Tasse Thee bei uns annehmen?"

„Gewiß will ich . . . Wie Du mich hier siehst, komme ich soeben aus den Variétés . . . Mit Deiner einzigen Tasse Thee rettest

Du mich vor drei Akten ... Ich habe Verrache in meiner
Loge gelassen, er wird mir erzählen .. Ach! mein Bester,
wenn Du wüßtest, wie mir das nun an's Herz geht, diese
ewigen ersten Vorstellungen! .. Die Stücke, mein Gott ..
darüber bin ich hinaus, das langweilt mich nicht mehr als
die Orchestermusik ... aber dieses Publikum, dieses ewige
Publikum der ersten Vorstellung! Ich kenne es, siehst Du,
als ob ich es betrachtete. Es kömmt mir in meinen Träumen sogar vor ... Stets das nämliche paar Handschuhe,
in der nämlichen Orchesterloge, die nämlichen Loretten, die
nämlichen Alten, die nämlichen Blonden, stets die nämlichen
Freunde des Autors! Jüngst habe ich beinahe einen Herrn
nicht wiedererkannt: es war der Chef der Claque, welcher
wieder in's Amt trat, er hatte den Winter über in Sorrente
zugebracht! .. Glaubst Du, daß derartige Leute sterben?
Ich sehe den noch am Tage des jüngsten Gerichts rufen:
Vorhang auf! ..."

„Mache uns Thee, meine Beste, ich bringe Dir Remonville, welcher Dir eine erste Vorstellung opfert."

„Ach, das heiße ich artig sein! Sehr liebenswürdig,"
sagte Martha zu Remonville und sich zu Carl wendend:
„Nicht wahr, Du wurdest naß?" ...

„Guckuck!" sagte v. Remonville, indem er, auf den
Divan fallend, einen Blick umherwarf — „ein wahres
Arbeitszimmer — da würde ich nicht eine Linie schreiben!
Ich würde mich da als Hund vor dem Gewehr hinlegen,
würde mir aus Dante recitiren und mit meiner Pfeife
die fünfunddreißigste Incarnation Wischnou's abwarten, dort,
wo er constitutioneller Souverain und Präsident der Schrift-

stellergesellschaft werden soll . . Weißt Du auch, daß Deine
Frau ähnlich steht — und sehr stark sogar einem gravirten
Stein . . . einer Cornalini des Vatican-Museums . . .
erinnerst Du Dich nicht mehr? so, und nun seid Ihr also
verheirathet?"

„Mein Gott! ja!" sagte Martha lachend.

„Sonderbar, ich habe die Heirath nie für etwas
Anderes gehalten, als für eine Entwickelung . . . Und
Dein Stück . . wie steht's damit? In der That, Du machst
ja ein Stück?"

„Es ist fertig."

„Bist Du damit zufrieden?"

„Ich weiß nicht."

„Und Sie, Madame?"

„Ja . . . ja . . . gewiß . . . kostbar . ."

„Höre mich an, Remonville! ich will Dich um einen
Dienst bitten, welcher ebenso langweilig für Dich ist, mir
ihn zu leisten, als es für mich lächerlich ist, denselben zu verlangen . . . Du wirst sagen, es sei ein Räuberanfall, aber ich
schwöre es Dir zu, daß ich nicht daran dachte . . . Mein
Stück quält mich . . . Wir sind da um zu zweifeln, nicht
um zu wissen . . . Wenn Du es anhören wolltest, in anderthalb Stunden ist die Sache abgethan. Du bist eine jener
zwei oder drei Meinungen, die ich achte und auf welche ich
etwas gebe . . ."

„Immer zu! . . . wenn Du aber glaubst, meine Meinung sei etwas werth . . Du weißt, daß ich vom Theater
nichts verstehe, ich sage es Dir zum Voraus."

„Sie, ein Feuilletonist!" sagte Martha.

„Ich, ein Feuilletonist . . . Geben Sie mir gefälligst etwas Thee . . . So! nun wäre ich bereit."

Carl las sein Stück, während der Vorlesung spazierte Remonville mit glücklicher Ungeduld und der mächtigen Munterkeit eines jungen Herkules auf und ab, er marschirte mit dem Schritte eines Seemannes, streifte die Möbeln an, versuchte die Mauer mit seiner Schulter und athmete aus voller Brust.

„Was willst Du, daß ich Dir nun sagen soll?" sagte er zu Carl, als das Stück fertig gelesen war, „es ist sehr gut! . . . ich finde es sehr gut . . . Das macht zum mindesten einem einen guten Mund nach allem diesen Schlamme . . . es ist in Deinem Stück luftig wie auf einem Berge . . . . für die Lungen, wie man sie dem jetzigen Publikum gegeben hat . . vielleicht eine etwas scharfe Luft . . . Das Stück des kleinen Dings da . . . ist bereits in seiner hundertsten Vorstellung . . . Wenn Du außerdem auf die Vorsehung einiges Vertrauen faßt, desto besser. Das wäre meine Meinung . . . Aber nochmals gesagt, ich verstehe nichts . . ."

„Aber," wagte Martha zu sagen, „glauben Sie nicht, daß die Intrigue? . . . Er hat noch keine Uebung des Theaters . . . Ich rieth ihm, einen Mitarbeiter zu nehmen . . . ich weiß nicht wen . . . irgend Jemand, der das Theater kennt . . . ich denke Voudenet . . ."

„Ein Vaudevilleschreiber! gehen Sie doch! geht ein Stück wie jenes von Carl Voudenet und all die andern von der nämlichen Rasse an! . . . Ach! wenn je einmal der Knüttel Jehova's unter meine Hände fallen sollte, dann würde ich sie zur Knechtschaft verdammen, diese Vaudeville-

schreiber!.. Ich würde sie wie die Ammoniter behandeln...
würde ihre Witze gegen das Brunnengeländer zerbrechen und
der Wind meines Schreckens würde in das Mark ihrer
Wortspiele fahren! — Ich würde sie mit Zwiebeln ernähren
und sie müßten mir mit eigenen Händen auf dem Champ de
Mars eine Pyramide zum Andenken an Heinrich Heine er-
bauen... Nein! von diesen Leuten müssen Sie mir nicht
reden, das bringt mich in Zorn!" sagte rauh und stürmisch
v. Remonville. „Bah! es ist jetzt halb zwölf Uhr... ich
mache daß ich fortkomme... Madame..." Und v. Remonville grüßte. „Begleitest Du mich ein wenig?" sagte
er zu Carl.

Als sie auf dem Trottoir waren, sagte Remonville barsch
und plötzlich: „Weßhalb machst Du Theaterstücke? — Reizt
Dich so ein großer Guckkasten, wo man sechs oder sieben
Schichten braver Leute, welche vom Mittagessen kommen,
Stockwerkweise übereinander sperrt? Dort sitzen sie dann
und mariniren sich ein.. Während der Gährungszeit
schüttet, zottelt, rollt und erschreckt sie so ein dicker Teufel
von Drama... Sie schwimmen in Schwitzwasser und in
Thränen, und der dicke Teufel von Drama wendet, rollt sich,
heult, stampft mit den Füßen, brüllt... Der Vorhang
fällt und die braven Leutchen haben in der Nacht eine Un-
verdaulichkeit... bleib daher von den Lampen, sie sind
ungesund... Und dann wird man Dich erläutern...
Hast Du jemals etwas von Beaumarchais am Sonntag im
Theater Français spielen sehen?... Es sollte ein Gesetz
darüber geben, welches den Schauspielern verböte, sich an
Meisterwerken zu vergreifen.... sie verhindern dadurch

daß man sie anhören kann . . . Und Deine Frau? . . . Ich habe noch ihren Voudenet auf dem Herzen! . . . Ihr betet Euch an?"

„Ja . . . ."

„Wohlan, Du haſt Gott alſo nur um eine Gnade zu bitten, nämlich, daß er Deine Verbindung nicht ſegne."

„Wie das?"

„Ja . . keine Kinder . . . denn ſiehſt Du, für unſer einen taugt das nicht! Wir können uns höchſtens einen Papagei erlauben . . . Du ſagteſt uns dieſes ſelbſt einmal eines Abends und Du hatteſt das Wahre geſagt . . . Gute Nacht!"

„Welcher Sonderling, he?" ſagte Carl zu Martha heim-kehrend.

„Ich," erwiederte Martha, „ich ſage Dir, daß ich ihn ſchlecht erzogen finde . . . ."

LIV.

Seit Eva iſt die Frau eine Partei; ſeit der chriſtlichen Zeitrechnung eine Gewalt. Seit der Revolution iſt die Frau noch größer geworden, ſie hat ſich umgebildet, idealiſirt. Im neunzehnten Jahrhundert iſt die Frau ein Opfer. Sie iſt verkannt, ſie iſt eine Märthrerin. Die Theorien, die Gewohnheiten der erneueten, verdunkelten, feierlich gemachten Liebe, die Kirche und das Jahrhundert, die Predigten und Utopien, der Naturwechſel der Dämpfe in unſerer Zeit zu einer heftigen Spannung der Fibern umgewandelt; alles iſt in der Heirath ernſt geworden, ſelbſt der Ehebruch, die

Gleichheit der Frau vor dem Manne seit 1789, durch die Geistesgegenwart, das Genie, das Recht zum Schaffot, durch das Recht auf eine Nachwelt, durch Madame Roland und Frau v. Staël eingeführt — tausend Sachen haben zu dieser Thronbesteigung, zu dieser poetischen Himmelfahrt der Frau beigetragen. Aber noch weit mehr als diese Stimmen, besser als diese Sitten-Evolutionen und diese individuellen Beispiele haben ein Wort, ein Einfluß der Frau zugleich die öffentliche Meinung gegeben und ihr jene Dornenkrone eingetragen: dieses Wort ist der Roman.

Der Roman unserer Zeit ist, gewiß richtig bemerkt, die Leidenschaft der verheiratheten Frau in der Ehe. Er hat alle seine Bestreben darauf verwendet, es scheint sogar, daß er sein ganzes Herz in dies gewöhnliche, traurige und so geliebte Thema gelegt hat.

Er hat diesem Werke Alles zugewendet. Er wirbt auch heute für ihn noch das Beste an. Die Ode, die Jamben, die Wärme der Thränen, den eisigen Schauder der Gerichtsscenen und Plädoyers, die Konstatirung, er hat in denselben alle Tonfarben und alle Beredtsamkeiten abgenützt, die Lyra, das Zergliederungsmesser, ja selbst eine neue Sprache, technisch-medizinisch, sympathico-physiologisch, bis auf den untersten Boden der Diagnostiken und bis zu dem Ausgehöhltesten und Nacktesten der Pathologie der legalen Verbindung herabsteigend, derart, daß jeder Mensch dieses Jahrhunderts, welcher zu lesen und zu leben versteht, auch wie sich's gebührt über diese organische Krankheit der Frau mitleitend und sonderbar erbaut gewesen, über eine Krankheit, welche, ehe man die Molken in Flaschen gelegt und vor der Entdeckung gewisser Worte unbekannt gewesen; diese lange Kreuzigung einer delikaten, aufgeschwungenen, sinnlicher Empfindung fähigen und zusammenschaudernden Ehefrauseele, an einen Mann angekettet, welcher eine Birne ißt, ohne sie zu schälen, der zum Dessert Hochzeitslieder singt, gerade so liebt, wie er verdaut, mit einem Wort, an diesen Ehegemahl: „der dicke Mann" des Romans und aller Romane.

Aber der Mann dessenungeachtet, das andere Ende der Kette, der Gemahl? .. Für ihn giebt es keine gegengerichtliche Untersuchung, keine contradiktorischen Plaidoyers. Für ihn weder Antworten noch Meisterwerke. Die Frau hat Alles, sie hat den Mann selbst. Für sie ist das Interesse, die Zuhörer im Gerichtssaal, die Galerie, besonders aber ihr Geschlecht ... Dieser Gemahl kann aber, wenn auch ein Mann, dennoch vielleicht eine Seele sein. Es ist möglich, daß die Heirath ihn ebenso verletzt wie die Frau, und auch wie sie, an den nobelsten, erhabendsten, zartesten und schmerzlichsten Orten seines Wesens. Um nicht zu weinen, hat er, wie die Frau, seine Entdeckungen, seine Leiden, seine Thränen, seine Wunden, welche die Verräthereien der Illusion, der Hoffnung, der Zukunft, des Lebens, der Glaube an eine ihm gleichende Gesellschafterin ihm schlagen ... Man denke sich diesen armen Teufel, unter der Lüge des Körpers und unter der übrigen Komödie, unter den Aeußerlichkeiten, unter dem Aufputz, unter allem Jenen, welches den Blick und das Urtheil anhält, und sie zu sehen und zu durchwühlen verhindert, deßhalb damit anfangend, zu urtheilen, hindurchzublicken, vorerst furchtsam, dann aber kecker werdend, sich

bezähmend und, wie ein Dieb, welcher singt, sich selbst nicht
trauend, in jenes Geheimniß des tiefsten Hintergrundes eines
Geschöpfes eintretend, welches Bacon so wohl gelungen „die
Höhle" genannt hat. Dort angekommen in dem Schatten
herumtappend, glücklich, die Nacht zu finden und so viele
Schleier . . . Die Frau liest sich nicht wie der Mann. Sie
ist unwickelt, eingeschlossen, sehr oft sich selbst verborgen.
Der Gemahl dreht sich wochenlang, monatelang um diese
Geberde, um diese Lieblichkeit, um diesen Weiberrock, um
diese Auszeichnung herum, er dreht sich um dieses Wort
herum, welches eine Empfindung zu sein scheint, er geht um
dieses Lächeln herum, welches einem Gedanken ähnlich sieht,
um diesen Blick, welchen er ein Abendmahl glaubt. Er weiß
nicht, er zögert, er wagt noch nicht . . . Es ist dies die alte
Fabel, nur umgewendet: Amor, welcher Psyche sehen will
und dessen Lampe seinen Schatten an der Wand erzittern
läßt. Am Ende von Allem, müde aller dieser Beängstigungen,
will er mit einem Schlag die Sache fertig machen und taucht
somit bis auf den tiefsten Grund unter. Den „dicken
Mann", welchen die Frau in dem Gemahl findet, ihn hat
der Gemahl nun in der Frau gefunden! .. Sehen Sie ihn
jetzt, wie er die Hände über sein Glück streichelt, wie über
eine kalte, hohle und lautschallende Statue . . . Und dazu
keine Vertraulichkeit, keinen Trost, keine Selbstbeichte.
Allein, stumm, so leidet er, so wird er fortan leiden. Auf
wen sich verlassen, in wen sich ausschütten und wessen Mit=
leiden in Anspruch nehmen? Ein Gemahl, welcher selbst
nicht einmal betrogen ist, der sich selbst betrogen, ein Einfalts=
pinsel, welcher eine Albernheit à fond perdue anlegte! . .

Alsdann, in dieser Einsamkeit und in diesem Schweigen sich
aufreizend, steigt der Gemahl langsam und in einer bittern
Freude sich gefallend, Stufe um Stufe von seinem Traum
herab. Er durchstöbert, vereinzelt, er inventarisirt dieses
Nichts und diese Kleinigkeit, diese kleine schöne Nichtswürdig-
keit, seine Frau, vielleicht mit jener fieberhaften Neugierde
des Kranken, welcher seine Wunde aufbindet und untersucht,
vielleicht aus Mißtrauen, aus Furcht vor der Rückkehr —
einer morgenden neuen Blindheit.

Ein Tag des Muthes, ein einziger Blick der Verzweiflung haben ihm Alles dies gezeigt: der Gedanke dieser Frau
wird nie seinen Gedanken begreifen, nie wird eine Berührung
und ein Austausch in Allem dessen, was unmateriell in ihr
besteht, mit jenem, was er unmateriell in sich herumträgt,
sich gestalten und daraus jener erste Segen der Heirath und
jene Seele der menschlichen Fortpflanzung entstehen, die
Theilung des moralischen Lebens hervorgehen . . . Aber
stets noch nicht genug: er will Alles kennen, und somit
dringt seine bisherige Liebe in die Tiefen, in die Geheimnisse
und in die Umfänge dieser Scheidung der Verständnisse und
geistigen Empfindungen ein.

„Diese Frau inzwischen!" sagte Carl, „diese Frau . . .
das schönste Gefängniß und der schönste Spiegel einer
Seele, welche Gott nur je gemacht hat! alle diese Eleganz,
alle diese Lieblichkeiten, dieses Murmeln des Wortes —
dieses Spiegeln der Gedanken, dieser Blick . . . so viele
Versprechen einer ätherischen Natur, eines Geschöpfes aus
feinstem Porzellan, welches der Mensch . . . und unter dieser
Robe, unter dem Fleisch des Herzens, unter dem Gezweige

der Worte, endlich einmal Alles abgelegt was alle Frauen
Oberflächliches, Demonstratives und Anscheinendes, Magi-
sches haben und darunter dann zu finden .. was? meine
Frau! .. Dort ist es also, dieses Klavier, welches ich be-
weglich unter meinem Herzen sprechend glaubte und dessen
Akkord ich mit zurückgehaltenem Athem lauschte! Das ist
also Jene, welche mich wiegen, erheitern, unterstützen und in
der Ermüdung und Abspannung der männlichen Aufgabe
meines Gedankens mich erheben sollte! .. Kein Band,
durchaus Nichts was antwortet ... Alles fehlt ihr ...
Tugenden und Bestimmungen, welche die Frau noch anders
dem Manne verbünden als nur durch das Fleisch allein, und
aus dem Kopfkissen die starke und nährende Freude, die
Ruhe und den Muth des denkenden und erfindenden Thätig-
keits-Mannes machen .... Und wenn sie mir auch helfen
wollte, meinen Kopf zu tragen? ihre Geberde wäre dann
eine todte Geberde, eine steife, ungeschickte, rohe Geberde;
sorglich für mich sein in jenen Leiden, welche sie nicht sähe,
in jenen Krankheiten, für welche es keinen Arzt giebt, in
jenen Leiden, welche man eingebildete nennt? Diese Sorgen
wären nur aufreizende Berührungen ... Ich, der auf eine
gleichmäßige Aufregung, auf die Theilung der Dinge des
Lebens, auf einen gleichlaufenden gemeinschaftlichen Eindruck
der äußerlichen Welt, auf die innere Welt, die Jeder in sich
selbst trägt, rechnete! Sie ist blind für das, was ich sehe,
taub für das, was ich höre, kalt für dasjenige, wofür ich
Beifall habe, todt für meine Bewunderungen ... Und Alles
in dieser Frau .. bis zur physischen Frau ... ihre Sinne
sind Emporkömmlinge; sie wenden sich zur Vergoldung, zum

Luxus, welcher schreit, zu den Blumen, welche riechen . . .
Und ihr Herz?" sagte Carl am Ende seines Selbstgespräch.
„Ach! ihr Herz . . . ich weiß nicht . . ."

LV.

Es ist ein schöner Tag. In der Nebelgasse, zu Montmartre sitzt Martha in einem Bosquet und hält eine Tasse
Milch an ihre Lippen, Carl rittlings auf einer Bank ihr
gegenüber, einen Ellenbogen auf dem Tische und den Kopf
von hinten auf die flache Hand gestützt, sieht er vor sich hin.
Sie sind nach Montmartre gegangen, um eine alte Dienerin,
die alte Françoise, zu besuchen, welche Carl auferzogen und
krank ist; auf dem Rückwege von diesem Krankenbesuche
haben sie in dem Garten eines Gasthauses sich niedergelassen.
Unter ihnen liegt Paris wie ein Meer bei schönem Wetter.
Gerade wie in einem ungeheuren Thale, wo der Morgen-
nebel aus dem Boden emporsteigt, Wolken am Fuße der
Bäume und Dämpfe auf ihren Spitzen, Alles schwimmt,
soweit das Auge reicht, in einem Lichtnebel.

Große Dächerlinien, Wölbungen, noch viel blauer als
die Häuser, lösen sich von dem fliegenden Horizonte ab.

Ein Schiefer, ein Fenster glänzt hie und da und durchsticht
mit einem zuckenden Blitz diese unendliche Perspective.

Wolkenschichten und Tageshellen, ihren Schleier oder
ihre Strahlen werfend, rollen jeden Augenblick über die
azurne Stadt, über welcher unbewegliche, durchsichtige, goldene
Dünste schweben und schlafen.

„Wir haben aber dennoch Montmartre entdeckt," sagte
Carl nach einigen Minuten des Stillschweigens.

„Es ist ein wenig hoch," sagte Martha mit einem Halb=
lächeln.

„Ja, aber auch ein wenig schön, das ist die schönste
Aussicht auf der Welt."

„So!" sagte Martha.

Und sie begann wieder schluckweise ihre Milch zu trinken.
Carl rauchte. Sie schwiegen.

„Bist Du nun ausgeruht?" sagt Carl.

„Warum?"

„Wir würden dann weiter gehen."

„Gehen wir."

„Gehen wir."

Martha trank ihre Tasse leer. Carl zündete seine Cigarre
an. Sie vergaßen aber aufzustehen und wegzugehen. Ein
klingelndes Geräusch, welches in dem Wirthsgarten sich
hören ließ, veranlaßte sie, den Kopf umzudrehen. Es
kam das Klingeln von einer Schaukel, deren Schwung
eine an dem großen Balken aufgehängte Glocke in Be=
wegung setzte.

Auf dem grün bemalten Schaukelstuhl hielt eine Mutter
ein in ihren Armen liegendes, auf ihren Knieen sitzendes
schönes Kind, mit schönen blonden Haaren, großen, blauen
Augen, welche zu schlafen schienen. Carl betrachtete Martha,
wie sie dieses schöne Kind betrachtete, und als die Augen
seiner Frau auf ihn wieder zurückfielen, schienen sie ihm voll
jener Aufregungen, jener Eifersucht, jener Gedärmzuckungen,
jener erstickten Zärtlichkeiten, welche das Herz einer Frau er=
füllen, welche den Stolz einer Mutter betrachtet.

„An was denken Sie, Martha?" sagte er zu ihr, indem

er seinen Blick auf den ihrigen heftete, und ihre Hand in seine beiden Hände nahm.

„An was willst Du auch, daß ich denken soll? Ich sah die Klingel hin- und hergehen . . ."

Die Schaukel begann auszulaufen. Sie hörten die über die Haare ihres Kindes hingebeugte Mutter zu ihm sagen: „Nun, beluftigt Dich das, mein Kleiner?" — „Ja, Mama!" erwiederte das Kind, „aber ich langweile mich dennoch."

„Armes Kind!" sagte Carl, „Hast Du gesehen? Er ist blind . . ."

„Ei, ei!" erwiederte Martha.

Dieses Ei, Ei! fiel so trocken aus diesem kleinen Munde, daß in Carl's Brust etwas Kaltes erkühlt.

In diesem Augenblick ließ sich oberhalb auf dem Fuß-wege, welcher nach der Barrière hinabführt, ein Stimmen-geräusch vernehmen. Eine Frau läuft festen Schrittes, mit gekreuzten Armen, ohne Halstuch, ohne Haube, den Kopf aufrecht und steif emporgehoben, auf dem steilen Fußwege hinab.

„Willst Du wohl umkehren!" schreit auf vierzig Schritt von ihr eine vor Zorn zitternde Mannsstimme. Die Frau wendet sich nicht um und geht weiter. Der Mann nimmt von den am Rande des Fußweges aufgeschichteten Kieselsteinen eine tüchtige Hand voll, und wirft solche mit aller Kraft gegen seine Frau. Die Steine fliegen; die Frau geht. Der Mann nimmt frische Steine und wirft; er ruft: „Wirst Du endlich umkehren, oder ich breche Dir den Hals!" Und er beeilt nun seinen Schritt, er nähert sich der Frau, er ist nahe, ganz nahe, er zielt besser, er erwischt sie und pan! pan! pan! — im Wirthsgarten hört man die Schläge fallen, das dumpfe Geräusch in dem Rücken der Frau … Sie geht jedoch stets mit gekreuzten Armen und erhobenem Kopfe vorwärts. Da hört der Mann zu werfen auf, ruft nicht mehr, springt aber … Die Frau wendet sich aus Instinkt um. Der Mann beginnt damit, ihr mit Fußtritten die Beine zu zermalmen. Die Frau hat die Arme vorgehalten, plötzlich, mit der Gelenkigkeit des wilden Thieres, bückt sie sich, erwischt einen großen Stein, welcher am Boden liegt, reißt denselben in einer bewundernswerthen Kraftäußerung empor und ruft dann mit einer Todtenstimme: „Rühre mich nicht mehr an!" Der Mann gleitet seinen Arm unter die Achselhöhle der Frau, bindet ihr beide Arme unter dem Kinn zusammen, wirft sie auf den Boden … Als sie fiel, ließ sich ein anderer Mann und eine andere Frau, das zweite Pärchen der nobeln Gesellschaft, ganz einträchtig in Armverschlingungen, lachend und aufgemuntert auf dem Fußwege blicken: „Ist die mal halsstarrig! mein Gott! wie halsstarrig! An Victor's Stelle würde ich weniger ertragen! .." Victor trat in diesem Augenblick seine Frau mit Füßen …

„Kömmst Du?" sagte Carl barsch, er war blaß wie ein Leintuch.

„Warte doch noch ein wenig", sagte Martha, indem sie ihre Hand vor die Augen hob, um besser die Geschichte mit ansehen zu können.

LVI.

Der Zufall eines Begräbnisses näherte Carl seinen ehemaligen Freunden des „Scandals". Er befand sich nämlich beim Begräbniß des famosen Kritikers Loret in einem Trauerwagen, an der Seite Malgras, Couturat ihm gegenüber und noch einem jungen Manne, welchen Carl nicht kannte. Es war ein großer, junger Mann mit einem schwarzen Barte, welcher sich bemühte, das Alter seines Bartes zu haben und seine große Jugendlichkeit unter einem affektirten ernsthaften Aeußern zu verbergen. Carl hatte eine oberflächliche Erinnerung, diesen Kopf bereits schon einmal gesehen zu haben, er konnte sich aber nicht erinnern, wo. Couturat und der junge Mann schienen auf's Beste mit einander zu stehen, sie sprachen langsam zusammen und ihre stille Unterredung ward nur mitunter durch einen Scherz Couturat's unterbrochen, jedoch augenblicklich zur Vernunft gerufen durch ein: „Seien Sie doch kein solches Kind, Couturat."

Malgras, welcher die beiden Ohren Carl's zur Verfügung hatte, trieb, wie gewöhnlich, damit Mißbrauch, er sprach wie ein Röhrbrunnen: „Sein Leben regelmäßig machen, man kann sagen und machen, was man will, Herr Demailly, darüber hinaus geht nichts . . . . Ein Junggeselle ist ein Schmarotzer an dem gesellschaftlichen Banket. Die ungesunden Werke, die wir jeden Tag zu sehen bekommen, rühren augenscheinlich davon her, von der Abnahme der Pflichten, welche der schreibende Mann sich gegenüber seinen Mitbürgern und sich selbst auferlegt. Die großen Gedanken kommen aus dem Herzen, aber die guten Gedanken von der Familie. Das

Cölibat untergräbt uns . . . Alles hängt an einer Kette; . . das Junggesellenleben bringt eine Junggesellen-Literatur hervor . . Mensch ohne häuslichen Herd, Buch ohne Glauben. Und welche Eingebung wollen Sie, daß . . ."

„Wer ist denn dieser junge Mann?" sagt Carl inmitten dieser Tirade und sich gegen das Ohr Malgras' hinneigend.

„Der Baron v. Puisignieur . . . Autor der „philosophischen Geschichte der Arbeiter-Classen".

„Teufel!"

Man hörte den Pfiff, welcher im Theater eine Verwandlung und auf dem Kirchhofe die Ankunft eines Leichenzuges anzeigt. Man war angelangt. Die Menge war zahlreich und verwirklichte das Wort, mit welchem der große Kritiker in den letztern Jahren seine Eigenliebe gegenüber der unverdienten Gleichgültigkeit des Publikums sich getröstet hatte: „Bei meinem Begräbniß werden sich viele Leute einfinden . . ." Beim Aussteigen aus dem Wagen fiel Carl inmitten des gesammten Personals des „Scandals": Zwischen ihm und Nachette wurde ein sehr kalter Gruß gewechselt, welch' Letzterer, den Arm Malgras' ergreifend, sagte: „Ich gehe bis zum Grabe . . . ich bin ihm dies wohl schuldig: er bezahlte mir meine Miethe."

„Wie so das?" fragte Malgras.

„Das ist ein Tod von 600 Linien, Papa Malgras."

Couturat und der Baron gingen vor Carl. Couturat sagte zum Baron: „Mein Bester, lassen Sie mich nur machen. Sie wollen eine politische Persönlichkeit sein, und da haben Sie ganz Recht, das ist das große Mittel um voranzukommen . . . Wohlan, ich übernehme dies . . . Man hat

sogar aus Brunandet einen talentvollen Menschen gemacht,
allerdings hat ihn das Geld gekostet . . . aber er wurde
durch Einfaltspinsel vorangeschoben . . . Und Sie sind
außerdem intelligent . . . ohne dabei an Ihren Namen zu
denken . . . und hinter Ihnen ein Buch . . . obgleich im
Grund genommen ein Buch . . . stets etwas Bloßstellendes
ist . . . das thut aber nichts . . ." Man war am Grabe angelangt. Der Erdaufwurf und das Gedränge drückten Carl
auf Nachette und Malgras. Nachette sagte zu Malgras:
„Was Teufel hat denn Couturat, daß er den Baron nicht
losläßt?"

Malgras betrachtete Nachette fest, mit dem ihm eigen-
thümlichen innern und stummen Lächeln: „Er hebt einen
jungen Menschen aus . . ." Und sehend, daß er verstanden
worden: — „Sie werden sehen, daß Couturat Etwas aus
diesem Baron macht . . ." nahm Malgras leichthin werfend
wieder auf. „er wird ein Journal aus ihm machen."

Kaum aus dem Kirchhof getreten, kaufte Nachette bei
dem ersten Buchhändler, an dem er vorüber kam, „die philo-
sophhische Geschichte der Arbeiter-Classen",
ging nach Hause, legte ein Blatt weißes Papier auf seinen
Tisch und schnitt das Buch auf.

Das erste Buch des Baron v. Puisigneur glich diesen
unschuldigen Spielen des Scepticismus und der Utopie.
Eine Gelehrsamkeit mit großem Orchester: statistische
Phantasien, metaphysische deutsche Bilder, Tam Tam
und Zickzackstiche, einen Gedanken und einen Styl
„Greifallesan", von einem Bericht des Gewerberathes
zum Ball Mabille, oder zur Aesthetik der Romane der Frau

Sand überspringend, an dem Ende eines Kapitels über das
Salaire der Frauen in Paris eine zwei Seiten lange Ver-
gleichung zwischen der Gonaleuse Eugen Sue's und der
Psyche Apulée's machend, alles vermengend, alles umnebelnd,
mit cynischen Anfällen inmitten der Volkswirthschaft, die
Systeme übertreibend, die anerkannten Gedanken beleidigend,
bei jeder Gelegenheit über die öffentliche Meinung herfallend,
stets auf den Stelzen der Scheinwidrigkeiten daherschreitend.
so war dies Buch beschaffen, ein wirkliches Potpourri,
gepfeffert, gesalzen, den Mund zusammenziehend, so daß es
das Gericht der zu Grunde gerichteten Menschen sein konnte,
in welchem dennoch aber weder die Arbeit, noch Beredtsamkeit, selbst Talent nicht fehlten, ein sonderbares symptom-
artiges Buch, mehr noch das Werk einer Zeit, als eines
Menschen.

Der sehr junge Baron v. Puissignieux war durch das
Beispiel so vieler Leute angesteckt worden, welche durch den
von sich gemachten Lärm, durch das Geräusch der großen
Trommel, durch den Charlatanismus der angewandten
Mittel, durch das Geräusch der Schwindelei, die Extravaganz
der Anzeigen zu einem Namen gelangten, und so hatte auch
er sich sehr kaltblütig daran gemacht, ein Narrenbuch zu
schreiben.

Er hatte sich besonders darauf verlegt, von vornherein
gleich überall, bildlich gesprochen, die Fenster einzuwerfen,
und es war ihm mit Vorbedacht gelungen, dem Publikum Aergerniß zu geben. Seine Vorrede war in dieser
Beziehung der beste Theil seines Buches, der am meisten
gelungenste, sowohl in Grund, wie als Form. Er stellte

sich ernsthaft als den Gründer einer neuen historischen Schule hin. Von dem Grundsatze ausgehend, daß die That-sache weiter nichts als ein Zufall in der großen menschlichen und gesellschaftlichen Chronik sei, schloß er gleichzeitig daraus, daß es in der Menschheit nur eine Thatsache gäbe: der Ge-danke! und zog dann wieder hieraus den Schluß, daß die Geschichte nicht mehr die Geschichte der Zufall-Thatsache sein sollte, sondern die der Gedanken-Thatsache, eine An-schauung anstatt einer Darlegung, und daß, durch diese Evolution und diese Erneuerung des historischen Sinnes, das Dokument, eine nur relative und örtliche Wahrheit, nichts mehr thue, als der allgemeinen und absoluten Wahr-heit der Geschichte zu schaden.

Mit einem Wort, man müßte die Bücher verbrennen, um die Geschichte zu schreiben, zum mindesten jene Geschichte, welche er gründete, nämlich die Ideo-mytho-historische Geschichte; denn der Baron v. Puisignieur hatte nicht daran vergessen, seine Erfindung, als er sie in die Welt schickte, zu taufen: er wußte, daß der Pathos einer Formel bedarf, um zu einem Lehrbegriff sich gestalten zu können.

Dieses Buch, dieser übertriebene und kaltblütige Affen-streich war dieser Mann selbst, dieser junge Mensch, ein Greis und ein Kind von 20 Jahren.

Das Beispiel war unglücklicherweise nicht nur allein seine Entschuldigung, sondern auch die Regel seines Gewissens. Das Beispiel machte seinen moralischen Sinn aus, es machte seinen Ehrgeiz und seine Begierden aus. In's Leben tretend mit einer historischen Baronie und eine Million, trat er in dasselbe, zum voraus betäubt durch das

Glück und die Volksthümlichkeit der Schwindler aller Art, geschickter Leute, glücklicher Puffmacher.

Es giebt schwache Köpfe, nachahmende Geister, feige Seelen, wo die Leidenschaften der Zeit, die Leidenschaften der Jugend reifen und verwöhnen, leicht zugänglichen Herzens für irgend wen, in diesem Jahrhundert, wo Robert Macaire ein Typus werden kann wie Werther. Und das Buch des Baron v. Puisignieur, war weniger die Genugthuung einer literarischen Eitelkeit, als ein Versuch von sich selbst, als die Prüfung eines Mittels, eine nach der Politik den öffentlichen Geschäften hin aufgeworfene Brücke, eine Ausspähung der Wege, auf welchen man rasch zum Credit und Einfluß gelangt, und wo die Abwesenheit von Vorurtheilen so hoch — oder auch so weit führen kann.

Aber Rachette sah kaum etwas von all' diesem.

Er sah nur darin ein abgeschmacktes Buch, und eine große Eigenliebe, der zu schmeicheln sei. Er machte sich daher muthig daran, eine Lobhudelei zu fabriziren. Der erste Artikel, welchen er schrieb, enthielt keine Beleidigung, keine Schramme, keine Perfidie, keine Blindschleiche, wie man sich unter Schriftstellern ausdrückt, mit einem Wort, er schrieb einen jener Artikel, welche den dankbaren Autor abgezogenen Hutes zu dem Kritiker führen mußte. Als sein Artikel fertig war, überlas er ihn, stattete denselben noch mit einigen schmeichelhaften Beinamen aus, und da es gerade ein Samstag war, trug er denselben in die Druckerei, mit der Weisung, solchen augenblicklich zu setzen. Aus der Druckerei ging er dann zu Chevet, bestellte dort eine Gänseleberpastete, einen Yorker Schinken und Burgunderwein für den nächstfolgenden Tag, ging dann wieder in die Druckerei, um seine Artikel zu corrigiren, was ihm schon lange Zeit nicht mehr in den Sinn gekommen war, speiste dann zu Mittag, legte sich früh nieder, und begann in seinem Bette Stellen aus der philosophischen Geschichte der Arbeiterclassen auswendig zu lernen.

„Hier, das Journal," sagte am darauf folgenden Morgen der eintretende Portier, „und dann hat man auch dies von Cheret gebracht."

„Teufel!" sagte Nachette, indem er den Portier betrachtete, dessen ganzes Untergesicht durch ein ungebundenes Tuch verhüllt war, „solche Sachen kommen nur mir zu! . . . Was Teufel haben Sie denn?"

„Ach Herr! es ist nichts von Bedeutung . . . eine Spinne, die mir über das Gesicht lief . . . diese Thiere machen Ihnen ein Uebel herbeikommen . . ."

„Einfaltspinsel! . . . heute . . gerade . . . Das könnte ihn anekeln . ." sagte Nachette zu sich selbst. „Hören Sie mich an, Peter — Sie werden dies hier serviren . . . Ach! leihen Sie mir auch zwei Fauteuils.

„Ja, Herr . . . Ich bin für Niemand zu Hause . . . Ich bin nur da für einen großen jungen Mann mit schwarzem Barte, er ist noch nie im Hause gewesen. Sobald er angekommen sein wird, ziehen Sie sich an, kommen herauf und serviren."

„Um welche Zeit? . ."

„Weiß ich's? . . . Heute oder morgen . . . Könnten Sie denn Ihr verdammtes Tuch da nicht hinwegthun?"

„Oh! nein Herr . . . das Ding ist giftig . . . Also, der Herr weiß nicht . . Ei, ei . ."

„Machen Sie Ihre Betrachtungen draußen, he?"

Der Tag verstrich. Niemand. Rachette verschlang stets: die philosophische Geschichte der Arbeiter-classen.

Montag um ein Uhr Mittag wurde angeklopft.

·„Bitte tausend Mal um Vergebung . . ." sagte der unter seinem Barte sehr aufgeregte Baron — ... der Baron v. Puisignieur.

Rachette grüßte.

Der Baron nahm wieder auf: „Ich glaubte nicht . . . ich habe die Mittagstunde gewählt, denkend, daß . . . Ich störe Sie . . . ich komme ein anderes Mal wieder."

„Keineswegs, durchaus nicht, ich lasse Sie nicht hin-weggehen. Ich bin zu sehr erfreut, Sie zu sehen, und Ihrem schönen Buche und meinem armseligen Artikel die Ehre Ihrer Bekanntschaft zu verdanken . . . Aber, lassen Sie sich doch nieder."

„Ich bin Ihnen vielen Dank schuldig . . ."

„Wie so das? für einen schlichten Bericht! . . . Sie werden in der That gesehen haben: ich verstehe mich nicht viel darauf . . . es ist dies nicht meine Partie . . . ich habe vielleicht Böcke geschossen, aber, was wollen Sie? Ihr Buch hat mich angesprochen . . ich war davon ergriffen, ich, der sonst wüste Bücher . . . . ich habe es in einem Athem fort und fort gelesen, wie einen Roman . . . ein Roman, der zum Denken veranlaßt . . . und ich mußte davon reden . . . ich konnte nicht anders . . ."

„Aber ich hindere Sie am frühstücken . . ."

„Und dann ist man in einem solchen Journal-Artikel

wahrhaft erwürgt ... ich hatte selbst nicht einmal dafür
Platz, Ihre Studie über den Gemeinderath und die Gemeinde
selbst ... Als zur römischen Herrschaft ..."

Und Nachette sagte Linie für Linie zwanzig Zeilen aus
des Barons Buch her ...

"Ja, ja, Sie dürfen es glauben, ich habe Sie tüchtig
gelesen!"

"Mein Herr," sagte ernst der Baron, indem er sich erhob,
"ich werde Ihnen eines Tages dafür danken."

"O! ich bin sicher, daß Sie sich entfernen wollen, weil
Sie zwei Couverts hier sehen? ... Sie glauben, ich erwarte ... Nein, Herr, es ist wahr, ich erwartete Jemanden,
aber man kömmt nicht." Und Nachette unterstrich dieses
man mittelst eines Lächelns. — "Ich wage es kaum, Ihnen
anzubieten ... aber es wäre äußerst liebenswürdig von
Ihnen, mir Gesellschaft zu leisten."

"Bedaure tausend Mal, mein Herr, ich habe gefrühstückt
und ..."

"Was thut denn das?" Und Nachette nahm beinahe
mit Gewalt den Hut aus den Händen des Barons und
nöthigte ihn mit einer liebkosenden Heftigkeit, ihm gegenüber
sich niederzusetzen.

Ein feuriger Burgunder — und Citate aus dem Buche
des Barons, begossen die ganze Frühstückszeit über die
Gänseleberpastete und den Schinken. — Nach Verlauf von
zwei Stunden verbreitete sich der junge Baron, welcher einen
schwachen Kopf und eine noch schwächere Eigenliebe hatte,
in Vertraulichkeiten, sceptischen Prahlereien, in Eingeständ-
nissen, daß er viel Glück habe, und in Darlegungen von

Plänen für die Zukunft. Er pflanzte sich als einen höhern
Mann auf, der über die Illusionen hinweg sei, der das Leben
errathen, und entschlossen sei, emporzusteigen. Er prangte
mit den Kindereien seines Stolzes. Er beichtete die Naivi-
täten seines Instinkts und die Unerfahrenheiten seines Alters. Er erzählte Nachette, wie ihm der Geschmack der
Literatur gekommen sei, indem er in der Rhetorik die Auf-
gaben seines Professors der Geschichte corrigirt habe. Er
sprach von der Million, die er von seiner Familie zu erwarten
habe, von dem Journal, welches er haben, von der Rund-
schau, die er gründen, von dem Theater, dem er Zuschüsse
bewilligen werde, um dort eine Frau debütiren zu lassen, nicht
deßhalb, weil er diese Frau liebe, aber weil er es sich schuldig
sei, aus seiner Maitresse eine Schauspielerin zu machen.

Nachette trank gerade in diesem Augenblick ein Glas
Chambertin leer und, dasselbe zwischen seinen Fingern haltend, ließ er nachlässig den Rest des Weines auf den Boden
seines Glases laufen: „Mein Gott," sagte er, „ich habe
Sie um etwas zu bitten ... Peter, einen Teller für den
Herrn Baron ... Sie sind ein großer Herr ... Sie treiben
Literatur ... ernste Literatur .. zu einer beliebigen Stunde,
in verlorenen Augenblicken, aus Unterhaltung ... und ich
weiß nicht, ob Sie wollen ... Sehen Sie, es handelt sich
darum: Ich werde das Journal verlassen ... Sie werden
es begreiflich finden, daß man in meinem Alter gerne bei
sich zu Hause schreibt. Ich habe die Zusage eines großen
Gewerbsmannes hinsichtlich der nöthigen Gelder, die Sache
liegt zur Unterzeichnung bereit ... Wollten Sie mir erlauben, Ihre Mitarbeiterschaft an unserm Journal anzu-

zeigen? — ... Das Journal wird gut bezahlen," fuhr Nachette fort, ohne dem Baron Zeit zu lassen, antworten zu können, „es ist nichts Gewöhnliches — Ihren Namen und Ihr Talent brauchen wir ... Sie erhalten fünf Sous für jede Linie wie die Bekanntesten ..." Und Nachette studirte auf dem Gesichte des Barons die Wirkung dieser letzten Schmeichelei, wohl wissend, welchen Werth selbst auch der Reichste auf solches Geld legt, auf das Manuscriptgeld, welches er als ein Zeugniß seines eigenen Werthes wägt und achtet.

Nachette hatte den Baron so sehr gefangen, daß Couturat, als er aus dem Bureau kam, wo er den Artikel Nachette's gelesen hatte, Beide vor dem Café Mazarin bei einem Glas Madeira fand. Im Augenblick als Couturat vorüberging, beklagte sich Nachette gerade bei dem Baron über die harten Bedingungen, welche ihm sein Gelddarleiher machte, und der Baron bot ihm an, die Sache selbst in die Hand zu nehmen, sobald seine Tante gestorben sei, was aber Nachette mit Hitze ablehnte.

Couturat kam auf Beide zu und drückte Nachette die Hand: „Mein Bester, Du weißt wohl, daß ich mit Complimenten nicht verschwenderisch umgehe ... aber Du hast heute einen Artikel ... das läßt sich hören, auf Ehrenwort!"

„So, so," sagte Couturat zu sich selbst im Weggehen, „so! mein guter Junge! .. Er macht Fortschritte, dieser kleine Nachette! .. Er ist beinahe so stark wie ich ... Die Eitelkeit, ihm zu kitzeln, und weiter nichts, wie er es gethan, das ist aber stets einfach ... Ich habe ihm nicht genug von ihm gesagt, das ist klar ... Ich habe den Herrn gespielt,

welcher ihn zum Ruhme führen werde . . . Ich habe mich zu
sehr als eine zweite Vorsehung ausgegeben . . . ich habe ihn
zu sehr meine Mittel gezeigt, um einen großen Mann aus
ihm zu machen; das langweilt diesen Jungen . . . . Rachette
hat ihm wahrscheinlich sein Buch Wort für Wort hergesagt!
. . Er hat ihn auch jedenfalls damit bekannt gemacht . . .
Laß' gut sein! wir werden sehen . . . die Tante ist noch
nicht todt . . . und nun zu uns Beiden, mein Söhnchen!"

LVII.

Es wäre eine merkwürdige psychologische Studie, wollte
man Beobachtungen darüber anstellen, welche Unordnungen
bei dem Individuum die Gewohnheit einer conventionellen
Umgebung, gekünstelter Leidenschaften, eines eingebildeten
Daseins hervorruft.   Und welche merkwürdigere Naturerscheinung des Gehirns gäbe es wohl, als jene, welche bei
so vielen Leuten des Theaters, durch das intime Gepräge,
welches ihre Rolle in ihnen zurückläßt, hervorgerufen wird,
und zwar derart, daß ihr Lampenleben sich mit ihrem wirklichen Leben an der Helle des leuchtenden Tages vermischt
und sie manchmal zum Tiefsinn führt!   Wo aber diese
moralischen Störungen am sichtbarsten sind, das ist bei
der Frau des Theaters.   Es ist nichts Seltenes, daß der
Roman, in welchem sie sich vor den Lampen bewegt, ihr außerhalb der Scene nachfolgt und in Folge des Hingebens ihrer
Einbildung an Andere, sich hieraus ihre eigene Einbildung
gestaltet.   Diese Verlängerung der theatralischen Fiction in
der Anwendung auf Dinge kann in der Frau die sonderbarsten

Körperumbildungen, die auffallendſten Verſetzungen des
Geiſtes und des Herzens, ein völliges Verrücken des Urtheils
und wie eine zweite Natur des Gedankens und des Charakters hervorbringen. So begegnet man unter den Schauſpielerinnen; welche nur in Drama's auftreten, Frauen,
welche das Leben für ein Drama halten. Sie haben in den
Beziehungen und täglichen Ereigniſſen des Lebens jene
Zweifel, jenes Mißtrauen, jene Befürchtungen, jene Schrecken
der verfolgten, eingekerkerten, vergifteten Frauen, und dies
zwar regelmäßig von acht Uhr Abends an bis Mitternacht.

Eine Thüre kann ſie beunruhigen. Der einfachſte Brief,
den ſie erhalten, läßt ihren Kopf arbeiten, bis ſie in demſelben
irgend eine Falle und hinterliſtigen Anſchlag entdeckt haben.
Jeder Unbekannte ſcheint ihnen gefährlich. Die Polizei iſt
für ſie ein Rath der Z e h n. Sie glauben an Verräther
und ſie hören an ihrem Kopfkiſſen umhergehen.

Die Schauſpielerinnen laufen nicht gleicher Gefahr, und
der Genre von Martha's Talent hatte ihr bis zu dieſem
Tage nur ein wenig Geziertheit und einen gewiſſen Anſtrich
der treuherzigen Rollendarſtellerin gegeben, welchen Carl in
den erſten Tagen nach ſeiner Verehelichung ſogar nicht ohne
Lieblichkeit gefunden. Ein Stück, ein kleines einaktiges
Stück ſollte auf Martha einen andern Einfluß üben. Man
gab damals im Gymnaſetheater „den Hausteufel". Martha
fand die Perſönlichkeit, welche ſie darzuſtellen hatte, ganz
koſtbar. Es war dies die Rolle einer jungen Frau, welcher
die Zukunft, die Liebe entgegenlachte und für welche ein
Mann ſtarb, ohne daß ſie ihn liebte.

Dieſe Rolle, dieſes Stück erweckten die in dem Herzen

Martha's schlummernden Koketterien und trieben ihren Ehrgeiz dazu an, ein kleiner Dämon zu sein, die Scenen des
innern, häuslichen Lebens durch die Scherze der Komödie
abzuwechseln. Sie gewöhnte sich daran, diese intelligente
Frau sein zu wollen, welche höher steht, als die Liebe des sie
liebenden Mannes. Der Angriffsgeist, von welchem sie Carl
noch bisher keine Proben geliefert hatte, legte die Maske ab.
Sie richtete ihre Laune so ein, um Zänkerin zu werden.
Ihre Katzenschmeicheleien zeigten die Krallen. — Die Rolle
hatte die Frau von der Kette gelassen.

Und von diesem Augenblick an dann auch aller jene
Macchiavellismus, die Erfindung jener kleinen Quälereien,
jener zuckersüßen Torturen, all' jener Luxus kleiner Leiden,
einem Gemahl, einem Manne, einem liebenden Manne, oft
sich selbst auferlegt, aller jener Stacheleien, deren Geheimniß
nur gewisse Blondinen mit bläulichem Auge und kaltem
Temperament haben. Plötzlich brach ein wahrer Launen-
sturm über den erstaunten Carl los, welcher sich eine solche
Veränderung nicht zu erklären vermochte. Martha spielte
vollständig die Persönlichkeit ihrer Rolle — nichts fehlte
daran, weder aufreizende Worte, noch Stacheleien der Eifersucht, ebensowenig alle jene Koketterien der Geberde und des
Wortes mit Gleichgültigkeit, noch das beständige Wechseln
der Wünsche, des Willens, der Meinungen, noch die Anfälle
von Lustigkeit, wenn Carl tobte, noch die schlechte Laune,
welche die Sanftmuth und die theilnehmenden Befragungen
nur noch mehr erbitterten.

Mit diesem Spiel entfloh das Glück. Es gab keine
jener lustigen Frühmorgen mehr, so reich sonst ausgefüllt

durch Thorheiten, Küsse und lachende Kämpfe. Uebrigens hatte Martha auch hierzu keine Zeit mehr. Seit dem Beginn dieser Krise war sie ganz in die Sorge ihrer eigenen Person versunken und völlig nur mit ihrer Schönheit beschäftigt. Um sechs Uhr aufgestanden, blieb sie bis acht Uhr vor dem offenen Fenster sitzen. Erfrischt durch dieses Morgenluft-Bad, nahm sie dann ein Kleienbad während einer Stunde, wodurch die Frühstücksstunde herbeikam, und nach dem Frühstück blieb sie bis zum Augenblick ihrer Proben, den Kopf ganz gerade auf den Divan zurückgeworfen, allein und von jeder Berührung entfernt, dasitzen, voll Gezänk, wenn eine Liebkosung Carl's sie in ihrer Lage und in der wi derherstellenden Ruhe ihres unbeweglichen, nichtssag en Gesichtes zu stören drohte, als einzige Bewegung nu von Zeit zu Zeit ihre Hände emporhebend, ihre Finger ö nend und solche in der Luft bewegend, um das Blut nuntersteigen und sie hierdurch weiß zu machen.

Carl war seit einiger Zeit leidend, ohne zu wissen was ihm fehlte. Seine Ungeduld glich einer gewissen Schwachheit. Er fühlte nicht den Muth einer Erklärung in sich, und versuchte es, sich zu trösten, indem er sich sagte, daß diese Laune Martha's vergeben werde, wie sie gekommen sei, als er sich ernstlich krank fühlte.

LVIII.

Der Herbst war herbeigekommen. Martha setzte ihren kleinen, stummen Krieg fort, führte ihn aber langsam und geschickt, sehr darauf bedacht, die Geduld Carl's nicht zu sehr zu mißbrauchen, welche sie deßhalb mit der Leichtigkeit der Frauenhand befühlte, und beide stimmten in der Weise überein, die Frau aus Berechnung, der Mann aus Schwäche — um die Lebhaftigkeit einer Erklärung und die Heftigkeit eines Ausbruches zu vermeiden, lebten sie anscheinend ihr früheres Leben fort.

Carl wollte in der Aufführung Martha's nur ein wenig Kälte sehen, mitunter etwas Laune, Trotz, Grillen ihres Geschlechts und ihres Alters und sonst weiter nichts; Martha ihrerseits hatte die Freunde Carl's nicht hinlänglich als „Leute von Welt" gefunden, somit war es bei dem tête à tête der ersten Tage verblieben. Um sie ein wenig von zu Hause weg und aus sich selbst herauszubringen, benutzte Carl die Tage, an welchen sie nicht auftrat, um sie zu den Wettrennen in der Nähe von Paris inmitten aller jener schönen ländlichen Gegenden zu führen, welche der Pariser längs dieser hübschen, ignorirten, verkannten und verborgenen Seineufer unter der Hand hat, sie aber dennoch verschmäht.

Er ließ es sich angelegen sein, sie zu zerstreuen, zu unterhalten, zu beschäftigen, ihren moralischen Zustand wie jenen eines mürrischen Kindes behandelnd, welchem man Bilder zeigt, mitunter für Augenblicke alle seine Enttäuschungen vergessend und hoffend, nach und nach die Vergangenheit wieder in sie zurückkehren zu sehen, dessenungeachtet aber dennoch bestürzt, verwirrt und unfähig zur Arbeit.

Inzwischen fühlte er sich entnervt durch Unbehaglichkeiten, von welchen er sich keine Rechenschaft ablegen konnte, durch eine Auflösung seiner Kraft und seiner Gedankenhinreißung. Es waren bei ihm Leiden, welche kamen und verschwanden, eine fortandauernde, frischgebärende, unangenehme und barsche, aber beharrliche Empfindung, welche er der großen ausnahmsweisen Hitze dieses Sommers zuschrieb. Dumpfe Schmerzen und warme Wolken stiegen ihm wie Dämpfe jeden Augenblick zu Kopfe. Er hatte Beklemmungen an den Schläfen, Stechen in den Lungen, eine schmerzhafte Uebertäubung des Gehörs und des Geruchs, Kälten die ihn überfielen und deren er nur wieder durch sehr heftige Bewegung loswerden konnte. Er schlief nicht mehr oder schlief schlecht, und sein Schlaf war durch Alpdrücken, durch Kämpfe, Duelle, Streitigkeiten und durch ein plötzliches, barsches Erwachen unterbrochen.

Zu Allem kam noch eine Beklemmung, welche jeden Tag zunahm; und eines Tages, nachdem Martha diese Manie zu trinken bemerkt hatte, wodurch Carl's Gurgel stets trockener, der Laut seiner Stimme stets unklingender und nervöser wurde, an diesem Tage, an welchem Martha es einfiel, ihn einmal zu betrachten, fand sie ihn so übel aussehend, daß sie ihn veranlaßte, ihren Arzt zu empfangen.

Der Arzt Martha's, nämlich der Theaterarzt, kam, untersuchte Carl, befragte ihn und augenblicklich: „Ganz gut! . . . ganz gut! . . . Alle Arbeit bei Seite legen, viel Bewegung machen, . . . Sie bedürfen nur ein wenig Eisen in Ihrem Blute . . . Nägel in eine Flasche werfen, das ist die ganze ärztliche Behandlung . . O! mein Gott, ja . . wie Sie sehen, die ärztliche Behandlung einer schönen Frau . . . . Und Ihr Stück? Stets für den Anfang des Winters? Remonville sagt, es sei sehr gut . . . Wir haben seit einiger Zeit das Glück . . . Gestern haben wir viertausend Franken

eingenommen . . . eine Einnahme des Théâtre Français! . . .
Und wir werden Ihr Stück herrichten, Sie sollen sehen . . .
Nur wir allein verstehen es, Stücke auf die Beine zu bringen
. . . Hat Lafont eine Rolle? . . Wir sind in Unterhand-
lung . . ."

Das „Wir" war die Manier dieses Arztes. Man
hätte glauben sollen, er sei zu gleicher Zeit Direktor, Regis-
seur und das Publikum des Theaters, dem er doch nur den
Puls fühlen sollte. Dieses „Wir" hatte alle Wichtig-
keiten eines dirigirenden und verantwortlichen „Ichs"; es
schien, als ob er das Gymnase und dessen Schicksal mit sich
herumtrüge. Abgesehen hiervon, abgesehen ferner noch von
der beinahe unbeschränkten Beschäftigung seiner Aufmerksamkeit für die kleinen Cancans der Briefe und der Theater,
war dieser Arzt ein Optimist aus Zerstreuung, sonst aber
ein ganz prächtiger Mann, welcher köstlich jenen ärztlichen
Beruf, welchen der Engländer Sydenham „die Kunst des
Plauderns" nennt, ausfüllte. — Er hatte einen prächtigen
Anzug, vorwurfsfreie Wäsche, von Kopf bis zu den Füßen
eines jener flüchtigen Parfüms, welches kein eigentlicher
Geruch ist, ein Taschentuch aus feinstem Batist mit gestickter
Namenschiffre, und seine Hände, Frauenhände, spielten mit
einem äußerst geschmackvollen Stocke. —

„Aha! Sie betrachten meinen Stock? . . . Ja . . . ein
japanesischer Bambus . . viereckig . . . ein viereckiges Rohr
. . . ganz neu . . eine Merkwürdigkeit . . ."

„Und Sie denken alsdann, mein Herr," sagte Carl,
„daß diese Behandlungsart . . ."

„Ei, ei, ei! — Aber was haben Sie denn? . . . Nichts

... Sie sind krank, wie alle Schriftsteller ... die Männer von Talent sterben erst dann, wenn sie es wollen .. Ihre Krankheit? Sie kennen doch das Wort Voltaire's: „Je suis né tué" ... Wie Sie sehen, ein langsames Gift!" und hiezu einen Beinwechsel mit der Eleganz der Bewegung eines Molé oder Fermin machend, fügte er bei: „Wenn, anstatt Ihr Eisenwasser hier in Ihrem Zimmer zu trinken, Sie solches an der Quelle tränken, z. B. zu Forges oder zu Bussang? Die Reise würde Sie etwas durcheinander bringen ... dann die Luft, die Promenaden ... Sie würden gegen Ihren eigenen Willen genesen ... Wir sind an der sechszigsten Vorstellung ... Es ist nicht anzunehmen, daß es noch länger gehe ... Ich sehe Nichts, welches uns hindern könnte, Ihrer Frau einen Urlaub zu geben ... nein Nichts ..."

Martha unterstützte den Vorschlag des Arztes und trat in ihre Rolle einer Gemahlin mit solcher Hitze und solchem Herzen, daß Carl hierdurch lebhaftes Vergnügen empfand. Carl leistete ein wenig Widerstand. In's Bad zu gehen mißstimmte ihn, er fürchtete die Neugierde um seine halbe Berühmtheit und um den Namen seiner Frau herum.

„Ganz gut," sagte hierauf der Arzt, „ganz herrlich ... Ich habe was Sie brauchen ... ein Badeort, welcher im Entstehen ist oder vielmehr wiederersteht ... Saint Sauveur, bei Troyes ... alte, seit Jahrhunderten bereits aufgegebene Quellen ... Es giebt Zeugnisse auf Pergament ... ein Graf v. Champagne, irgend ein Thibaut, hat dort bei seiner Rückkehr aus den Kreuzzügen eine merkwürdige Kur gemacht ... Sehr heilkräftige Wasser .. in allem Ernst ..

ich habe deren Analyse gelesen ... ich gebe Ihnen einen
Empfehlungsbrief für einen guten Jungen mit, welchem ich
dort zur Anstellung verholfen ... das ist gerade seine
Hauptsache „der Blutmangel", ein Hauptarbeiter, aber
auch sonst nichts. Dort werden Sie sehr gut behalten sein.
Ich wollte die kleine Noémi dorthin schicken, aber ... Sie
wissen ja, daß sie mit Robert gebrochen hat ... Aymard
hat ein Orgellied darauf gemacht ... im letzten Vers ...
warten Sie doch ... es geht nach der Melodie ... ach!
ich weiß nicht mehr ... dieser Teufel von Aymard! ..
Sie kennen ihn? sehr unterhaltend ... Was sagte ich
Ihnen denn? Ach ja! schwarzgebratenes Fleisch, so schwarz
wie möglich, ich habe nicht nöthig, Ihnen dies zu sagen."

Martha begleitete den Arzt: „Nicht wahr, Doktor —
hat nichts zu bedeuten?"

„Durchaus gar Nichts, mein Kind ... Zum Guckuk!
Allerdings hat er kein Blut herzugeben, um solches einem
nervösen Freunde einzugießen ... er ist sehr nervös, da
haben wir's, dazu verweichlicht, so ziemlich Hipochonder, das
versteht sich dann von selbst ... Blut! Blut! hat man in
Paris Blut, Blut bei unserm Leben! Jedermann versagt
sich es ... und man lebt dennoch ... Ich habe Ihnen noch
kein Compliment gemacht wegen Ihrer neuen Bewegung im
zweiten Auftritt ... Ach! ganz herrlich! ... Das haben
Sie los ..."

„Sind wenig Leute in diesem Badeorte?"

„Meiner Treu! Ich weiß es nicht ... Es giebt eine
Badedirection dort, welche viele Anzeigen in die Blätter
rücken läßt. Man zeigt soeben an, daß der Ballsaal fertig

ist . . . ebenso giebt es einen Lesesaal, alle Zeitungen . . .
endlich noch ist es ein Bad . . Sie wissen ja . . Sind darüber
mißgelaunt? Wollen Sie, daß ich Ihrem Manne rathen
soll nach . . . ."

„Durchaus nicht . . . Es war nur wegen der mitzu-
nehmenden Toilette."

LIX.

Des darauffolgenden Tages hatte Martha ihren Abschied,
Carl packte seine Bücher in eine große Kiste. „Und die
Anempfehlung des Arztes?" sagte Martha. „Ah bah! . . ."
sagte Carl, „und dies ist Alles, um mich am Arbeiten zu
hindern. Ich versichere Dich, ich nehme nichts als Trägheit mit."

Ende der Woche war man ganz in der Nähe von Saint
Saveur bereits eingerichtet, Carl hatte Glück gehabt. Eine
Viertelstunde von dem Dorfe entfernt hatte er ein kleines
Schloß gefunden, dessen mit weißen Linien durchzogene
Backsteine durch die Bäume hindurchlachten. Es waren die
vier Hauptgebäude eines großen Schlosses Ludwig's XIII.
und der einzig aufrecht gebliebene Flügel.

Im achtzehnten Jahrhundert hatte man auf das erste
Stockwerk ein Dach à la Mansart, durch drei sogenannte
Oeils de boeufs Louis XV. erleuchtet, angebracht und selbiges
durch einen chinesischen Hut, welcher eine Glocke schützte,
überdeckt; auf beiden Seiten überlebten nur zwei Thürme
allein noch die frühern vier Hauptthürme des Schlosses,
welche durch Schlingpflanzen und große Obstbäume von dem

Graben aus sich gegen den Himmel in einer Weise empor-
richten, daß sie sich wie Löschhütchen ausnahmen.

In dem zu einer bürgerlichen Wohnung hergerichteten
Schlosse hatten drei Jahrhunderte dennoch hie und da Spuren wie zum Andenken hinterlassen, so z. B. war der Speisesaal mit einem holzfarbigen Getäfel eingefaßt, welches
oberhalb der Thüren und Fenster in ausgehauenen Muscheln
die Fabeln Lafontaine's in leichten und lebhaften Malereien
zeigten, in welchen der Schimmel sich stellenweise wie ein
Nebel angesetzt hatte.

Ein schweres und reiches Kamin Ludwig's XIV. mit
einem Herd aus prachtvollem Guß, wo die doppelten Wappen
des ehemaligen Besitzers sich mit einander vermählten, trug
ein großes in die Wand eingerahmtes Bild. Es stellte eine
Trophäe von Wild vor, welches durch Jagdhunde bewacht
wurde, von jenen gelbgefleckten Jagdhunden, welche der
Pinsel Oudry's so klar zu malen verstand. Ohne Martha
würden die großen, weißen Porzellanvasen auf dem Kamin
ein klägliches Aussehn gehabt haben.

Aber Martha pflückte in einem sich selbst überlassenen
Wasser des nahen Parks einen Arm voll Schilf, womit sie
ihre Vasen ausschmückte, und dem ganzen Zimmer ein fest-
liches Aussehn gab, eine Ausschmückung, welche nur den
Frauen allein durch Blumen, Bouquets und grünes Laub-
werk gelingt.

Hierauf kam der große Salon, mit jenen alten Groß-
vaterstühlen verziert, mit einem weißen Holzwerk, auf welchem
das früher als Verzierung aufgetragen gewesene Gold ab-
geblichen, theilweise ganz verwischt war. Die Küche endlich

hatte eines jener ungeheuern Kamine, unter deren Mantel
man an einen kühlen Novemberabend seinen Stuhl einstellt,
sich niedersetzt, und an einer leuchtenden Flamme sich Hände
und Füße wärmt. Die aufgehende Sonne beschien die Zimmer
des ersten Stockwerk und gab ihnen durch die Helle eine
Freundlichkeit für den ganzen Tag. Aber kein Zimmer des
Schlosses gefiel unsern beiden Gästen besser, als der runde
Salon des Thurmes.

Es war dies die alte Kapelle, noch kenntlich an der
Bleieinfassung der kleinen Fensterscheiben. Das Fenster nach
der Mittagsseite hin war verstopft worden. Eine gute
Doppelthür aus braunem Damast mit Goldnägeln, bewachte
den Zugang und man sah, daß die frühere Kapelle nun als
Maler-Atelier diente.

Beim Heraustreten aus der Fensterthüre des Salons
führte eine Steinbrücke über den wasserlosen Graben nach
einer Kastanienallee, alte ehrwürdige Kastanienbäume, deren
Kronen man abgesägt, und welche sich darüber zu beklagen
schienen ... dann sah man endlich im Hintergrund eine
Linie von Wiesen, alsdann die Seine. Rechts und links
der Kastanienallee befand sich der Park, ein kleiner Park, in
welchem Martha und Carl den ersten Tag umsonst versucht
hatten, sich zu verirren.

Es war der schöne Ueberrest eines französischen Parks,
etwas geschoren seit 1793, dessen junger Haag aber bald
wieder lebhaft nachgewachsen war. Auf jeder Seite ragte
noch ein Vorhang alten spanischen Flieders, auf welchen das
Licht je nach den Tagesstunden tausend Spiele warf. Bei
dem geringsten Geräusch er~~~~~~~~~~~menvorhang und

unter dem Hauch des Windes neigten dann von einem Ende
der Allee zur andern die Blätter sich nieder, und den wellen=
förmigen Haag durchlief ein Frösteln, welches auch in ihm
erstarb. Hie und da ragte über dem Flieder ein wilder
Apfelbaum in die Lüfte. Am Rand der Alleen bildeten
Schlingpflanzen, welche zusammengebunden worden waren,
kleine Wiegen auf den abgestorbenen und vergilbten Blättern.

Eine kleine Sackgasse, wo Carl und Martha sich gern
niederzulassen pflegten, verbarg sich in einer Ecke des Parks.
Ueberall war das Gras abgemäht, überall stach die Haide
hervor. Kleine Tannen erhoben ringsumher ihre vom Sil=
berlichte umgebenen Pyramiden.

Die Erde war warm, jeden Tag von der Sonne gebadet,
jeden Tag aufgeheitert durch den Gesang des Heimchens.

Gegen den offenen und freien Himmel stieg nur eine
Tanne mit violetfarbigem Stamme, ihrem smaragdenen
Sonnenschirm empor, welcher, aus Heimweh krank, dem
Firmament das Azurblau Italiens gab.

Bei dieser Sackgasse begannen die Ruinen. Die Alleen,
die sich bereits minder zeichneten, waren, etwas weiter vor=
bringend, völlig mit Gräsern und wildem Gestrüpp überwach=
sen, auf Spinngeweben zitterten abgetrocknete Blätter. Der
übrige Theil dieses Labyrinths bestand blos aus einem kleinen
gekrümmten verkommenen Wald. Hierzu gehört ein Brunnen
aus gebrannter Erde, auf welchem drei Tritonen, zwei sich
umfangende Amors tragend, traurig in dem Schatten todter
Gesträuche sich versteckten. Die Zeit hatte ein wenig besser
die Laune am andern Ende des Parks geachtet, nämlich eine
prachtvolle Thor eines achtzehnten Jahrhunderts, eine

Kinderei unterhaltendsten Rococo's: das Gänsespiel, ein
wirkliches Gänsespiel natürlicher Größe zwischen die Bäume
hindurch gesät und hindurch gebaut. Alle Stationen, wohin
eine Trag = Stimme die Spieler schickte, waren aus Stein,
aus Gyps oder Malereien. Carl und Martha fanden sie
eine nach der andern in dem kleinen Wäldchen: es war das
Gefängniß, dann das Wirthshaus, dann der Brunnen und
der Ueberrest. An dem Tage, wo sie von diesen gemachten
Entdeckungen lachend durch die Allee zurückkamen, fanden sie
auch noch ein Ballnetz, natürlich zerrissen und verwüstet,
dessen Styl aber noch einen Ueberrest rothen Lebers sehen
ließ, das Skelet eines gestorbenen Spielzeugs, ein An=
denken von gestern.

LX.

In einer von einem Kastanienbaum zum andern ange=
brachten Hängematte in der Mitte der Allee, welche vom
Perron zur Seine hinabführt und dort das Wasser be=
herrschte, hatte Martha mit halbem Körper sich hingelagert,
den einen Fuß auf dem Boden, den andern in der Luft hin
und her schaukelnd. Sie hörte mit zerstreutem Aussehn
und wie von Langweile geplagt einem Manne zu, welcher
mit Carl, auf einer grünen Bank sitzend, sprach. Es war
ein junger Mann mit einer viereckigen Stirne, aufgezausten,
rebellischen Haaren, breitem Gesicht, Löwenaugen, dicken
Händen, welche er in einer schwerfälligen und robust bürger=
lichen Stellung auf die Schenkel aufgestützt hielt.

Die letzten Sonnenstrahlen stiegen über ihren Häuptern

empor, spielten in den tausend neukeimenden Zweigen der enthaupteten Kastanienbäume, und in diesem kleinen Wald von grünen, zarten Sprößlingen, luftige Käfige, welche die am Horizont niedersteigende Sonne nur mit Bedauern verließ, sie langsam mit allem ihrem Glanz färbend. Von einem Ende zum andern sang dazu das lustige Gezwitscher, der Abschied, das Gute Nacht wünschen der zahlreichen Vögel.

„Es ist wahr, Madame! vollkommen wahr, Madame!" sagte der junge Mann, „es ist keine Katze hier . . . Dessenungeachtet hat die Direktion Alles gethan, um Leute anzuziehen, — sie hat sogar in den Blättern angezeigt, es seien deren hier, aber dennoch will Niemand kommen, mit Ausnahme jener holländischen Familie und vier oder fünf Frauen aus Troyes, welche kommen, wenn das Wetter schön ist . . . Aber trotz alledem ist ja Ihr Herr Gemahl auch nur hier, um seine Gesundheit herzustellen . . . und der Unglücklichste das ist der Arzt, das bin ich."

„Ja, ich begreife dies," sagte Martha, „Sie rechneten . . ."

„Ich rechnete auf zahlreiche Kranke . . . ich rechnete auf ein großes Feld der Beobachtungen und der Thätigkeit. Ich dachte hier Licht zu finden, Waffen, um die Krankheit des Jahrhunderts zu bekämpfen . . ."

„Wirklich, Doktor," sagt Carl, „die Krankheit des Jahrhunderts?"

„Oh! Ich weiß es wohl, daß die Medizin in der Gesammtheit ihrer Lehrbegriffe und wissenschaftlichen Ausübungen, dieselbe nur als eine Wiederholung betrachtet, als eine Vielheit individueller Zufälle, welchen man nur Abhülfe gewähren soll, wenn einmal die innere Organisation tief angegriffen ist . . . Ich hingegen betrachte dieselbe als eine organische und eigene Krankheit, zum wenigsten durch ihren Charakter von Allgemeinheit und deren Uebermaß bei den Massen des neunzehnten Jahrhunderts. Ich glaube diese Krankheit ist ein Uebel, von welchem alle Bewohner der Hauptstädte, jedoch in verschiedenen, die Krankheit verursachenden Abstufungen befallen sind, die aber dennoch bei Jedem schon so stark sind, daß sie mehr oder minder die Gesundheit der neugebornen Generationen beeinträchtigen . . . denn starke Menschen gebären starke Menschen . . . Und betrachten Sie ferner, Alles stürzt der Centralisation zu, sowohl zur Gründung größerer oder kleinerer Hauptstädte.

„Das moderne Leben geht aus dem landwirthschaftlichen Voll-Luftleben zu einem eingeengten Leben, zu einem sitzenden Leben, zu einem Leben voll Steinkohlen, zu einem Gaslichterleben, zu einem Leben verfälschter, sophistischer, betrüglicher, zum Umsturz aller normalen Bedingungen des physischen Wesens über . . . Sehen Sie! Sie rauchen . . . Abermals eine bedauerliche, die allgemeine Oekonomie der Lebenskräfte durch opiumartige Aufregung verletzende Artung . . . Dessenungeachtet, was dies anlangt, was den Tabak betrifft, so weiß ich darüber gerade nicht zu viel; ich sehe aber eine Abnahme des Gehirns in der großen Leere, trotzdem aber kann ich mich kaum dazu entschließen zu glauben, daß ein Mißbrauch, welcher zur endemischen Gewohnheit wird, nicht ein Gesetz der Vorsehung, ein Gegengift sei, dessen Wirkung und Grund wir bis heute noch nicht kennen . . . Mit einem Worte, gegen diese tausende von Umwälzungen der Normen des modernen Lebens, gegen diese Tausende von

Vergiftungen muß ein Palliativ, ein Heilmittel, ein Gegengift gefunden werden. Die Wissenschaft muß sich mit dieser Aufgabe dringend beschäftigen. Es muß irgend Etwas gefunden werden, — es muß Etwas bestehen, — irgend Etwas, welches gegenüber dieser Verrückung der natürlichen Gesetze, der Hygiéne und dieser Mode der menschlichen Gesundheit ein Gleichgewicht bietet."

„Und Sie suchen dieses Gegengift, Doktor, — und Sie glauben an die Wirksamkeit dieser Wasser?"

„Ja und Nein. Absolut glaube ich nicht daran. Aber außerdem, daß sie das Eisen in das Blut leiten, führen sie noch zu zwei andern großen Heilmitteln, welche ich als die beiden einzigen besonders hervorragenden Heilmittel gegen die Armuth des Blutes ansehe; nämlich: die Nahrung und die Bewegung, das heißt die Neuschaffung und das Umlaufen, das Spiel des Blutes ... Für mich liegt hierin Alles."

„Und die Hydrotherapie, Doktor?"

„Ist eine Erschütterung, ... nichts weiter, als ein Stoß, ein Peitschenhieb, durchaus nichts weiter ...." Welche Art von Bewegungen sind nun aber nach meinem System Vorschrift? Welches ist die größte Thätigkeit dieses Blutumlaufs, welche von diesem ermüdeten Körper ertragen werden kann? Welche genaue Dosis nährender Grundstoffe ist für ein abgeschwächtes Temperament nöthig? Und welcher Zeit bedarf es zur Gleichmachung? Mit einem Worte, in der Uebertreibung, in der Caricatur meines Systems, dieser Trapeze, sei es durch Fleischbrühe oder sonst jede andere Kräftigung, welche Wiederherstellung, Bereicherung gewäh-

ren, ich frage, wie viel Monate würden nöthig sein, damit
eine Wendung eintrete, eine Neuerung sich gestalte, damit es
mir gelinge, aus Ihnen einen Mann zu machen, welchen eine
sanfte Wärme vom Kopf bis zu den Füßen einhüllt, einen
Mann, dessen Appetit mit der Mahlzeitsstunde sich einstellt,
endlich noch einen Mann, in welchem die Lustigkeit des
Kindes von dem Hirn nach dem Herzen unaufhörlich sich
hin und her bewegen wird?

„Jeder sich wohl befindende Mensch ist lustig, glauben
Sie es mir . . . Welcher Zeit, also, wenn Sie das lieber
wollen, bedarf es, um bei Ihnen den arteriellen Umlauf über
den Aderumlauf vorherrschend zu machen? . . Ach! Welche
hübsche Forschung wäre dies nicht für einen Charlatan und,
wenn kein solcher zur Hand wäre, für einen gewissenhaften
Mann? . . . Und die Zeit drängt, mein Herr, man kann
sich da nicht täuschen. Das nervöse System ist zur der-
maligen Stunde in einer Weise übertrieben, wie noch zu
keiner andern Zeit. Der Heißhunger des Wohlstandes, die
Anforderungen der verschiedenen Karrieren, die Ansprüche
der Stellung, des Geldes, des Luxus in der Haushaltung,
der Art, wie solche heute eingerichtet ist, die unbegrenzte
Concurrenz in Allem, die unbändige Erzeugungswuth in
Allem, sie haben diese Verschwendung der Bestrebungen des
Willens, der Intelligenz, mit einem Worte, die übertriebene
Ausgabe der Eigenschaften und der menschlichen Leidenschaften verursacht. Die Thätigkeit jedes Einzelnen, von
oben bis unten an der menschlichen Gesellschaftsleiter, wurde
verdoppelt, verdrei= und vervierfacht. Wir sind sämmtlich
in aufgeregtem Zustande . . und bis zu unsern Kindern,

deren stammelnden Geist wir vorantreiben, gerade wie man
eine Pflanze in einem warmen Treibhause vorantreibt. Es
ist dies Alles eine fieberische Circulation des Lebens, eine
Aufregung, fast eine Krise alles dessen, welches den deli-
katern und so zu sagen unmateriellen Theil unseres Indivi-
duums ausmacht . . . Aber ich sehe es wohl! ich weiß, daß,
wenn ich einmal auf meinem Steckenpferde sitze, dann . . .
aber Sie sind selbst Schuld . . ."

„Gewiß nicht, Doktor," sagte Carl, „Sie sehen ja, wie
gespannt ich Ihnen zuhöre, ich bitte, fahren Sie fort . . . Ich
habe noch nie auf solche Weise von der Medizin reden hören."

„Mag sein, daß ich übertreibe, gut! Aber nehmen Sie
alle Jene an, deren Gehirn ein stets beschäftigter Arbeiter,
unaufhörlich nach dem Vermögen oder der Berühmtheit zu-
strebend, gespannt ist, nehmen Sie den Banquier, die Ge-
schäftsleute, die Staatsmänner, nehmen Sie die Künstler,
nehmen Sie die Schriftsteller, eine Classe auf welche der
alte Celsius zu seiner Zeit bereits die Aufmerksamkeit der
Pathologie lenkte, auf jenes Volk, welches beinahe ausschließlich nur ein Leben der Eindrücke, der Genüsse, Genug-
thuungen, Enttäuschungen, moralischer Niederlagen dahin-
lebt, auf jene Anzahl von Männern, für welche der Körper
ein Lumpen ist, irgend Etwas, das sich ihrem Geiste an-
gehängt hat und welches sie mit sich herumschleppen, auf
jene unermeßliche Familie, unter allen Jenen, in deren
Innern die Schläge und Gegenschläge des aufstrebenden und
wieder zusammenstürzenden Gedeihens einander folgen, jene
Dynastieen, welche zehn Jahre andauern, die Erfolge und
die Vergessenheiten dieses Jahrhunderts, dieses Jahrhunderts

der Lebensrenten-Ewigkeit und der schrecklichsten Verschlinger
der Menschen, Dinge, Vermögen, Regierungsformen, des
Ruhms und der Hoffnungen ... Wissen Sie auch, was
Sie, in dieser Welt acclimatisirt, wie die Dyssenterie in einem
Feldlager finden? Den Blutmangel! und am Ende dieses
Blutmangels dann, die Lungenschwindsucht, den Magenkrebs,
den Wahnsinn ... Auch hier werden Sie noch viele meiner
Collegen nicht mit mir einverstanden finden, welche nur
ungern solche Ursachen als Wirkung zulassen. Wenn Sie
aber in den verdienstlicheren Monographien mit Geduld leiden-
schaftlich studiren und alle diese Abwechslungen des Einflusses
alkoholischer Ausschweifungen, der Erblichkeit, des Elendes,
ungesunder Professionen analisiren, dann werden Ihnen auch
keineswegs die chemischen und physischen Wirkungen der
materiellen Ursachen entgehen. Aber gegenüber den moralischen Ursachen werden Sie den Boden verlieren, Nichts
mehr fühlend, wird Ihr Zergliederungsmesser leugnen.
Dessenungeachtet aber, jenseits dieses nervösen Apparates,
auf der äußersten Grenze des Körpers und der Seele, in
diesen Rändern, in diesen Fluthen, welche von der Handlung
einer Sache, welche weder ein Gewicht, noch eine spezifische
Menge ausmacht, zur Handlung einer moralischen, zur Ge-
fühlssache, zur hervorgebrachten physischen Wirkung über-
gehend welcher Abgrund! aber auch gleichzeitig welche Welt zu
graben! ...

„Und ferner bedarf es, daß man hiezu nicht nur allein
Arzt, sondern Arzt und Geistlicher zugleich sei, der unversehrte
Beichtiger, ein vollständiges, aufrichtiges Geständniß, ein
Geständniß ohne Rückhalt noch Vorbehalt zu erzielen .."

dann könnte man etwas über jenen großen Gedanken:
„Von dem Einfluß der moralischen Thatsachen
auf die physischen Thatsachen im menschlichen
Organismus" hervorbringen .... Von was sprach
ich? Ich sprach von den Arbeiten, von der Spannung
der Intelligenz ... Was ist der gereizte, gezwungene
Gedanke? Die Sahne des Bluts, ein Feuer, welches
das Knochengerüst verbrennt und in dem Körper nur
Kohlen zurückläßt ... Das Oel, welches derartige
Gehirne gehen macht, ist die Blume, die feine Blume der
nährenden Flüssigkeit des Blutes ... Und, daß der Blut-
mangel allseits um sich greift, das ist eine positive Thatsache.
Wir leben in einer Entartungszeit des menschlichen Typus.
Dies von der Familie auf die Gattung ausgedehnt, ist es
gleichzeitig auch der Verfall der königlichen Rassen am Ende
der Dynastieen ... Sie haben im Louvre diese Könige von
Spanien gesehen ... Welche Abmüdung eines alten Blutes!
Vielleicht bestand hierin die Krankheit des römischen
Reiches, unter dessen Kaisern sich gewisse Gesichter befinden,
deren Züge, selbst in Bronze abgeschliffen, ausgelaufen erscheinen ... Damals aber gab es noch Hülfsmittel. Wenn
eine Gesellschaft vom physiologischen Standpunkte aus verloren, erschöpft war, dann erfolgte eine Invasion der Bar-
baren und goß ihr ein neues verjüngtes Herkulesblut ein.
Wer wird aber die Welt des neunzehnten Jahrhunderts vor
dem Blutmangel erretten? Wird es etwa in einigen
hundert Jahren durch eine Invasion des Arbeiterstandes
in die Gesellschaft geschehen?"

„Oh! Doktor," sagte Martha, „welcher Gedanke!"

„Bitte um Vergebung, Madame, ich bin Bauer und
eines Bauern Sohn.   Mit den zehn Sous, welche ich in
Paris zum Leben hatte, hatte ich nicht genug, um auch noch
Phrasen zu lernen, welche die Frauen nicht anstößig finden.
Ich gestehe es Ihnen ein, daß ich es vorzog, von diesen zehn
Sous jeden Tag zwei meinem Wasserträger zu geben, damit
er mich um drei Uhr Morgens aufweckte."

Der Arzt hatte sich erhoben.

„Bleiben Sie doch, Doktor," sagte Carl zu ihm, „und
lassen Sie sich noch ein Bischen nieder ... Und wie ist es
möglich, daß Sie mit einem solchen Willen nicht glücklicher
gewesen?"

„Weßhalb ich nicht glücklicher gewesen?   Da sehen Sie
mich an ... Finden Sie, daß ich wie ein Salon-Doktor
aussehe?   Nein.   Wohlan!   Da haben Sie's ... Aber
ich muß heute Abend noch nach Villantrot.   Apropos!   Sie
wissen es, meine Barke steht Ihnen zur Verfügung.   Er-
müden Sie sich.   Bewegen Sie Hände und Füße ... Nur
vermeiden Sie auf der Seine die zu frischen Morgen und
Abende ... Das Gestell ist gut und ich verspreche Ihnen
abermals ein ganz frisches, wenn Sie für einige Monate ein
Bauer sein wollen.   Vor Allem aber keine Arbeit ...."

LXI.

„Carl!"

„He?"

„Wo gehen wir diesen Abend hin spazieren?"

„Willst Du auf die vier Wege?"

„Findest Du, daß Deine vier Wege schön sind?"

„O! . . . Ist eben ein Spaziergang . . . Gehst Du lieber nach Pigaul's Pachthof?"

„Wo wir vorgestern waren?"

„Ja."

„Es giebt eben nicht viel Umgegend hier . . . Was ist das da oben für ein Dorf . . . Du weißt ja, da oben?"

„Da? nein . . . ich weiß es nicht."

„Man läutet mit den Glocken dort den ganzen Tag."

„Es ist wahr."

„Schaukle mich .. Ach! nicht so stark, Du Bösewicht .. so .. so .. ein wenig .. ich finde daß die Hängematte einschläfert, he? und Du?"

„Mich wiegt sie."

„Du weißt wohl noch jenes Haus, welches uns so neugierig machte . . . mit seinen verschlossenen Fenstern . . . wir kommen ja stets an ihm vorüber . . . Sophie hat mir gesagt, daß es alten Fräuleins gehöre, alten Adeligen . . . Es ist wohl jetzt Mittag?"

„Und wohl vorüber .."

„Um elf Uhr kommt der Briefträger?"

„Elf Uhr . . . halb zwölf Uhr . . . Du erwartest etwas?"

„O! ich erwarte, ohne gerade darauf zu warten . . . Wer sollte mir auch schreiben? . . . Mama, denke ich, wird mir in zwei Tagen schreiben . . . Ach! sag' einmal, glaubst Du, daß ich zu Troyes Stickwolle finden werde?"

„Du fragst mich das? O! Ich denke schon."

„Dann hätte ich nicht nöthig, nach Paris zu schreiben . . ."

„Hast Du denn Deine Arbeit nicht mitgenommen?"

„Nein, ich glaubte . . . ich vergaß."

„Ich habe Bücher, wenn Du lefen willst?"

„Ja — eines andern Tags —, erinnere mich morgen daran, daß ich Dir deren verlange."

Der Lauf der Hängematte wurde schwächer und erstarb. Carl dachte nicht an's Reden. Martha, beide Hände unter dem Kopfe, auf der Hängematte liegend, sah in die Luft. Nach fünf Minuten langem Stillschweigen sagte Martha:

„Ach! eine Wolfe!"

„Thut mir leid, mein armes Kätzchen," sagt Carl, „es ist meine Schuld . . . Du langweilst Dich . . ."

„Ich mich langweilen? . . weßhalb sollte ich mich langweilen? . . ."

„Weil Du allein bist . . . keine Zerstreuung, weil Du Niemand als mich hast, eine so traurige Gesellschaft, ein Kranker . . . ."

„O! mein Gott, die Gesellschaft, sollte man nicht glauben . . Du weißt ja, wie ich bin. Habe ich Dich seit ich verheirathet bin, jemals geplagt, irgendwohin, in eine Soirée oder auf einen Ball zu gehen? Und wenn Du meinen solltest, daß ich glaubte, an einen Ort wie nach Tronville zu gehen . . . ich habe nur zwei Hüte mitgenommen, somit . . ."

„Meine Theuerste, ich sage es nicht deßwegen . . . aber da es hier ein wahres Loch ist, ich wiederhole es, so habe ich befürchtet, Du könntest Dich langweilen, und ich mache mir Vorwürfe . . ."

„Vor Allem hast Du an Deine Gesundheit zu denken, nicht wahr?" sagte Martha ziemlich trocken.

Nach einigen Minuten entgeht Carl die Aeußerung:
„Abscheuliches Wetter heute . . .“

„Aber, mein Freund, das finde ich gerade nicht . . .
Sie übertreiben . .“

„Sie finden nicht, daß es ein unangenehmes, entnervendes
Wetter ist?“

„Du leidest, sieh' mein Freund, das sind nur Deine
Nerven. “

LXII.

Von diesem Tage an verdoppelte Martha Ihr Aussehn
der Langeweile in fortgesetzten Widersprüchen, ohne allen
Waffenstillstand, besonders aufreizend durch ihren zuckersüßen
Ton, durch die Geduld ihrer Hartnäckigkeit, durch ihren
anscheinenden Wohlthätigkeitssinn, durch ihre Affektation der
Verzeihung und Nachsicht mit Carl's Krankheitszustand.

Es war dies ein entschlossener, entsagender Widerspruch,
wie eine Klage, und welche Carl's Meinungen so sanft wie
einer Märtyrerin der Tod erscheinen ließ, ein engelhafter
Widerspruch, der sich bei allen Gelegenheiten eben so gut
hinsichtlich des Geschmacks des Wassers von St. Sauveur,
wie hinsichtlich der Farbe einer Blume, oder der Qualität
des Fleisches, der Höhe eines Baumes, mit einem Wort hin=
sichtlich Alles dessen kund gab, was sie sahen, aßen, tranken,
machten und dachten.

Als Martha mit allen derartigen Widersprüchen zu Ende
gekommen war, verlegte sie sich auf grammatikalische Wider=
sprüche, orthographischen Haber, und plagte Carl durch

Wetten und Herausforderungen über die Schwierigkeit der Mittelwörter! . . Für einen an der Krankheit Carl's leidenden Mann war diese tropfenweise, stets gleichmäßige Qual bewundernswürdig ausgedacht.

„Martha, ich habe Ihnen zu Trotze ein Piano gemiethet . . . Morgen früh werden Sie es erhalten . . ." sagte Carl eines Abends.

„Ein Piano? . . . aber mein Freund . . . ich konnte dasselbe recht gut entbehren . ."

„Gerade deshalb, daß Sie es nicht mehr länger entbehren, habe . . ."

Das Zwiegespräch fiel . . Martha nahm es wieder auf:

„Wir sehen den Arzt nicht mehr . . . dessenungeachtet .. war es doch täglich für ihn ein Frühstück oder Mittagessen . . ."

„Sie sehen daher, meine Beste, daß er nicht deßhalb kam . . . da er jetzt nicht mehr kömmt."

„Sie finden ihn interessant, . . . aber Sie werden mir doch zugeben, daß für eine Frau . . . er sprach von nichts als Medizin .. und dazu abscheuliche Sachen . . ."

„Ein Arzt, der von ärztlichen Sachen spricht . . . Sie haben Recht, meine Theure . . ." sagte Carl.

Martha drückte sich in ihren Lehnsessel, und ließ ihre Finger auf den Armen spielen.

„Sehen Sie, meine Theure," sagte Carl, „Sie haben auf dem Gesicht ein solches Aussehn von Langeweile, daß . . . ich zu Ihren Befehlen stehe . . . . Wenn Sie wollen, sobald Sie wollen, werden wir nach Paris abreisen."

„Nein, mein Freund. Wir reisen nicht. Ich will

nicht abreisen. Ich werde hier bleiben, so lange Zeit es nöthig ist ... Vor Allem Ihre Gesundheit, mein Freund ... Das ist eine Pflicht für mich! ... Ach! ich vergaß Ihnen zu sagen: ich erhielt einen Brief von meiner Mutter, welche mich bittet, Sie bestens zu grüßen .... Armes Mütterchen! wir waren noch nie so lange von einander getrennt ..."

„Sie wissen so gut wie ich, daß ich es ihr völlig freigestellt habe, mit uns zu kommen ... es fand sich aber, daß ihr dies gerade nicht behagen konnte ..."

„Weil sie fürchtete ..." und Martha schien zu zögern.

„Ach! ich bitte Sie darum, ich liebe glatte Worte ... Was fürchtete sie?"

„Ach! ganz einfach, Sie zu geniren ... Sie nehmen aber gleich einen Ton an ... Ich wage jetzt Ihnen nichts mehr zu sagen ... Sie unterstellen beim geringsten Worte ... Sie werden heute Nacht schlecht geschlafen haben ... Du weißt es selbst nicht, mein Bester ... Aber, seitdem Du krank bist, hast Du einen Charakter ..."

„Weil ich leide, meine arme Martha." Und Carl, der einen Augenblick wirklich glaubte, das ganze Unrecht falle ihm zur Last, erhob sich, um in einem Kuß die Verzeihung seiner Frau sich zu erbitten.

„Ach! Ich weiß es wohl .... es geschieht gegen Deinen Willen ... glücklicher Weise, mein Bester, fange ich an, mich daran zu gewöhnen ....."

Dieses Wort hielt Carl in weiterer Fortsetzung des Gespräches zurück, er nahm ein Buch. Martha that desgleichen.

„Errathe," sagte Martha, am Ende eines Blattes ihre Lektüre unterbrechend, „errathe, um welche Zeit wir gestern schlafen gingen?"

„Ich weiß es nicht . . . Um neun Uhr?"

„Nein . . . Um halb neun Uhr."

„Oh!"

„Ich habe nachgesehen," sie machte sich wieder an's Lesen. Einen Augenblick später:

„Dieses Buch hat Dich nicht gelangweilt?" sagte sie, sich zu Carl wendend.

„Sehr hübsch," erwiederte Carl.

„Ach!" und er macht sich wiederholt an's Lesen, alsdann wieder aufschauend sagt sie: „Welchen Tag haben wir heute."

„Heute . . . Samstag . . ."

„Nein, den wievielten?"

„Den vierzehnten September."

„Wir sind abgereist von Paris . . . Macht gerade ein-undzwanzig Tage . . ." und nach einigem Stillschweigen nahm Martha mit einem Aussehn verzweiflungsvoller Resignation wieder auf:

„Das geht noch an."

Carl legte die Hand auf den Knopf der Thüre.

„Wohin gehen Sie, mein Freund?"

„Ich will draußen eine Cigarre rauchen."

LXIII.

Unsere kleine Familie hatte eine kleine Zerstreuung gefunden: es war dies die Seine. Um Mittag stiegen sie

in eines jener flachen Schiffe im Volksausdrucke Seelen=
verkäufer genannt, und beide, Martha vorn sitzend, und auf
das Wasser hingebeugt, war mit ihrem großen Strohhut
bedeckt, welcher ihre schönen Haare über die Augen herabzog,
Carl hingegen im Hintertheil des Schiffchens aufrecht stehend,
machte alle Anstrengung, um das Ruder, welches an eine
lange Stange sich anschloß, ohne Stoß sanft voranzutreiben.

So glitten sie lange Stunden zwischen den Bäumen
und Uferschatten dahin, indem sie sich stets in dessen Nähe
hielten, wo ihren Blicken zumal eine breite, von dem Himmels=
blau umspülte Fahrstraße sich darbot. Um sie herum spielten
die Moirésalten des Wassers, welche im Untergrund sich
wiederholten, und in einem von Licht erzitternden Fluthen=
Netz Wellen mit hinwegzogen, in deren Maschen sich Wasser=
kräuter und Fische erkennen ließen. Um diese Stunde leuch=
tete die Seine in diamantenem Glanze, und aller Wiederschein
der goldenen Sonne spiegelte in seinen tausendfachen Farben
die zahlreichen Gestalten ab, die nur das Wasser allein
wiederzugeben vermag. So wogten sie in ihrem Schiffchen
auf und ab, berührten die auf der Wasserfläche sich auf=
häufenden kleinen feinen Sandberge, welche ein warmes
und schlafendes Wasser in ihrer Höhlung beherbergen und
beim geringsten harten Anstoß auseinanderstieben. So
durchzogen sie lange Strecken, bis plötzlich das Strom = Bett
ihren Augen entschwand: der Himmel dehnte sich an dieser
Stelle, wo sie sich befanden, über das gefältete Wasser, wie
der Sand eines niedern Fluthenstandes im Meere aus, und
die Barke schien auf einem blauen Himmel sich voran zu be=
wegen, von welchem ein Meer sich zurückgezogen.

„Wende Dich um," sagte Carl, und er zeigte Martha
den durchlaufenen und hinter ihnen bereits zurückgelassenen
Weg; unten ganz am äußersten Ende des Flusses sah man
einen Vorhang von in Dampf gebadeter Bäume, auf beiden
Seiten wie Coulissen aufgestellte Bäume, die sich voran=
beugten und in das Wasser überhängten, Blumengesträuche,
die am Ufer angepflanzt, in Hellfarben mit dem durch die
Oeffnungen hindurch scheinenden Lichtstreifen um den Vorzug
zu streiten schienen. Von dem Schiffshintergrunde aus ge=
wahrte man eine dem Blick sich darbietende herrliche Wasser=
decke, die von Entfernung zu Entfernung silbernen Furchen
durchzogen, welche glänzten und bis zum Schiffchen ihren
blitzenden Wiederschein warfen. Das Wasser sang. Das
leise Gemurmel der Bäume, welchen der Wasserwind
wie dem Geräusch eines Regens ähnlich, von Zeit zu Zeit
Blätter entriß, ließ sich auf beiden Uferseiten vernehmen.
Weiter entfernt, auf beiden Seiten des Seine=Bettes auf
den beiden, wie mit Rosen überpflanzten Hügeln, erschallten
die lauten Freudenrufe und das lustige Toben der Winzer.
Die Reben schienen zu lachen.

Der Himmel selbst schien die Lieder zu begleiten, und
wie ein Refrain brachte das Echo die hohltönenden Hammer=
schläge auf die leeren Fässer in feierlichen Anklängen bis zur
Barke zurück. Sie zogen stets voran, Fluß und Ufer wech=
selten. Sie streiften an kleinen steilen Gestaden, von schö=
nem gelben Sande durchaderten, allmählich sich erhöhenden
kleinen Anfahrten vorüber, welche ganz steil werdend, sich
verlängerten, und von welchen herab tobte, weiße, nur aus=
getrocknete, behaarte Kräuter hingen, den morastigen Bart

8 *

der alten Flüsse in's Gedächtniß rufend. Darauf kamen dann
Massen von klarem, leichtem, durchsichtigem Grün, in wel=
ches sich die Sonne sich verbreitete oder glänzend hindurch
schien, und aus welchem fast jeden Augenblick Azurstein=Vögel,
Taucherkönige, emporflogen und sich mit ihrem scharfen Ge=
schrei auf der luftigen Brücke von einem Ufer zum andern
begaben.   Sie liefen endlich mit ihrem kleinen Fahrzeuge
an Einfassungen, einem Haag abgeblühter wilder Rosen vor=
über, deren rothe Korallenbeeren herrlich in's Auge stachen,
oder auch an dem Saume dichten Schilfes dahin, dessen glän=
zende säbelartige Blätter sich in die Höhe richteten und an die
Barke streiften, und gegen das Ufer hin, lange Linien kleiner
Pappelbäumchen mit ihren klaren, von der Herbstsonne ver=
goldeten Blättern, dann Erlenbäume, mit den glänzenden
Blättern, und endlich noch Weidenbüsche, die im Winde sich
versilberten, erkennen ließen.   Der Fluß verengte sich nun
unter den unter Weiden vergrabenen Brennnesseln, die ihre
großen schwarzen Köpfe Wasserblumen gleich erhoben, eine
tiefe und geheimnißvolle Halbnacht an dem Ufer verbreitend,
ein Schattenteppich, über welchem jedoch die Lustigkeit der
Tageshelle ihren völligen Glanz wieder annahm, und leuchtende
Wiesen, vergoldete Bäume, die durch die Sonne violettgefärbten
Hügel, und den Schatten selbst, welcher nur noch ein Nebel
war, wieder erkennen ließ.

„Betrachte doch,“ sagte Martha, und sie zeigte Carl
einen schwarzen Wasserwirbel, schwarz und tief wie der
Mund einer vorspringenden Najade.   Ringsumher herrschte
glänzende Helle und eine von dem schwarzen Mund aus=
laufende Sandzunge versuchte es, dem hellen Wasserstreifen

zu verwehren, sein Licht über sein Kieselbett dahinzuführen. Martha hatte aber den Wirbel schon wieder vergessen. Ganz vorgebeugt, betrachtet sie das Wasser. Ihr Blick ruhte auf diesen Tausenden kleiner Fischchen, Tausenden schwarzer Nadeln, welche nach allen Seiten hin auseinanderstäuben, sich gegen den Strom wehren und fortwährend den kleinen Schweif dabei bewegen.

Ihr Blick folgt dem Blatte der Pappel, dem Weiden-blatte, welches langsam sich zwischen zwei Wassern beweget, ihren Schatten im Grund des Wassers stets vor sich habend, oder auch sieht sie der Wasserspinne zu, welche inmitten der stets um sie her sich vergrößernden Zirkel dahin schleift.

Die Zeit war abgelaufen. Als Carl und Martha empor-blickten, glaubten sie die Illumination eines Haremgartens vor sich zu sehen, Lampen in den Kelchen der Blumen, es waren gelbe und rothe, von der Sonne glänzende Dahlien, welche aus den Gärten der Stadt herausgeworfen worden und nun dahinschwammen. Bereits sind sie an dem großen Mispelbaume des ersten Gartens angelangt, vor ihnen aus-gebreitet liegt die Stadt mit ihrem Kirchthurme, die Zink-dächer der Gartenhäuser, welche durch grüne Bäume schelmisch hindurchlächeln, die mit Schlingpflanzen umwachsenen und bis in die Seine hineinreichenden Balcone, die halb aus dem Wasser hervorragenden Fischkasten, die Barken mit den um sie herum spielenden Wiederschein, einem Strick gleich, wel-cher das Wasser peitschte, alles dies lag nun plötzlich vor ihnen. Das Schiff wendet sich, sie kehren um. Der Schatten läuft längs den Bäumen hin. Das Grün wirft einen mattern Schein und blässer und blässer werdend verschwindet es.

Die Bänke, aus Binsen, schweben in violetten Dämpfen. Die Tiefen des Wassers grünen sich und nehmen dunkle Tonfarben an. Längs des Wassers kein offenes Licht mehr, nichts mehr von Lustigkeit, als der obere Theil einiger fernen Binsen, die noch leuchtenden Spitzen einiger Pappelbäume, und deren Gold sich in dem erloschenen Spiegel des Wassers abspiegelt.

Unten an einer Linie junger Pappeln ihre weißen Stämme auf den aus der Erde emporsteigenden Rosen-Tonfarben heraushebend, rauscht das Schiffchen dann an einem Haag junger, auf den abgeschnittenen Stämmen neu emporwachsender Weiden vorüber, aus deren beschmuzten niedern Zweigen Bachstelzen aufjagen, welche zwei und zwei davonfliegen, sich verfolgen und, in ihrem Flug kreisend, mit ihren weißen Schweifen das schlafende Wasser ritzen. Die Nacht überläßt sich nun ihren Gedanken. Das Gemurmel der Pappeln und der Weidenbüsche schweigt.

Das Geräusch des Wassers schläft ein, während in der Ferne auf der Landstraße, welche man nicht mehr sieht, das ganze Geräusch nur noch in einer knarrenden Wagenachse besteht.

Der Hügel oberhalb der Stadt ist nichts mehr als eine Mauer von strenger Violetfarbe, gegen welche in kleinen blauen Dämpfen der Rauch aus den Häusern emporsteigt.

Der Himmel ist nun bleichgrün, dann rosafarben, dann aber geht er, stufenweise sich schwächend, über die Köpfe von Carl und Martha hinweg, wo er dann blau ist. Der Schatten wirft nun auf das Wasser einen bleiernen Schleier, und der am Firmament stehende Halbmond läßt seine Silber-

ſichel herunter fallen, welche ſich auf dem Waſſerſpiegel fort=
bewegt und falbe Blitze um ſich wirft.

LXIV.

Dieſe Zerſtreuung der Waſſerſpazierfahrten war aber
bald abgenützt. Martha ſagte, es ſei ſtets daſſelbe Einerlei
und ſie begann wieder, ſich zu langweilen, ſich in ihre Lange=
weile einzuhüllen und ſich in jener Weiſe in dieſelbe zu
drapiren, wie es das weibliche Geſchlecht nur allein verſteht.
Sie nahm feſte Stellungen an, verſank in Träumereien, in
tiefes Schweigen, in Taubheit, in jene unmitleidsvolle und
ganz prächtig dargeſtellte Taubheiten, in welchen das Ohr
plötzlich bei einer zweiten, wiederholten Frage ſich zu erwecken
ſcheint. Außerdem erklärte ſie ſich ſehr zufrieden, ſehr glück=
lich, ja ſelbſt ſehr luſtig und weigert es abſolut, St. Sauveur
zu verlaſſen, ehe Carl's ärztliche Behandlung völlig vor=
über ſei.

Mit Carl ging es beſſer. Seit 2 Tagen hatte er ange=
fangen, ein wenig zu arbeiten, als er, unter Tags, in
Martha's Zimmer tretend, dieſelbe in ihrem Morgenkleide
fand. —

„Sie wollen alſo heute nicht ausgehen, Martha? —
Ihre Spaziergänge waren Ihnen aber doch ſo wohlthuend, —
Sie erlangten dadurch Appetit und kamen friſch wie eine
Roſe . . .“

„Nein, es iſt draußen garſtig!“

„Garſtig, heute? Bei dieſer Sonne?“ Und da Martha
nicht aufſchaut und ihn nicht zu hören ſchien, ſagte Carl:
„Martha?“

„Bitte um Vergebung, mein Freund, . . . Sie sagten? . . "

„Ich sage, daß es so hübsch draußen ist. "

„Sehen Sie, . . ich bin eben traurig heute, . . . traurig . . . "

„Was fehlt Ihnen?"

„Oh! es giebt Todte! . . . diese junge Engländerin, welche in's Bad kam . . . Du weißt ja . . . gestorben!"

„Aber, meine Theuerste, ich sehe nicht . . . "

„Es scheint, sie hat gelitten! . . ein fürchterlicher Todes= kampf . . . Ich hatte nicht den Muth, auszugehen . . . Sie werden das begreifen. Und dann sahen Sie gestern Abend so übel aus . . . ich wollte Sie nicht lassen . . . "

„Ei! das halte aus, wer . . . "

„Nein, sehen Sie . . . man kann kein Wort zu Ihnen sagen! Ich weiß in der That nicht, wo Sie das Alles suchen . . . "

Carl war bereits hinweggegangen.

LXV.

Saint Sauveur, 30. September.

Was ist das für ein Stück, welches Du gemacht? schrei= ben Sie, mein lieber Chavannes. Sie haben in den Zeitungen gesehen, daß man von demselben für die Eröffnung der Wintersaison spricht, und Sie fragen mich: ist es ein Sittenschauspiel, ein angreifendes Drama, oder ein Gespräch auf zwei Lehnstühlen? Wo spielt das Stück? Welche Decoration hat es? Strotzen die Personen von Eisen, oder sind sie in schwarzes Tuch gehüllt? Ist Dein Stück Athen'

oder Paris? Und Sie schimpfen mich tüchtig dabei aus, daß
ich mit Ihnen über Alles dies so wenig plaudere. Ach, mein
Freund! Es handelt sich allerdings um mein Stück! Ich weiß
aber nicht mehr, was es ist, und weiß ebensowenig, wie weit
es ist . . . und möge daraus werden was da wolle. Und
dennoch glaubte ich, ja ich glaubte einen guten Griff gethan
zu haben. In einer Zeit, wo das Theater weiter nichts
mehr ist, als eine mehr oder minder gelungene Daguerreotype,
in einer solchen Zeit zum wahren Theater zurückkehren, zum
Theater der Einbildung, der Unwahrscheinlichkeit, zur
Dichtung, zu der Sache, welche lacht, sich schaukelt und oberhalb der Wirklichkeit singt, die Scene zwischen Himmel und
Erde stellen, — dies war ein Gedanke, mein Gedanke, mein
Stück. Sie wissen es wohl, ich habe eben so gut wie andere
Menschen Beobachtungen gemacht, aber kalt, ohne davon
ergriffen worden zu sein, gerade wie ich eine Mode mitmache.
Mein Geist hat eine andere Liebe, er hat Alles, was die
Professoren der Logik tadeln, die Erzählungen der Phantasie,
die Zufälle und Abenteuer des Gedankens mit einem Fuß im
Leben, aber ein Fuß, der nach der Quecksilber-Weise Jean's
de Bologne fliegt, — und mein guter Griff oder, besser gesagt, mein Luftspringer, lieber Freund, gehörte diesem Lande
des luftigen Quecksilbers an. Können Sie sich einen
schönern Rahmen für ein Werk vorstellen, als jenen, welcher
das Unmögliche wahrscheinlich machen will, ein besseres
Vaterland der eingebildeten und lebendigen Welt, als jenes
moderne Italien, jenes Eckchen Erde, wohin sich der Roman
geflüchtet? Das Italien des neunzehnten Jahrhunderts, ach!
mein Bester . . . Tänzerinnen, welche mit ihren Fußspitzen

der regierenden Politik Opposition machen; — Liebes-
pärchen, die nach zehn Jahren Liebe sich auf's Land zurück-
ziehen, um sich besser einander anzugehören; — Minister-
räthe, um darüber zu berathen, ob der muthmaßliche Thron-
erbe am Freitag bei dem englischen Gesandten Fleisch
essen soll; — Räuber, welche einen vollen Schauspielsaal
überfallen und ihre Aemter verkaufen; — Prinzessinnen,
welche eine Million jährlicher Renten besitzen und einen Tenor
fußfällig bitten, sie zu heirathen; — Pfarrer, welche in die
Proben des Entrechats kommen, um vor Ostern dort die
Seelen ihres Kirchspiels in gehörigen Stand zu setzen;
— ein Carneval, welcher eine gesellschaftliche Einrichtung
ist; — Stenterellos, welche die Preßfreiheit unter dem
Leinwandkittel Bajazzo's verbergen; — Kaiserinnen, welche
von einem Königreich zu einer Präfektur herabgekom-
men; — im Pensionszustande lebende Könige; — Rentier
mit einem Einkommen von fünftausend Franken, ohne Schulden zu machen; — sehr ernstlich gegenseitige Rettungs-
gesellschaften für Frauen, deren Ehre in Gefahr; — bronzene
Thüren, welche auf den Hüften der verliebten griechischen
Prinzen zusammenstürzen; — blonde Frauen, welche von
den Gemälden Benozzo's Gozzoli herabgestiegen scheinen:
— die Hoffnung und die Lotterie in Permanenz ... Mit
derartigen Litaneien könnte man einen Band füllen, ich hatte
mein Stück daraus gemacht: Das bezaubernde Ut ...

Aber mein Stück, mein Stück, was ist es gegenüber
meinem Leben, meinem Glücke? ... Ach! mein Freund,
lassen wir das ruhen. Ich bin unglücklich, sehr unglücklich,
vielleicht unglücklicher, als ein Anderer, denn bei mir giebt

es keinen Zorn, keinen Verdruß, selbst nicht einmal ein Ge=
fühl der Aufreizung. Ich bin kein Gemahl mehr, sondern
ein Publikum: ich richte. Ich analysire meine Frau ganz
kalt, eben so kalt, wie die Frau eines Dritten. Ich betrachte
sie, ich sehe sie gerade, als ob ich den moralischen Abdruck
ihres ganzen Wesens vor Augen hätte. Meine Frau hat
kein Herz, auch nicht ein Fäserchen davon . . . Ganz gut,
mein Gott! der Gebrauch des Herzens ist in dem Leben
nichts gerade so Gewöhnliches . . . es ist, absolut redend,
kein Haushaltungsmöbel. Man lebt ganz gut mit Leuten
ohne Herz; ich kenne deren ganz kostbare, deren Vertraulich=
keit sehr angenehm ist. Ich glaubte, es sei das Herz bei der
Frau ein Sinn: in der Meinigen ist keine Spur davon vor=
handen, so ist es, und das würde noch weniger zu sagen
haben . . . aber meine Frau ist dazu noch dumm, mein
theurer Freund. Und wenn es nur jene offne Dummheit
der untergeordneten Frau ohne Ansprüche wäre, jene gute
natürliche Dummheit, an welche so viele Leute von geistigen
Fähigkeiten schon ihr Leben gekettet . . . Leider ist es nicht
so: es ist dies eine mit sich selbst zufriedene Dummheit, eine
selbstsüchtige, manierenhafte Dummheit, welche sich hinauf=
schraubt und Gnaden austheilt, was soll ich Ihnen mehr
sagen? Eine Dummheit im Sonntagsstaat. Ihr Geist ist
ein Stelldichein aller Gezwungenheiten, aller gemeinen und
öffentlichen Gedanken, bürgerlichen Aberglaubens, Gedanken,
welche man als aus einer andern Form nachgegossen ansehen
könnte, epidemische Vorurtheile, mit einem Wort die schreck=
lichste aller Dummheiten, diejenige, welche am meisten die
Geduld auf die Probe stellt, die erzogene und gebildete

Dummheit, die erlernte Ignoranz. Sie würde z. B. nicht glauben, daß Ludwig XVIII. vor seiner Rückkehr nach Frankreich die Köpfe der kaffeefarbenen Pferde verlangte, welche bei der Krönung Napoleons dienten; ebensowenig, daß alle Pariser Lumpensammler 50 Franken in Gold in ihrem Strohsack habend, sterben; ferner nicht, daß ein Komet das Ende der Welt anzeigt, sie würde ebenfalls den Kartenlegern nicht glauben, aber den Zeitungen würde sie glauben; was gedruckt ist, glaubt sie; sie glaubt an das Genie eines Menschen, welcher Anzeigen macht, an den Geist eines Andern, welcher Freunde hat; sie glaubt ferner, daß nur die reichen Leute Geschmack und hübsche Sachen haben, sie würde glauben, daß unter Ludwig XV. die französischen Offiziere muthlos gewesen, daß Louis Philipp Millionen nach Amerika geschickt, daß Leute, welche mit gekreuzten Beinen, wie die Schneider, arbeiten, gefährliche Leute seien, daß man noch zu keiner Zeit die runden Möbel so gut gemacht habe, als heute . . . sie würde für dies Alles Adjectiven haben, die sie überall anbringt, ganz fertige Beinamen, wie die braune und weiße Sauce der Restaurants, und die sie dann bis zur Sattheit benutzen würde.

Hiezu kommt nun noch das unverschämte Aussehn, Alles verstehen zu wollen, unter welchem Aussehn man aber fühlt, daß nichts darunter steckt, Nichts, was nicht in einem jeden Schwachkopf stäke; und wenn sie dann ein wenig vorantreiben, dann kommen augenblicklich die Empfindlichkeiten einer bewaffneten und stets im Vertheidigungszustande befindlichen Frau, welche stets eine Anspielung oder eine Lehre in Ihren Worten findet; hartnäckiger, kalter Eigen-

sinn, dermaßen geschwürig, daß er in dem Maße an Hart=
näckigkeit zunimmt, je mehr Sie sich damit bemühen, ihr zu
beweisen, daß eine Sache nicht vorhanden, oder nicht ist,
wie sie glaubt, daß sie es sei. Und dazu dürfen Sie dann
immerhin seine Handschuhe anziehen, um ihr auf's Zarteste
beizubringen, daß sie Unrecht habe und daß Sie tausendmal
um Vergebung bitten, Recht zu haben, Sie dürfen immer=
hin eine Höflingssprache annehmen, wodurch ihre Eitelkeit
geschont und sie vielmehr geliebkost wird ... Alles dies
hilft nichts, es verbleibt stets bei der nämlichen Scene: bei
einem steifen Ton, einer halblauten, trockenen Stimme. —
Gut; ich habe eben nicht Ihren Verstand ... Darauf folgt
dann ein Plaidoyer über Treu und Glauben in falschester
Auffassung, ganz neben der Frage, und antworten Sie, dann
kommt eine unterdrückte Stellung, das Stillschweigen der
Frau, welches die Frau so gut zu sagen lassen weiß: Sie
sind ein Ungeheuer! ... ein Ungeheuer, denn Sie wollten
sie ja bemüthigen, nicht etwa, um sie aufzuklären, ihr zu
rathen, sie von einem Irrthum zurückzuführen — Gott be=
wahre! so etwas ist bei ihr unzulässig —, sondern Sie machten
sich ein Vergnügen daraus, sie zu Schanden zu machen.

Sie kennen, mein bester Freund, den Abscheu jedes
Menschen, welcher das Herz und den Geist auf dem rechten
Flecke hat, vor jenen Canarienvogel=Gefühlen und der stereo=
typen Phrasenmacherei. Wohlan! meine Frau würde
sagen, was weiß ich? sie würde von einem schlechten Vaude=
ville sagen: Es ist Herz und Jugend in diesem
Werk ... von einem Gemälde: es hat Styl.

Sie würde von diesen fabricirten Phrasen haben,

welche in dem Feuilleton, in dem Buche und in dem Theaterstücke jeden Augenblick vorkommen. Und denken Sie sich,
daß, wenn irgend Jemand davon ermüdet ist, dann sind
sicher wir es, wir, die schreiben! Eines Tages konnte ich mich
nicht zurückhalten, meine Geduld war zu Ende, ihr zu sagen:
„Das hast Du gelesen . . .“ Begreifen Sie nun, mein
Freund? Nichts als Wiederholungen, nur Wiederholungen,
eine Rolle, stets eine auswendig gelernte Rolle — Nichts
was von ihr selbst käme, nichts, was die Individualität ihres
eigenen Herzens und eigenen Geistes wäre! Vielleicht halten
Sie mich für mondsüchtig; Sie sagen vielleicht, daß ich mir
meine Qual selbst grabe und mich in dieselbe hineinwälze.
Was soll ich Ihnen hierauf sagen? Ich bin nun einmal
so geschaffen und ich würde hundert Mal diesem Abdruck
von bereits gesagten Worten und schon umlaufenden Gedanken, die Sprache einer dicken, rohen Bäuerin vorziehen,
einen Gedanken, wie ihn Gott geschaffen, roh und un-
geschliffen, aber doch aufrichtig und persönlich.

Aber nein, mein Freund, ich erfinde nicht, ich übertreibe
Nichts. Ich bin kein solcher Kranker, der Visionen und
eingebildete Schrecken hat. Das Innere meiner Frau ist
so beschaffen, wie ich es Ihnen sage. Sie werden bei ihr
Grimassen, Geberden, delikate Komödienspielereien, Ansprüche sehen, um sich schwierig, angeekelt zu zeigen, hingegen würde sie einen Fisch, der nicht mehr ganz frisch ist,
nicht riechen, noch ein Ei, welches seine Milch nicht mehr
hat, noch eine vier Tage alte Butter: Dies Alles ist nichts,
und doch ist es meine ganze Frau. Sie würde Ihnen in
einer Wolke, in einem blauen Traume verloren scheinen,

aber ich, ich weiß wo sie ist und an welcher prosaischen Auf=
gabe sie studirt: sie denkt daran, von der täglichen Ausgabe
ihrer Köchin fünfzig Centimes zu streichen oder ihre Spar=
büchse zu zerbrechen, um sich irgend einen Fetzen zu kaufen,
welchen noch keine unter ihren Freundinnen hat. Mit einer
schönen, auf einem guten, ehrlichen Gesichte gezeigten Seele
würde man ihr nicht gefallen, selbst nicht mit einer lauten
Anerkennung ihrer Schönheit, hingegen aber durch einen
äußerst ergebenen kleinen Hof, mehr als ein Hof, durch
Bücklinge, durch die miserable Anbetung eines Portiers,
welcher einer Herzogin die Cour machte. Meine Frau ist
eine jener Naturen, welche sich nur mit Geringern, als sie
selbst, behaglich fühlt. Sie hat Mitleiden, ja fast Thränen
für eingebildete Theaterschmerzen, für die in den vermischten
Zeitungsnachrichten mitgetheilten Selbstmorde, für Dampf=
schiffe, welche auf amerikanischen Seen in die Luft flogen,
aber für Dasjenige, was sie in der That umgiebt, für die
Leute von Fleisch und Knochen, die an ihr Leben sich an=
schließen müssen, für diese fühlt sie nur Härten, Trocken=
heiten, Unbeugsamkeiten, die ich nicht besser auszudrücken
vermag, schreckliche Befehlshaberei, durch welche die Diener=
schaft so erschreckt wird, daß sie die Teller aus den Händen
fallen läßt; bei ihr zu Hause, kein Bedauern mit ihren
Leiden, durchaus kein Antheilnehmen an deren Humanität,
nach einer Rüge niemals Etwas, wodurch sich die zarte
Seele der Frau verriethe, niemals jenes Wort, jene Ver=
zeihung, mit welchem sie wieder gut machte, was sie betrübte ...
Eine fortgesetzte Beschäftigung mit sich selbst, welche durch
nichts zerstreut werden kann, und gleichzeitig eine Langweile,

welche der Aufreizung einer Lustigkeit oder vielmehr eines Possenspiels nöthig hat; mit welchem sie sich dann wie mit einem lärmenden Spielzeug unterhält: ein Geist, welchen die Gröblichkeiten und Grausamkeiten eines übel angebrachten Scherzes erleichtern, welcher über physische Umgestaltungen und das Komische eines großen Schmerzes lacht ... Und stets auf dem falschen Wege, bemerken Sie dies wohl, mein Freund! Spricht sie, ermuthigt, liebkost, tröstet sie? Nein. Geschieht es, dann geschieht es stets in einer falschen Note, so falsch wie das Piano einer meiner Freunde, so unheilbar falsch, daß er damit endigte, Goldfischchen auf dasselbe zu stellen ... Und dann bei so vieler Leichtgläubigkeit auch nicht ein Glaube, eine Treue der Ueberzeugung! Ich bin kein Mahomed: ich verlange nicht von ihr, an mich zu glauben, aber zum mindesten an ihre Kunst ... Ihre Kunst, mein Freund? sie übt sie wie eine hübsche Frau, aber auch sonst weiter gar nichts. Musik? Sie spielt Piano — da ist auch Alles. Nichts was sie rührt, Nichts was sie anregt, bewegt, traurig stimmte, welches ihren Charakter zu entwaffnen vermöchte. Hier auf dem Lande; sie sieht dies Alles an, wie sie eine Galerie von Landschaftsgemälden sehen würde; sie betrachtet gerade wie sie gähnt. Sie wissen aber doch, lieber Freund, daß ich in diesem Artikel keine sehr großen Ansprüche mache, ich huldige der Natur gerade nicht mit übertriebenem Enthusiasmus, aber beim Teufel! sie, sie ist ein Weib!

Sie ist da bei mir. Ich sehe sie von hier aus, im Salon, durch die halb offene Thüre, sie sitzt da mit einem Buche in der Hand vor dem Spiegel, nach Durchlesung

jeder Seite einen Blick in den Spiegel, die Unterdrückung eines
halben Gähnens und dann wieder ein Blick in das Buch ...
Es ist dies diese nämliche Frau, es sind dies diese nämlichen
sanften blauen Augen, dieser kleine Mund, dieses Kinder-
geſichtchen; ich will nun aber in den Salon treten: dieſe
Stirne wird dann Marmor sein, dieser Mund wird ſich
ſchließen, ihre Augen werden unbeweglich werden, ihr ganzes
Gesicht wird nichts mehr als eine Wolke sein, ihre Geſichts-
bildung ein Stillschweigen und eine Drohung werden, ſie
wird ſich von Kopf bis zu den Füßen in eine Kälte einhüllen,
weit ſchlimmer als der Zorn, in einen tauben Groll, in eine
gewiſſe kleine, gelangweilte Verzweiflung, und noch dazu
endlich ein ſo unglückliches Ausſehn annehmen, daß es
weder eine Statue, ein Gemälde oder eine Phraſe in der
Welt gäbe, durch welche ein Gedanke hievon ſich bilden
ließe! Die Frauen, welche nicht wie der Mann, das Leben,
den Ehrgeiz, die Carrieren, die auswärtigen Schlachten
haben, um zu ſtrahlen und ſich zu entfalten, alle Frauen,
ich weiß dies wohl, haben einen gewiſſen Ausgangspunkt,
eine gewiſſe Ausgabe ihrer zänkiſchen und nervöſen Thätigkeit nöthig.

Dies erklärt und entſchuldigt auch das harte Vergnügen,
welches ſie an den Leiden Desjenigen finden, welchen ſie
lieben, an ihren eigenen Leiden, an den Thränen ſelbſt,
aus welchen ſie dann erneuert zu ihrem guten Inſtinkte, zur
Geſundheit ihres Herzens wiederkehren. Aber dieſe da,
mein theurer Freund, übertrifft hierin ihr Geſchlecht. Sie
hat Genie, ein wahrhaftes Genie, um dieſe inneren Duelle,
wo man ſich mit vergifteten Nadeln ſchlägt, auszudenken,

anhängig zu machen und bis zum fürchterlichsten Ausgang
zu treiben.

Besonders aber hat sie nach dem Kampfe jenes Still=
schweigen, von welchem ich Ihnen schon gesprochen, ein
Stillschweigen nicht nur allein des Mundes, sondern auch
des Blickes, des ganzen Körpers, jene Resignation des
Opfers . . .

Nein! Es bedürfte einer unmännlichen Geduld, um dies
auszuhalten! Das Blut endigt doch einmal damit, in
Wallung zu gerathen, man muß fort . . sich flüchten . . .
Ich bin wieder in meinem Gemache. Ich habe sie nicht
mehr da. Sie kömmt unter irgend einem Vorwande. Ich
hörte sie an ihrem Schritte, an einem Geräusch erstickten
Weinens kommen. Sie umkreist mich. Sie wird in
meinem Zimmer Etwas gelassen haben, was sie sucht, überall
herumstöbernd, lange wühlend und mit Bewegungen, deren
jede einzelne ein Aechzen und ein Vorwurf ist . . . Am
Ende, durch diese langsame Tortur ermüdet und besiegt,
entgeht mir ein: Was fehlt Ihnen denn? welches sie schon
lange von meinen Lippen ablauerte, um dann antworten zu
können „es fehlt mir nichts“ . . . eines jener Worte, für
welche es keine Noten giebt und welche meine Frau sagen
kann wie eine Frau . . . O! dieses: „mir fehlt nichts!“ . . .
Das Traurigste ist dabei, daß mein Kopf leidet. Ich kann
nichts Gutes zu Wege bringen. Ich glaube, daß mein
Gehirn in Störung übergeht . . . Und was wird erst die
Zukunft bringen? Es verbleibt mir auch nicht mehr die
geringste Illusion. Sie liebt mich nicht mehr. Hat sie
mich vielleicht nur jemals geliebt? Im Anfang war es nur

ganz einfach die Befriedigung, von ihrer Mutter erlöst zu
sein, die Gewißheit eines unbekümmerten, glücklichen Lebens
und eine sehr ergebene Anbetung ihrer Schönheit. Sie
liebt keinen Andern ... übrigens, mein Freund, jetzt ...
Für mich beginnt und besteht der Ehebruch von dem Augenblicke an, wo die Frau nicht mehr liebt. Wird sie lieben?
Ich weiß es nicht. Sie müßte hiezu einen braven Jungen
finden, der zur Stunde ihrer Launen zu Befehl stünde, den
sie wie eine Windmühle drehen könnte und der sein Leben
damit hinbrächte, der Madame Romanzen zu singen, wie ein
Cherub mit beiden Knieen auf einem Kissen liegend. Abgesehen hievon hat sie die Eitelkeit, in ihrer Welt für eine
ehrliche Frau gelten zu wollen, eine Tugend, auf welche man
Lorgnetten zeigt ... Daran liegt mir wenig! O! Es ist
Alles vorbei ... Es sind drei oder vier Tage her, da gab
es in unserer kleinen Haushaltung einen Augenblick Ruhe,
wir liebkosten zusammen das Kind der hiesigen Pächterin,
welche uns Eier und Hühnchen bringt, und während es auf
unsern Knieen spielte, dachte ich an ein zu machendes Buch:
„Das Kind!“ ein schönes Buch, welches die Geburt der
Seele in dem Kinde, den ersten Tag seiner geistigen Fähig-
keit, die Bildung seines Gewissens malen würde, ein Buch,
gestützt auf eine sorgfältige, in's Einzelne gehende, hohe und
dichterische Beobachtung, Tag für Tag und Typus für Typus
des Menschen, welcher erwacht und anfängt ... „Aber Carl,“
sagte sie zu mir, „wir bedürfen dann einer Säugamme,
... und wir könnten die Kammerfrau nicht behalten ....“

Ja, es bleibt mir nichts mehr weiter, als die Arbeit, und
ich arbeite schlecht. Endlich, und Dank Remonville, werde ich

9*

bei Beginn der Saison mein Stück aufgeführt sehen. Dies
wird mich vielleicht etwas aus mir selbst herausbringen. Sie
wissen, um was ich Sie gebeten habe. Sie werden es mir
nicht versagen. Es wäre sehr hart für mich, an diesem
Tage Niemanden zu haben, der mich von Kindheit auf liebt,
um mir zu helfen, das Stück zu begraben oder den Autor
desselben zu umarmen.

Carl Demailly.

Als Carl diesen Brief zusammengefaltet hatte und über-
legte, was er einem Andern anvertraute, fühlte er etwas,
wie den Gewissensbiß eines Mannes, der eine Frau bloß-
stellt und, seinen Brief ungesiegelt lassend, trat er in den
kleinen Salon. Martha hatte sich in der Allee auf die
Hängematte geworfen. Als Carl sich ihr näherte, sah er in
ihr jenen Blick, welchen er so sehr an ihr geliebt hatte,
dieser Blick verlängerte in ihrem abnehmenden Auge, eine
zarte Flamme und ein sterbendes Lächeln — dieser ihr
eigene Blick! Und verwirrt, in diesem Blicke Erinnerung
und Vergessenheit schöpfend, verschmolz er köstlich den seinigen
damit, als Martha zu ihm sagte: „Du glaubst, diese Augen
seien nur allein für Dich hier? .. Siehst Du! ich mache
sie gerade so gut für diese kleinen Kieselsteine da . . .“

<h2 align="center">LXVI.</h2>

Einige Tage darauf kam es vor, daß die Stadt Troyes
die Statue eines ihrer großen Männer, des Bildhauers
Gérardon, einweihte. Diese Einweihung bot Veranlassung

zu einem Feste, den Vorwand zu Pferderennen, einem Concert,
einem Balle, einem Bankett, einer Gemäldeausstellung, einer
biographischen Studie über Gérardon mit seinem Bildniß
und Facsimile, dann zu drei Reden, in welchen Troyes alma
parens genannt wurde; weil in ihm der Pabst Urban IV.,
Juvenal des Ursins, Passerat, die beiden Pithou, Grosley,
Mathieu Molé und Mignard das Licht der Welt erblickten.
Troyes benutzte auch diese Gelegenheit, um „der Haupt-
stadt" seine Kirchen, seinen St. Peter-Kirchthurm, seine
Museen, seine hölzernen Häuser, seine Charcutiers, seine
Mail-Promenade zu zeigen. Paris wurde durch Affichen
und die Vertreter der Presse durch Briefe eingeladen; Carl
entschloß sich, Martha zu diesen Festlichkeiten zu führen.
Martha ließ sich bitten, nahm es alsdann aber an. Zu Troyes
angekommen, als sie sich in einer Straße umwendeten, um
den Platz Gérardon zu erreichen, fanden sie sich gegenüber
einer Bande, welche mit in die Luft erhobener Nase, mit
Erstaunen und mit Ausrufen, Weltumschiffern gleich, die
ein neues Stück für die Weltkarte entdeckt haben, die Stadt
durchzogen: es war dies der „Scandal" in vier Personen,
Montbaillard, Mollandeur, Couturat und Rachette, welche
nach den von Montbaillard in den Straßen umhergeschrieenen
Worten, die artige Einladung der Champagne annehmen zu
müssen geglaubt haben. Die unwilligen Empfindungen
sind nun vergessen, sie treffen ja Pariser, welche so und soviel
Kilometers weit von Paris entfernt sind. Reisende, Ver-
bannte umarmen auf diese Weise in dem begegnenden Lands-
manne das Vaterland. Vielleicht giebt es bereits außerhalb
des Weichbildes keine literarischen Feinde mehr. Rachette

reichte Carl die Hand, welcher dieselbe offen und ohne Groll
drückte.

Montbaillard stimmte einen Chor an und Couturat
stellte Mollandeur einen Herrn vor, welcher als ein Enkel
Gérardons angesehen wurde. Man lachte, man sprach,
Martha war lustig, Carl unterhielt sich gut, Montbaillard
betäubte Troyes, Couturat wollte ein Feuerwerk lösen,
Mollandeur grüßte die Feuerwehrmänner. Man lief, spazierte,
aß, trank und verbrachte den ganzen Tag zusammen. Man
hielt einen Umgang um die Statue und um den Maire
herum, und von dort gings nach dem Mail.

Als Carl hinwegzugehen im Begriffe stand, sagten die
Redacteure des Scandals zu ihm: „Wir werden Sie besuchen."

„Ja," sagte Montbaillard. „Wo wohnen Sie? unter
dem Bambusrohr?"

„Zu St. Sauveur."

„Das ist mir lieb. Ich habe gerade mit dem Bade-
direktor dort ein Geschäft einzuleiten."

„Wohlan!" sagte Carl, „kommen Sie also zu mir zum
Frühstück, nach dem Frühstück machen Sie Ihre Geschäfte
ab und kommen zum Diner alsdann wieder . . . Einverstanden?"

„In der That, der Gedanke ist nicht schlecht," sagte
Montbaillard, „nun, Ihr Andern da? Ja . . Nun ja . . ."

Man setzte den Tag fest und verließ sich mit der Herzlich-
keit von Schulfreunden, welche kein Geld von einander
geliehen. Drei Tage nachher, gegen neun Uhr Morgens,
rückte die ganze Bande im Schlosse auf. Montbaillard, in

Hembärmeln, seinen Paletot auf dem Arme und seinen Hut auf seinem Stock aufgepflanzt, eröffnete singend den Zug mit einer heisern Donnerstimme.

Ihm folgte Nachette und Couturat. Dann kam Mollandeur als Nachzügler, da er an den Mauern Eidechsen fing.

„Niemand da!" rief Montbaillard. „Da wollen wir in's Waldhorn stoßen . . . Seid Ihr alle da? nun fest im Chor drauf los, meine Kinder:

Giebt sein Kind

eins, zwei,

Giebt sein Kind dem Sträfling frei,

dem Sträfling . . ."

„Frei!" schrie Carl, indem er das Thor öffnete. „Ihr habt Euch also mit Tagesanbruch auf die Beine gemacht . . . um acht Uhr? Denn hier steht man nach Sonnenaufgang auf . . . Ihr werdet Hunger haben?"

Mollandeur verschwand.

„Guckuk!" sagte Montbaillard, indem er in den Salon trat. „Sie haben ein sehr hübsches und erhabenes Appartement da — es ist als ob man in ein Buch des Herrn Cousin einträte!"

Martha kam herab. Sie entschuldigte sich bei den Herren, daß sie eine so spät aufstehende Hausherrin sei, und erbat sich die Erlaubniß, in die Küche gehen zu dürfen, um zu sehen, wie es mit dem Frühstück stände.

Aber in demselben Augenblick erschien Mollandeur wieder und erregte ein allgemeines Lachen: er hatte sich aus einer Serviette eine weiße Mütze gemacht, mit einer zweiten Serviette eine Schürze, man hätte ihn für den ersten Fricassékünstler gehalten, welchen der Dichter des famosen Liedes „L'Ecu de France" vor die Thüre stellt.

„Ich will Ihnen die Lage schildern," sagte er ernsthaft, „die Köchin sieht ihrem Gesicht nach einer nicht sehr pünktlichen Person ähnlich . . . Sie betrachtet das Frühstück wie eine Frage der Zukunft . . . Madame, geben Sie Allen hier Servietten! Erinnern wir uns Alle jenes ermuthigenden Wortes des Herrn: Man wird Koch! . . wer mich lieb hat, der folge mir!"

„Alle! Alle!" schrie die ganze Bande mit der Intonation des Boulevards, die Schauspieler nach Beendigung eines Drama's in's Gedächtniß rufend.

Nach fünf Minuten brummelten Alle um irgend ein Geschirr herum. Die Köchin hatte bei diesem Ueberfall ihrer Küche sich zum Lachen entschlossen. Mollandeur rupfte sehr sauber einige Rebhühner, Nachette brachte den Herd in Brand, Couturat hatte die Absicht, eine neue Sauce zu componiren.

Montbaillard, seine Uhr in der Hand, fühlte frischen Eiern den Puls, deren Kochung er unter seine Verantwortlichkeit genommen hatte. Carl schien sich auch mit Etwas zu beschäftigen: er betrachtete den Ofen.

„Vorwärts! mein Bester," sagte Couturat zu ihm . . . „ist ja eine Schande . . . verdirb zum mindesten Etwas!"

„Ruhig!" sagte Carl mit gesammeltem Aussehn, „ich werde eine Omelette machen!"

„Nun! und ich?" fragte Martha, welche ihr Kleid mit Nadeln an dem obern Theil befestigt hatte, „glauben die Herren vielleicht, ich will nur zuschauen?"

„Ach! es ist auch wahr," sagte Montbaillard, „die Dame muß auch eine Arbeit haben."

„Die Dame muß eine Arbeit haben," wiederholte Mollandeur, indem er auf die entfederte Brust seines dritten Rebhuhns blies. „Sie wird die Pflaumen für die Pflaumenküchlein schälen. Ich habe gesprochen."

„Ach! Ja," sagte Martha, indem sie aus ihrer Tasche ein kleines Messerchen mit einer silbernen Klinge zog.

. Zum Verdruß der Köche machte man sich an's Frühstück, welches sehr lustig ausfiel. Die Hingebung, welche der Morgen im Gefolge hatte, blühte völlig auf. Das Frühstück war daher auch von Witzworten, lustigen Ausbrüchen und Lachen gewürzt.

„Meine Kinder," sagte Montbaillard beim Dessert, „ich mache Euch damit bekannt, daß der „Scandal" wie Vater und Mutter geht . . . Wir haben in diesem Monat ein wahres Narrengeld eingenommen . . das heißt soviel, daß, wenn es so fortgeht, ich das Odeon miethen werde, um meine Abonnementsbureaux dort einzurichten! Man wird dann das Stück „die Einnahme" mit Schubladenbegleitung jeden Abend spielen! . . Der „Scandal" wäre somit nun im Blei . . . und nun sollen sie Journale machen! . . Brindu hat eins gemacht, der kleine Camille ebenfalls . . . . Mir ist es ganz recht, ich wünsche, daß sie Alle viel Geld verdienen sollen . . . Was kann mir daran liegen? Inzwischen haben wir die letzte Nummer zwei Mal auflegen müssen . . . . und dann, wenn sie sich etwas beikommen lassen sollten, wißt Ihr, was ich dann thun werde? Dann lasse ich das Blatt in der Woche zweimal erscheinen . . .

und dann wollen wir sehen ... Uebrigens. Demailly, kommen Sie zum nächsten Jahr hierher zurück?"

„Ich hoffe nicht," sagte Carl. „Nächstes Jahr werde ich wohl sein."

„Sonst hätten Sie an mir einen Nachbar gehabt .. Ach! mein Gott ja ... es ist noch nicht geschehen, aber ich stehe im Handel .. ich will einen kleinen Pavillon zwei Stunden von hier zu kaufen ... Es hat mir wohl, recht wohl gefallen ... Ich habe lange genug Abonnenten reisen sehen ... Ich verspüre nun eine Lust in mir für das Landleben ... aller Geschmack findet sich in der Natur ... und dann das Eigenthum; das ist der Boden .. Ich werde irgend Etwas ausheden .. Ich bin wohl im Stande, Bürgermeister zu werden, das kann man nicht wissen ... Du, Mollandeur, Du hast das Haus und den Garten gesehen? nicht wahr, ist sehr hübsch?" sagte Montbaillard, um dem geheimen Ehrgeize Mollandeur' einen Stich zu versetzen. „Das Landleben wird mich acht Tage länger am Leben erhalten, und wenn einmal eines Tags so ein Junge von der Kraft Nachette's oder Couturat's Gelder finden sollte, dann gebe ich dieses ganze Journalwesen ab, wasche meine Hände in Unschuld und verheirathe mich, um nach dem Diner ein Piquet machen zu können!"

„Wenn wir den Kaffee da außen, in der Kastanieenallee einnehmen würden?" fragte Martha.

„Ach, Madame!" sagte Mollandeur, „das ist ein Gedanke, dessen Gebieterin man die Hände dafür küssen sollte!"

„Was wird getrieben?" fragte Carl, „wollt Ihr, daß ich Euch zu den Wasserquellen führe?"

„Ei ja," antwortete Montbaillard, „gewiß. — Es ist ein Geschäft.. Vor allem Andern aber, bestehen diese Wasser in der That?"

„Auf Ehrenwort!" sagte Carl.

„Und wer macht sie? Der Doktor? Ich bin überzeugt, daß dieser Spaßmacher Nägel in die Quelle wirft ... Gerade wie zu Vichy ... wo man Pastilles de Vichy in die Quellen legt und sonst ist alles Weitere Larifari ... Wer geht mit?"

„Oh! es ist zu warm," sagte Martha. „Ich bleibe hier."

„Es scheint mir nicht gerade sehr guter Gesellschaftston zu sein, Madame zu verlassen ... und ich überlasse es Euch," bemerkte Mollandeux.

Carl, Montbaillard, Nachette und Couturat kamen erst zum Mittagessen wieder. Von der Badeanstalt aus hatten sie einen großen Ausflug auf die Seine gemacht. Man speiste zu Mittag. Das Diner war weniger heiter als das Frühstück. Man sprach weniger und trank desto mehr und endigte damit, zärtlich zu werden.

Nach Tisch nahm Nachette Carl unter den Arm, zog ihn nach dem Parke und mit Aufbietung eines großen Wortschwalls, freundlicher Geberden und Aeußerungen des Herzens, welche Carl rührten, sagte er ihm, daß er bedaure, ihn angegriffen zu haben.

„Was soll ich aber machen?" nahm er wieder auf, „ich führe ein Höllenleben ... Du hast keine Gedanken davon, was ich nicht täglich materiell zu leiden habe ... Man reibt es mir unter die Nase, daß ich einige Pfennige verdiene ... Ich wohne im fünften Stockwerke, speise zu zwei Franken,

und rauche Cigarren zu ein Sous . . . Was soll ich aber
machen? Ich muß einen ersten Logenplatz einnehmen, das
das geht 'mal nicht anders, ich muß stets fein gekleidet sein
. . . man kann in Paris nicht beschmutzt herum laufen . . .
da kömmt der Schneider, die Wagen . . . die in meiner
Stellung nöthigen Ausgaben . . . Ich muß ein feines Diner
bezahlen, damit mir ein Geschäft nicht entgehe . . . und so
geht Alles drauf! Ach! Es geht schnell mit den Füchsen . . .
meine Manuscripte haben mir nur dazu gedient, Schulden zu
machen.

„Ich zählte auf ein Theaterstück, welches mir einige
dreißigtausend Franken einbringen sollte . . . es bedarf hiezu
nur eines Zufalls, ein klein wenig Glück . . . Mein Stück?
es schläft, mein Bester . . . es fährt überall herum . . .
nicht ein einziger Direktor hat es wagen wollen, mein Stück
spielen zu lassen . . . Es giebt Sachen, die einen an der
Gurgel packen . . . und welche Du nicht kennst. Trete einmal mit zehntausend Franken Schulden in die Literatur, und
Du sollst dann sehen! . . und die Jungen, die diese Schulden
machen! und wie die wachsen! . . Zehnmal dachte ich schon
mich herauszureißen; da läßt sich aber nicht herauskommen
. . . Ich habe das Kreuz darüber gemacht, habe sie bezahlt,
und bin sie stets wieder schuldig! . . Die Arrangements, die
Erneuerungen, und was weiß ich sonst noch Alles! der
Teufel sammt seiner Großmutter . . Alles zerrt, pumpt und
zuckelt an einem herum . . . und die Schuld rennt stets wie
wüthend voran! . . . Und dann morgen, was? . . . morgen
wird es gerade sein wie heute. Nichts vermag mich zu retten, mein Bester, als unmögliche Dinge . . . und man wird

mir nichts Besonderes backen, nicht wahr? . . . Montbaillard will mir keine Vorschüsse mehr machen . . . Sieh! Carl, ich habe den Gedanken, es wird nicht lange so fortgehen . . . Und da ich Dir meinen Abschied werde sagen müssen, entschuldige ich mich auch gleichzeitig" . . .

Er hatte einen so wahren Ausdruck, einen so herben Schmerz, etwas so Ersticktes und Herzbrechendes in seiner Stimme, daß Carl Mitleiden fühlte.

„Sieh 'mal, mein Bester," sagte er zu Nachette, „zum Teufel auch! Schulden! Schulden! ist doch nichts als Geld . . . Du mußt nicht so davongehen. Du hast nichts in Paris zu thun. Wechsle die Luft ein wenig. Bleibe einige Tage hier . . . Wir suchen zusammen Etwas . . . Hörst Du, Du bleibst . . ."

Nachette machte einige Schwierigkeiten.

„Nachette, mein Sohn!" schrie Montbaillard, „was treibst Du? Kömmst Du? Wir haben eine gute Stunde Weges."

„Er bleibt noch einige Tage bei uns . . . er schickt Ihnen sein Manuscript von hier aus," sagte Carl.

Man gab den Parisern das Geleit bis zum Ende des Parks.

„Bah!" sagte Couturat, sich Nachette'n annähernd, „Du willst also? . . Dieser arme Carl! . . . Du weißt aber, ich warne Dir, Du hast kein Glück: man nennt Dich blos „den garstigen Affen."

„Ich weiß es, Mollandeur hatte bereits die Güte mir es zu sagen."

„Weßhalb bleibst Du dann aber hier?"

„Weshalb?" nahm Rachette auf.

Und er erwiederte nichts weiter mehr.

LXVIII.

Rachette blieb acht Tage zu St. Sauveur. Die ganze
Zeit über war er ein herrlicher Junge. Man hätte sagen
sollen, daß diese Gastfreundschaft ihn, wie eine gute Fee,
aller dieser Rauhheit und Ungeschliffenheit der Formen ent-
kleidet habe, wodurch er sich anfänglich die Feindschaft
Martha's zugezogen Er zeigte weder Empfindlichkeit, noch
eine Wolke übler Laune. Es war ein Kind, ein gutes Kind,
voller Tollheiten, und stets aufgelegt, das ganze Haus in
Lachen zu versetzen. Er hatte nur darauf Bedacht, Carl von
seinem Uebel und Martha von ihrem Landleben abzulenken.
Abends ließ er sie lange aufbleiben, morgens in der Früh-
stunde weckte er sie, zwang sie zum Spazierengehen, zum Besuch der Umgegend; er hatte lange Ausflüge gewählt, und
vergnügte seine beiden Beherberger auf der ganzen Länge
des Weges. Aber an der Quelle da übertraf er sich: ein
Komiker hätte ihn um die Grimassen beneidet, mit welchen
er ein Glas verschlang, und man hätte drei Fastnachtspossen
mit allen jenen Streichen ausfüllen können, welche er dem
mit dem Ausgeben des Wassers an der Quelle beauftragten
Diener spielte. Er nannte ihn nur „mein Vetter," erzählte
ihm die Geschichte des Fualdes, vermischt mit dem italie-
nischen Strohhut, wodurch die Geschichte so verwickelt
und durcheinander gebracht wurde, daß Madame Manson
sicher aus der Rolle gefallen wäre.

Mit einem Worte, Rachette unterhielt Martha, er entwaffnete Carl, und in dem guten Handschlag, welchen er von ihnen bei seiner Abreise erhielt, erlangte er zugleich das Recht, sie in Paris besuchen zu dürfen.

Als Nachette fort war, schien Martha das Land ohne Geräusch, ohne alle Lebensbewegung, gerade wie ein Haus, aus welchem ein in Ferien gewesener Student abgezogen, und Martha fiel somit in noch größere Langeweile.

Sie schauderte vor jeder Thätigkeit zurück, versagte sich jeglichen Spaziergang, und sich krank sagend, obgleich sie beharrlich das Herbeirufen des Arztes ablehnte, verbrachte sie ganze Tage lang auf dem Divan liegend, und nur den Schlaf ihres Körpers und ihrer Seele unterbrechend, um vier Seiten lange Briefe an ihre Mutter zu schreiben. Und es bedürfte lebhafter Schlachten und Kämpfe, damit sie Carl endlich dazu bewegen konnte, einen Ausflug in den Garten der Badeanstalt zu machen.

LXIX.

Montbaillard hatte den Badesalon auf den Scandal abonnirt, als Carl sah, daß Martha bei Durchlesung der so eben angekommenen frischen Nummer lachte. Nahm er dieselbe und las:

Eine jugendliche Liebhaberin unter Vormundschaft des Neuropathen.

(Eine Geschichte von heute.)

I.

In Europa giebt es nur noch einen Sultan: Das Publikum. Nur noch das Publikum allein besitzt ein Serail.

Das Serail des Publikums ist ein Ideal-Serail, ich beeile
mich dies zu sagen; aber welches Serail ist nicht dies ideale
Serail! — Alle Frauen Corneille's, Molière's, Racine's,
Shakspeare's, Victor Hugo's, Alfred v. Musset, des Herrn
Scribe und des Herrn Giraudin, befinden sich in demselben!
jene, welche aus den Circassien der Tragödie kommen, jene
werden noch ganz jung dem Busen des Schauspiels ent-
rissen; da giebt es Prosa-Frauen, und Frauen in Versen;
braune, blonde; — und alle nur denkbaren angenehmen
Zugabs-Talente! Man findet dort Seiltänzerinnen und
pferdehüpfende Reitgöttinnen! Dann findet man Dekla-
matorinnen, auch giebt es dort große Koketten! Es giebt
dann wieder andere, welche Thränen entreißen — ohne
Schmerz! ferner solche, welchen Herr Samson die große
Kunst gelehrt hat, natürlich zu lachen! Dann findet man
wieder andere, welche das Couplet wie einen Wasserfall her-
sagen können! Wieder Andere, von welchen man, wenn sie
den Mund öffnen, versucht wäre, zu glauben, sie öffneten
einen Käfig und ließen Nachtigallen in den Kronleuchter fliegen! Es giebt dort sogar hübsche Weiber! Aber dies ist
Alles noch nichts! es giebt dort jugendliche Lieb-
haberinnen!

Wenn eine der Haremstöchter dem Großtürken untreu
wurde, bat sie dieser nämliche Großtürke, sich selbst in einen
Sack zu nähen, und sich in den Bosporus zu werfen: Der
Großtürke rächte sich selbst.

Wenn aber eine der Favoritinnen des Publikums vor
dem Herrn Maire es hintergeht, wenn eine Schauspielerin
sich verheirathet — dann ist es Gott selbst, der uns rächt!

II.

Die Scene stellt einen Speisesaal in einem Schlosse Ludwig XIII. dar — wie in den Romanen der George Sand. — Ein junger Mann und eine junge Frau sitzen bei Tische. Die junge Frau scheint ein kostbares Mädchen, der junge Mann mit seinem alterthümlichen Gesichte, starken Federviehhänden, hat zwei große Falten um den Mund. Die junge Frau schenkt sich Wasser ein, und vergißt den Stöpsel auf die Wasserflasche zu stecken.

Der junge Mann. Rosalbe! Den Stöpsel!

Die junge Frau (sanft). Was, mein lieber Freund?

Der junge Mann. Den Stöpsel!

Die junge Frau. Ach! den Stöpsel . . . werden Sie nicht böse . . so mein Freund (sie steckt ihn in die Flasche).

(Stillschweigen — Spiel der Kinnlade des jungen Mannes — Die junge Frau schenkt sich Wasser ein und vergißt den Stöpsel aufzustecken.)

Der junge Mann. Den Stöpsel, Rosalba! Die Stöpsel sind dafür gemacht, um die Wasserflaschen damit zu schließen.

Die junge Frau (sanft). O! Wie zerstreut ich bin . . . ich hatte es vergessen . .

Der junge Mann (außer sich). Den Stöpsel . . Auf der Stelle den Stöpsel! Wissen Sie denn nicht, daß ich Neuropath bin, Neuropath . . path . . .

(Und dabei hat er beinahe einen Nervenanfall.)

III.

Die Scene stellt einen alten Hagenbusch dar — wie in den Romanen Octave Feuillets. — Die junge Frau liegt in einer Hängematte. — Der junge Mann sitzt auf einer Bank. Ein anderer junger Mann erzählt die letzte Stunde eines Brustkranken und die Todesfurcht eines Schwindsüchtigen.

Der junge Mann. Nach was riecht es denn hier, mein Gott?

Die junge Frau (sanft). Es riecht nicht, mein lieber Freund.

Der junge Mann. Sie haben ein Gelübde gethan, mich mit Ihren Odeurs umzubringen!

Die junge Frau (sanft). Aber Sie wissen ja, mein Freund, daß ich durchaus nichts als Iris auf meinem Taschentuch habe .. seitdem Sie ..

Der junge Mann. Aber, mein Gott, was riecht denn? Ach! der Jasmin, der Jasmin! ... lassen Sie mich Ihren Kopf sehen!

Die junge Frau. Aber ...

Der junge Mann. „Geben Sie mir Ihren Kopf! Jasmin, Madame, Jasmin!"

Die junge Frau (sanft). Aber, lieber Freund, ich kann doch nicht wohl ohne Pommade sein ...

Der junge Mann (außer sich). Wissen Sie denn nicht, daß ich Neuropath bin? ja, Neuropath! ... Sagt der Doktor vielleicht, ich sei noch nicht genug Neuropath?

(Und dabei hat er beinahe einen Nervenanfall.)

IV.

Die Scene stellte einen Omnibus vor — wie in den Romanen des Henri Menier. — Dieser Omnibus führt die „blutarmen Kranken" aus der Stadt Troyes nach dem Bade Saint Sauveur. Man sieht schreckliche Kinder, aufgeblasen und aufgedunsen wie ein Luftballon. Die vor Rosalba sitzende kleine Frau ist ganz

zusammengeschrumpft, weiß wie Wachs, mit gläsernen Augen und
zwei an den Lippen hervorstehenden Zähnen — ein Mumienkopf,
den man aus der Umwickelung nimmt.

Der junge Mann. Rosalba, Ihr Blick ist nach unten
gerichtet, — warum sehen Sie nach unten?

Die junge Frau (sanft). Der Anblick dieser Frau,
lieber Freund, thut mir weh! thut mir in der That wehe!

Der junge Mann. Das will so viel sagen, daß ich
Ihnen zuwider bin.

Die junge Frau (sanft). O! mein Freund! Gott
sei Dank! Sie werden nie dahin kommen!

Der junge Mann. Das will so viel heißen, daß ich
noch nicht so weit bin!

Die junge Frau (sanft). Beruhigen Sie sich doch,
ich bitte darum . . für uns selbst . . . Man sieht ja auf
uns . . .

Der junge Mann (außer sich). Was liegt mir daran?
Sie vergessen, Unglückliche, daß ich Neuropath . . . Neuro=
path bin!

(Und dabei hat er beinahe einen Nervenanfall.)

V.

Die Scene stellt einen Kiosk, eine Quelle vor und ein alter
Mann füllt Gläser — wie es in den eisenhaltigen
Romanen vorkommt.

Der junge Mann. Rosalba! Nun, Sie trinken ja
nicht? . .

Die junge Frau (sanft). Wozu, mein Freund? Ich
habe nichts nöthig . . Bin gesund.

10*

Der junge Mann. Sie sind gesund, und ich bin es nicht, nicht wahr?

Die junge Frau (sanft). O! mein Gott!

Der junge Mann. Nicht so ungesund! nicht so krank, wie Sie glauben! — Verstehen Sie mich?

Die junge Frau. In der That, da müßte man eine Heilige sein . . .

Der junge Mann (außer sich). Eine Heilige! Eine Heilige? Seien Sie einmal Neuropath . . Neuro . . path . . path! (Und dabei fällt er in Nervenzuckungen.)

Und so rächt Gott das Publikum, und so bestraft er die dem Cölibat sich entziehende jugendliche Liebhaberin, welche ihren Pflichten als Junggesellin untreu wird, er straft sie: durch einen Mann . . . und die Neuropathie.

Mollandeur.

„Nicht wahr, dieser Artikel ist drollig?" sagt Martha.

„Ich verursache Dir also viel Leiden, Martha?" fragte Carl.

„Aber ich bin es nicht . . . Ich habe nichts gesagt, ich versichere Dich . . . Mollandeur hat dies Alles so aus seinem Chic gemacht . . . Es ist mir das wegen dem Doctor . . . Ach! von dem Doctor, da will ich nicht sagen . . . wegen des Doctors, da bin ich vielleicht etwas Schuld . . . aber für Dich selbst, ich schwöre es Dir . . . ich habe wohl gesagt, Du seiest ein wenig . . . nervös . . . aber das ist auch Alles, das ist sicher wahr . . ."

Der Artikel Mollandeur' hatte einen zu possenhaften Ton, um Carl beleidigen zu können. Aber an dem Leugnen

Martha's errieth er, woher er kam .. und dies schlug ihm
eine Wunde.

LXX.

Die Zeit ihres Aufenthaltes war beendigt. Die Tage
vor der Abreise waren herbeigekommen, alsdann kam der
Tag selbst und mit ihm die Abreise. Als man die Koffer
auflud, sagte Martha: „Und die Hängematte? . . . ich dachte
nicht mehr an sie."

Carl ging sie in der Kastanien-Allee zu holen. Als er
aber dort war, vergaß er einen Augenblick, sie loszumachen,
und seine beiden Ellbogen auf dieselbe stützend, ließ er seinen
Blick in den leuchtenden Nebel des Herbstmorgens schweifen.
Es war wie eine in Wolken schwimmende Morgenröthe.
Alles war Dampf, tausend Strahlen liebkosten mit bläulicher
Weise die Rosengesträuche und den Silberstrom. Hie und
da blitzte ein mit Thau überladener Zweig in der Sonne,
wie ein Zweig aus Krystall. Und Carl blieb so aufgestützt,
noch ein letztes Mal von Herzen und mit den Augen diesen
Himmel, diese entblätterten Bäume umfangend, welche die
letzten schönen Tage seiner Liebe gesehen hatten.

LXXI.

„Prüfe und kritisire, mein Bester . . . Du hast Geschmack ..
Siehst Du, ich wollte Etwas zu Stande bringen in dem
Geschmacke des innern Lebens, welches Balzac seinen jungen
Leuten giebt, welche er vorangebracht . . ."

So sprach Florissac zu dem erst kürzlich von Saint Sauveur heimgekehrten Carl. Er hatte ihn an einer Straßenecke erwischt und genöthigt, mit ihm hinaufzukommen, damit er seine neue Wohnung betrachte.

„Nun," sagte Florissac, als sie in dem Ankleidezimmerchen waren, „was sagst Du dazu? Nicht wahr, es ist Alles hier, was ein Junggeselle bedarf . . .?"

„Und ein hübscher Junggeselle," fügte Carl lächelnd bei.

„Du begreifst, ich wollte es großartig haben . . . Ich hatte stets von einem Toilettezimmer in anständigen Verhältnissen geträumt . . . Du wirst mir vielleicht sagen, daß es Leute giebt, die sich in einem Wandschrank waschen, das ist wahr, — aber ich verabscheue die Kunststücke . . . Ja, mein Bester! wie Du mich hier siehst, schreibe ich nicht mehr . . mache gar nichts mehr . . sogar keine Schulden mehr! . . und lebe von meinen Renten, und dies ist gerade nicht langweiliger, als so von dem Zufall zu leben . . . Es sind mir auf meinem Wege Banquiers aufgestoßen, welche mir gestelen . . . sie steckten mein Geld in Löcher, wo die Fünffrankenthaler dann fett werden . . . Aber lassen wir diese Episoden! Gefällt Dir mein Ankleidezimmer?"

Die Mauern dieses Zimmers und der breite Divan, welcher den Hintergrund bildete, waren mit dickblauem Leder bekleidet, lackirt wie das Leder eines Wagens. Außer Pferdeköpfen in Aquarelle, in Lackrahmen gefaßt, und in dem englischen Sport berühmter Rennen, ebenfalls in Lackrahmen, ließ das Zimmer sonst nur Toilettegegenstände sehen: Schwämme, Bürsten, Striegel, Reitpeitschen, alle Thorheiten des Reit= und Jägerhandwerks, ein Reise=

neceſſaire mit allen den glänzenden Sächelchen, Seifenbüchſe, Eſſigfläſchchen, Cosmetique, Eſſenzen und eine Menge anderer Gegenſtände füllten die Mauer, die Etagère und die kleinen Tiſche. Auf einem ungeheuern Tiſch aus weißem Marmor ſtand das Toiletteſervice aus böhmiſchem Roſaglas, und die beiden großen Cryſtall-Waſchſchüſſeln ſpiegelten in einem Sonnenſtrahle wie Rubinen.

„Du findeſt dies alſo anſtändig?"

„Sehr hübſch, ſehr hübſch .. das erſte Toilette-Cabinet, welches ich ſehe ..."

„Ach! Ich bin zufrieden ... ich hielt etwas auf Deine Meinung."

„Aber ſage doch, Floriſſac, das muß ja einen hölliſchen Eindruck machen bei den ..."

„Bei den närriſchen Dämchen?" erwiederte Floriſſac, indem er ſich mit einer neu erfundenen Maſchine die Finger-nägel rieb, „rede nur nicht von dieſen! Die wollen Alles gleich mitnehmen ... Ich mußte ihnen ſagen, es käme dies Alles von meiner Familie ... es ſei dies die Zahnbürſte meines Onkels ... Andenken! ...."

Durch die halbgeöffnete Thüre ſtreckte ſich ergebenſt ein Mannskopf hindurch.

„So, Sie ſind da?" ſagte Floriſſac, „ſetzen Sie das an .. hier .. ich habe jetzt keine Zeit .. ich rede gerade .. Sie können wiederkommen."

„Aber", ſagte Carl, „ich will nicht ſtören."

„Mich ſtören? .. Im Gegentheil ich bin höchſt erfreut .. denke Dir, der Menſchenkopf, welchen Du da geſehen, gehört einem Schneider ... aber ein Schneider ... ein literariſcher

Schneider! Ja, er erlaubt sich die Schriftsteller gern zu
haben . . . Ich habe seiner Zeit, um ihm Vergnügen zu
machen, meine Feuilletons bei ihm geschrieben . . . Mein
Bester, so Etwas macht ihn rein betrunken . . Später
erlaubte er sich, meine Arbeit durchzulesen . . er könnte meine
Beinamen aus! . . ein Schneider! Ein Unglückskind, welches
den Auftrag hienieden hat, Seinesgleichen zu begünstigen!
Es ist mir gar nicht unlieb, daß ich ihn heute aber wieder
in die Schranken zurückweisen kann . . . Er wollte mich bei
seinen Soiréen haben."

„Wie? Dein Schneider empfängt?"

„Ganz sicher, er empfängt alle jene Leute, welche ihn
nicht bezahlen: das ist ganz gut ausgedacht . . . Und Deine
Frau, ist wohl?"

„Ja, . . recht wohl."

„A propos, man hat mir gesagt . . . Weißt Du auch,
daß sie sich über Dich beklagt? Du solltest der Sache nach=
sehen . . O! allerdings nur Plauschereien . . Aber in solchen
Dingen doch besser . . ."

„Mein Gott! Das kommt von dem Artikel Mollandeur' . . ."

„Ja, von dem Artikel Mollandeur' . . . aber an Deinem
Platze verlangte ich dennoch eine Erklärung von meiner
Frau . . . Und kommt Dein Stück zur Aufführung?"

„Mein Stück wird eben einstudirt."

„Und Deine Frau spielt in dem Stücke?"

„Ganz gewiß . . . Weßhalb?"

„Nein, ich fragte Dich blos . . Gut, da habe ich mich
geschnitten . . Diese neue Erfindung für die Nägel taugt
nichts."

„Nicht wahr, Du hast die „Caprichos" von Goya? . . ."
sagte der eintretende Remonville, „Ei guten Tag, Carl . . .
Ich mache eine Arbeit über die Caricatur, und . . ."

„Goya? Sicher! Rembrandt in dem Orangenlande . .
ein prachtvolles Exemplar! . . Ich will Dir es holen", sagte
Florissac, indem er die Thüre seines Zimmers öffnete.

„Hast Du Sonntag etwas vor?" fragte Remonville
zu Carl.

„Nein. Weshalb?"

„Dann solltest Du mit uns in die Nähe von Sevres
kommen, um Gallaud zu besuchen, der, wie Du weißt, sich geschlagen hat! . . Er kann nun getragen werden . . Du kennst
Gallaud?"

„Ich habe ihn schon gesehen."

„Komm doch mit . . Und dann bist Du es ihm wohl
schuldig . . . er hat sich für uns Alle geschlagen . . . er
hat wegen des Romans von Menars diesen Degenstich erhalten . ."

„Hier", sagte Florissac, indem er die „Caprichos" dem
Remonville darbot.

„Bist Du von der Partie?" fragte Remonville zu ihm,
„ein Besuch bei Menars, nächsten Sonntag . . . wir speisen
dann irgendwo dort herum . . .?"

„Ist mir unmöglich!" antwortete Florissac.

„Um wie viel Uhr?" sagte Carl zu Remonville.

„Halb vier Uhr. Eisenbahn St. Lazari. Also abgemacht! . . . Du kommst nicht?" sagte Remonville zu
Florissac.

„Ich esse nie auf dem Lande . . . Wenn ich Herr

v. Lalande wäre, der Spinnen aß, dann allenfalls . . . aber
ich bin eben nun einmal nicht Herr v. Lalande . . ."

Carl befand sich auf der Straße hinter einem Manne und
einer Frau, welche sich den Arm boten und das ganze Trottoir
einnahmen. Die Frau war ihm unbekannt.

„Ach, mein Bester," sagte die Frau, „eine Eifersucht!
Nie führt er Jemanden zu sich nach Hause . . Er giebt mir
in einem Käfig zu essen! . . und gehe ich aus, dann begeht
er die Kleinlichkeit, mir nachfolgen zu lassen . . trotzdem ihn
dies jedes Mal fünf Franken kostet . ."

„Ei! eben ein wahrer Ehemannu, was weiter?" sagte
Couturat, „das thut nichts, . man schlüpft durch die Nadel=
öhre, die Frauen, das ist ja bekannt, und ich versichere
Dich . . ."

Carl hörte nur dies. Am Ende der Straße angekom=
men, blieb er vor einem Bilderladen stehen. An dem Fenster
stand ein großes den Ball Mabille darstellendes Aquarell von
Giroust, prachtvolle Zeichnung, wo der Zeichner, aus der
Nachahmung heraustretend, seinen Raub dieser Pariser Welt
bis in's innerste Mark vollzogen, und nicht nur allein eine
magische Laterne gab, sondern auch noch die ganze moralische
Physiognomie des Lasters von 1850. Carl stand davor,
innerlich studirend und Beifall spendend, als er in dem
Rücken einen ziemlich starken Stoß verspürt, begleitet von
einem lauten, schallenden Gelächter. Es war abermals
Couturat, diesmal mit Nachette, in Armverschlingung und
Beide gestikulirend, und dem sich herumwendenden Auge
Carl's den Anblick des Rückens der beiden besten Freunde
von ganz Paris zeigend.

LXXII.

Carl sagte heimkehrend zu seiner Frau, daß er nächsten Sonntag mit seinen Freunden auf's Land ginge, um einen Journalisten zu besuchen, welcher einen Degenstich erhalten habe, und daß er daher nicht mit ihr speisen würde. Martha machte ein sehr hübsches „Auch gewiß wahr?" und küßte ihm die beiden Augen, um besser in dieselben sehen zu können. „Nun, so werde ich bei meiner Mutter speisen," sagte sie, ohne auch nur mit einem Wörtchen zu grollen.

Am Sonntag fand Carl am Bahnhof Remonville, Bresforé, Lampérière, Boisroger, Franchemont und Grancey, welcher Giroust mitgebracht hatte. Man fuhr ab, kam an, besuchte Menard, welchem es besser ging und des darauffolgenden Tages nach Paris gebracht werden sollte, dann schickte man sich an, ein Mittagessen aufzutreiben und ging somit auf Entdeckung aus.

„Also wo wird gespeist?"

„Gehen wir vorerst stets der Nase nach."

„Das ist immer der längste Weg."

„Laßt uns nach Sevres gehen!"

„In ein Restaurant, wo es farbige Gläser giebt! Nein, dafür danke ich!"

„Oder nach St. Cloud? . . ." .

„Ja, dort wird man im schwarzen Kopf vergiftet . . . der Schatten Castaing's ist dort erster Koch!"

„Oder nach Auteuil?"

„Das liegt beim Teufel!"

„Es giebt dort Verse von Boileau in den Tellern!"

„Laßt uns in dem ersten besten verlassenen Schlosse speisen. "

„Man verläßt keine Schlösser mehr. "

„Meiner Treu', " sagte Carl, „ich habe in meinem Nachenführer Andenken, so eine Art von Wirthshaus, vor den Augen, wo man wirkliches Fleisch fand, kleine, wie zu Neapel gebackene Fische, Barben in Butter . . . ein Triumph des Koches! Ist Euch das Recht? wollt Ihr mir folgen? Es ist da unten, nicht sehr weit von hier, im untern Meudon . . ."

Man folgte Carl, man ging längs der Seineufer hin, welche mit aufgesetzten Backsteinen den Weg versperrten und durch am Ufer lagernde Kohlenladungen angeschwärzt waren.

„Gieb mir den Arm, " sagte nach einigen Schritten Giroust barsch zu Carl. „Nicht wahr, das sind Steine da? Weißt Du, mein Bester, daß ich blind werde? "

„Du? "

„Ich verliere die Augen . . . ich sehe nicht mehr . . Kaum daß ich Dich an der Eisenbahn erkannt habe, . . . ich bin fertig . . . ich habe eine . . . ich weiß nicht mehr . . . sie haben Namen . . . Dahin zu kommen, he? für mich ist es sehr hart! . . Es hat mich bei einer Zeichnung über= kommen . . bei meiner letzten Zeichnung . . . plumps wie ein Pistolenschuß . . . Demares besorgt mich, aber umsonst! Die Sache ist abgemacht . . . ich bin geleimt! . . . Hast Du meine letzte Zeichnung gesehen? "

„Den Ball Mabille, nicht wahr? Ja, ich habe ihn gesehen, ausgezeichnet, mein Bester . . die Blonde blüht in der Mitte auf . . und die Andern . . . die Typen . . . eine wahre Sittenzeichnung! "

„Ja, ich machte keine Lappalien mehr, . . . ich begann

Etwas zu machen... Und nichts hinter sich zu laffen... als
Dummheiten. Die Berühmtheiten haben mich aufgezehrt...
Ich habe nichts gemacht, nichts ... Bereits drei Jahre lang
träume ich nun von großen Pariser Scenen; ich häufte
Studien auf ... Zehn Jahre lang zwölf Stunden jeden
Tag Holz gehauen zu haben!.. und im Augenblick wo ich,
ich selbst sein, mich zeigen konnte ... ich hatte bisjetzt nichts
gemacht, ich sage es Dir, und weiß es wohl ... Aber Du
hätteft sehen sollen ... Ich brachte Nächte lang für die
Sch.... von Verlegern hin, mir die Augen aus dem Kopfe
zu sehen, anstatt .... Ich habe Geld verdient .. das ift
aber auch Alles! ... Zweiunddreißig Jahre alt und futsch
sein!.. Der kleine Dingsda hat mich im Journal erseßt...
Mein Mabille das ift noch nichts, Du hätteft sehen sollen!
Aber kein Glück! was ift da zu machen? Es scheint, daß
ich noch ungefähr sechs oder sieben Monate so sehen werde,
wie ich jetzt sehe ... Du stehft, ich treibe keinen Luxus mit
den Augen ... sind diese herum ... dann gute Nacht!
dann werde ich mit den Händen sehen ..."

Man war im Restaurant Carl's angelangt. Die Thüren,
die Fenster waren offen, das Haus schien aber tobt ...
weder ein Geräusch, noch eine Seele. Auf dem Fensterladen
sah man auf einer Seite Karpfen ... auf der andern eine
Schüssel mit gebackenen Fischen angemalt, ein aufgepappter
weißer Papierstreifen enthielt die Anzeige: „Wegen Krank=
heit ift das Etabliffement geschloffen. Es wird
ein Nachfolger gesucht."

„Auch gut! geschloffen!.. Teufel von einem Carl..
Gott möge Dich segnen!..."

„Nun, so wartet doch, ehe Ihr schreit." Und Carl
trat in den großen Saal, wo sich ein schlechter, kleiner,
gußeiserner Ofen befand. Er erkannte im Hintergrunde die
Estrade, von welcher früher eine kreischende Clarinette die
Paare am Sonntage herumhüpfen machte. Er drückte eine
Thüre auf, stieg zur Küche hinab — die Andern folgten ihm
nach — und endlich fand er vor einem Kaminfeuer einen
guten, alten, zerbrochenen und zusammengeschrumpften Mann,
den Kopf unter einer weißen Schlafmütze, mit einem Nasen-
wärmer aus bräunlicher Wolle und mit dem Körper in einen
dicken Flanellkittel gehüllt, der ihm bis über die Schenkel
herabreichte.

Seine beiden Arme hingen steif am Körper hinunter,
seine beiden Hände umklammerten zitternd den untern Theil
eines Rockes . . . „Ach, Sie sind es, Herr Carl . ." sagte
der Mann aufstehend . . . „Ich erinnere mich wohl . . Sie
kamen seiner Zeit alles mit diesem Herrn v. Longchamps . . .
Sehen Sie, ich bin sehr krank . . . seit zwei Monaten bereits
verlassen mich die Schmerzen nicht mehr . . . Am Dreizehnten
dieses wird es ein Jahr, daß meine Frau starb . . . Die
Aerzte haben Alles gethan . . sie wollen mich nun in die
Seebäder schicken . . . thut aber nichts, wieviel sind Sie
zusammen? ich will es dennoch versuchen, Etwas für Sie
zu Wege zu bringen . . . Ich kann kaum mehr, aber ich weiß
noch, lassen Sie es gut sein, Herr Carl . . . und wenn eine
Barbe zu haben ist . . . Jeanne! . . ."

Dieses todte Haus, dieser kranke Mann warfen eine
Traurigkeit in die Bande. Die Zuckungen des Magens, die
Erwartung des Diners, dann der herbe Landwein brachten

in den Gästen eine nervöse Bewegung hervor und machten
sie zur Bitterkeit gestimmt. Die Geister gehörten dem
Humor, die Worte waren geschliffen. Jeder trotzte mit sich
selbst und mit den Andern. Bressoré hatte bemerkt, daß
der Tenor, welcher in der Probe seiner Oper sang, nicht
einmal so thue, als ob er Stimme habe. Franchemont war
bereits am Frühmorgen vier Spalten lang in einem republi-
kanischen Journal von einem sehr feingeistigen Manne hin-
gerichtet worden.

Lampérière dachte an Etwas, was ihm die Stirne in
Falten brachte. Remonville hatte neue Stiefeln an, welche
ihn drückten. Boisroger hatte Tags vorher seine Maitresse
verloren.

Giroust dachte an das, was der Augenarzt ihm morgen
sagen werde, und Carl, als er Alles hier so verändert sah,
dachte, daß es beinahe ebenso thöricht sei, an die guten Orte
seiner Jugend zurückkehren zu wollen, wie zu den schönen
Tagen seines Glückes.

„Nun! geht's jetzt besser?" sagte Carl bei Tische, nachdem man zu essen begonnen hatte.

„Hm!"

„Trockenes Brod!"

„Das läßt erwarten, daß . . ."

„Nun!"

„Nimmst Du endlich?"

„Nein."

„Was ist das?"

„Fleisch . . . in Nachahmung!"

„Meine Herren," sagte Carl sich langweilend, „de

Sache ist ganz einfach: laßt uns zahlen und nach Paris zum Mittagessen gehen."

„Nicht wahr, um in anderthalb Stunden einmal zu essen?"

„Jetzt sind wir einmal hier . . ."

„Mit was machen Sie denn das?"

„Was denn?"

„Die Beefsteaks?" sagte Bressoré, „sie machen sie mit den Lendenbraten von St. Cloud!"

Man lachte.

„Brrrrr! es zieht hier . . ."

„Der Ofen raucht wie ein Mensch . . ."

Die Phrasen fielen Schlag auf Schlag . . man sprach nicht, man aß mit gewissem Zwang.

„Weißt Du auch, daß Du uns durchgebrannt?" sagte Bressoré zu Carl.

„Wie so durchgebrannt?" erwiederte Carl, der nicht von seiner Frau und von dem Glücke reden wollte, welches ihn von seinen Freunden entfernt hatte.

„Am Ende, wenn es so Dein Geschmack war . . . Du begreifst . . ."

Die Gabeln stachen unter Stillschweigen auf den Tellern herum. Lampérière betrachtete Carl und sagte nach einigen Augenblicken:

„Sieh, Carl! ich kann's nicht bei mir behalten . . gut oder übel! es drückt mir auf dem Herzen . . . Auch bin ich älter als Du . . und Dein Freund . . . Du führst Dich aber schlecht bei Deiner Frau auf . . ."

„Ich?"

„Wir sind unter uns, und es kommt nicht weiter . . ."

„Wie? . . . Du läßt sie ohne einen Heller Geld, . . . so daß sie genöthigt war, von der Frau Voudenet's zwanzig Franken zu entleihen . . .?"

„Von wem ist dieser Witz?"

„Nicht von mir . . . und ich scherze nicht."

„Und Du hast dies geglaubt?"

„Welches Interesse kann Deine Frau haben, so etwas zu sagen?"

„Ah! es kommt von ihr . . ." Carl ließ sein Messer an sein Glas klingeln:

„Hören Sie, Mädchen", sprach er zur Kellnerin, „man soll nach Sevres schicken . . . wir müssen gleich einen Wagen zu sechs Plätzen haben . . . Hier das Trinkgeld . . . aber nur schnell . . wir haben Eile . . Speist nur fort . . . Dir, Lampérière, werde ich in Paris antworten . . . und auch den Andern."

Auf der Thürschwelle erschien der arme Mann, der sie aufgenommen:

„Sind die Herren zufrieden?" sagte er bescheiden, indem er es versuchte, mit seinen gelähmten Händen, so gut es eben gehen wollte, seine Mütze zu heben.

Niemand erwiederte etwas.

Der Mann wartet einen Augenblick und sagt alsdann mit Bedauern: „Der Wagen kommt!"

„Wo führst Du uns hin?"

„Nach Paris in mein Haus."

Unterwegs wurde nicht gesprochen.

Carl klingelte bei sich zu Hause an. Antoinette machte
auf: „meine Frau?" sagte er zu ihr.

„Sie ist noch nicht nach Hause gekommen, Herr!"

„Holen Sie mir einen Schlosser."

Antoinette kam mit dem Schlosser.

„Oeffnen Sie mir diese Commode," sagte er zu dem
Schlosser, indem er ihm die Commode seiner Frau bezeichnete.

Das Schloß sprang auf.

„Sehet!" sagte Carl zu seinen Freunden, indem er eine
Börse, in welcher sich dreihundert Franken in Bankbilletten,
Gold und Silber befanden, von sich warf.

„Bitte um Vergebung," sagte Lampérière, ihm die
Hand drückend, „ich beklage Dich.. und Deine Frau ist ..."

„Genug! Sie ist meine Frau ..."

Carl hörte die Thüre schließen. Seine Freunde waren
hinweggegangen.

LXXIII.

Als Martha heimkehrte, fand sie ihren Gemahl blaß
und ernst.

„Was fehlt Dir?" fragte sie, und sie eilte auf ihn zu,
um ihn zu umarnien. Carl stieß sie von sich, „Carl!..
Aber mein Gott, was giebt es denn?"

„Was es giebt, Martha? Sie haben gesagt ...."

„O! Sie", unterbrach ihn Martha erstaunt.

„Lassen Sie mich reden ... Sie haben gesagt, ich ließe
Sie ohne einen Heller Geld ... Sie wissen aber wohl, daß
dies nicht wahr ist ..."

O, welche Geschichten! Das kommt von Remonville oder Lampérière . . ."

„Sind keine Geschichten, Martha . . . und sie wissen es wohl. Weßhalb?"

„Vorerst habe ich das nicht gesagt."

„Sie haben von Frau Voudenet zwanzig Franken geliehen und hatten dreihundert Franken in Ihrer Commode. Ist das wahr? ist es wahr? So lügen Sie doch zum mindesten jetzt nicht mehr!"

„Aber . . ich habe dies nicht auf diese Art gesagt, . . durchaus nicht . . Ich habe gesagt, es sei zu Etwas, was Du nicht wolltest . . Nein! stehe, ich sage Dir lieber Alles . . . es ist eben ein thörichter Gedanke, der mir durch den Kopf lief . . . hast Du vielleicht niemals thörichte Gedanken, Du? . . . Ich wollte mich für eine unglückliche Frau ausgeben, da hast Du's, sonst war es nichts . . das schwöre ich Dir . . . Komm! mein Carl, ich thue es nicht wieder . . . Es ist vorbei . . . ich hatte Unrecht . . . ich bitte um Vergebung."

„Sie wollten sich für eine unglückliche Frau ausgeben? . . Aber begreifen Sie doch . . . mit solchen Dingen spielt man nicht . . . Sie sind kein Kind mehr . . . Sie sagen zu einer Freundin . . zu einer Frau . . zu Voudenet's Frau, zu dieser bösen Zunge, Sie wissen es wohl . . Sie sagen zu ihnen . . . Aber so etwas ist ja eine schmachvolle Infamie, meine Beste! . . Sie bringen mich um . . . Sie entehren mich . . ."

„Man hat Ihnen den Kopf heiß gemacht, das bin ich sicher . . . Ihre Freunde lieben mich nicht . . . A propos

Carl, sag': wart Ihr nur lauter Männer?" fragte Martha, indem sie ein Lächeln bei dieser Frage versuchte.

„Ach, wie dumm Sie sind!"

„Ja, weil man mit Euch nie weiß, woran man ist," und Martha hing sich über ihn, um ihn zu umarmen.

„Wir waren", sagte Carl, sie zurückstoßend, „Sie wissen wohl, zu wie viel wir waren: Remonville, Franchemont..."

„Haben sie Dir von Deinem Stücke gesprochen?"

„Sie wissen, daß es einstudirt wird.. sie warten die erste Vorstellung ab.. was willst Du, daß sie mir sagen sollen?"

„O! Du weißt ja.. im Reden... Du bist stets des Feuilletons von Remonville und Franchemont sicher, nicht wahr?"

„Sicher... sicher? Gewiß, wie man eben sicher ist... d. h. wenn ich vor einem Backofen spiele, dann können sie das Stück allein nicht halten... aber sie werden mir Matratzen unterlegen, daß ich nicht zu hart falle..."

„O! laß gut sein, Dein Stück geht prächtig... Ich glaube an einen Erfolg... an einen sehr großen Erfolg... Am Ende will ich Dir auch allen Ruhm davon ganz allein gönnen.."

„Das verstehe ich nicht."

„Das ist klar... Da Deine Maschine da von sich selbst geht, hast Du mich ja nicht nöthig... Die Rolle ist ermüdend und..."

„Du wolltest nicht spielen?... Du wolltest in meinem Stücke nicht spielen?... in diesem Stücke, wo ich wollte daß . . . Du wolltest nicht spielen?" und die Stimme versagte Carl weiter zu reden.

„Aber ich bitte Dich um Himmels Willen, versetze Dich nicht wieder in allen Deinen Zorn . . . Es fehlt ja im Gymnase nicht an Darstellerinnen..Was willst Du? Derartige Wirkungen hervorzubringen, liegt eben nicht in mir . . . Da, die kleine Dingsda zum Beispiel . . . ihr würde das ganz gut stehen . . . Aber ich, ich fühle mich in dieser Rolle nicht! Ich zog es vor, Dir es selbst zu sagen . . . Du hättest es sonst erfahren können . . . ."

„Also Du willst in meinem Stücke nicht spielen?"

„Bist Du darüber sehr mißgestimmt, sage?"

„Ganz gut, meine theure Martha."

Des andern Morgens nach dem Frühstück.

„Wohin gehst Du?" sagte Martha zu Carl, welcher ausging.

„Ins Theater."

„Du wartest nicht auf mich beim Herausgehen?"

„Nein."

Als Carl heimkehrte, war Nachette bei Martha. Nachette war Hausfreund geworden, und er ließ sich von Herzen gern herbei, in den kleinen Journalen das „Verzauberte U t" auszuposaunen.

„Guten Tag, Nachette," sagt Carl, „Du weißt die neueste Nachricht? Meine Frau spielt nicht in meinem Stück! . ."

„Bah!" rief Nachette mit erstauntem Aussehen, und sich zu Martha wendend: „Ist das wahr? . . . Welcher Gedanke!"

„Mein Gott! ich habe es Carl gesagt . . . Das Stück

liegt nicht in meiner Tonleiter, so ist's . . . Das Publikum
würde über mich herfallen . . und ich möchte nicht . . ."

„Erlauben Sie mir Ihnen zu bemerken," sagte Nachette
zu Martha, „daß Sie Unrecht, großes Unrecht haben. —
Wenn man erfahren wird, daß Sie die Rolle abgegeben,
nachdem Sie solche angenommen, studirt und repetirt haben
. . . dann wird das Veranlassung zu Cancans und Geschichten
werden . . . Das Publikum wird dann seine Nase in Euern
Fleischtopf stecken wollen . . . Die „Couriers de Paris"
werden acht Tage lang auf Euere Kosten leben . . . Wenn
es nur das Interesse des Stückes allein wäre ! . . . aber es
handelt sich um das innere häusliche Leben . . . Das wird
eine Menge von unangenehmen Plaudereien hervorrufen,
unangenehm für Carl und für Sie . . . Nein ! in der That,
begehen Sie eine solche Thorheit nicht . . . Ich weiß es
wohl, daß nach Carl ich Sie nicht überzeugen kann . .
aber . ."

„Oh ! Sie, mein Bester", sagte Martha, „Sie recusire
ich . . . Sie halten es stets mit meinem Manne. Wohlan !
wenn ich Unrecht habe, mag es darum sein, man soll plaudern,
so viel man will . . . Aber ich sehe deshalb nicht ein, mich
in eine Rolle zu wagen, für die ich keine Mittel habe . . . ich
will nicht spielen . . . und werde nicht spielen."

„Aber", entgegnete Nachette, indem er zu suchen scheint,
„ich sehe Niemand im Gymnase, um die Rolle würdig auszu-
füllen . . ."

„Doch", sagt Carl, „Odile . . . sie hat die Rolle über-
nommen . . ."

„Ist auch wahr! Odile! — richtig“, sagte Nachette, wir sind gerettet!.. sie wird sich kostbar ausnehmen.“

„Sehen Sie,“ sagt Martha zu Carl, „ich habe Ihnen kein langes Bedauern verursacht ... O! Sie haben vollkommen gut gethan .. Aber Sie haben auch keine Zeit verloren!“

LXXIV.

Eine eisige Kälte trat zwischen Carl und Martha ein. Sie lebten neben einander, theilten aber kaum eine andere Gemeinschaft, als das Mittagessen und nur dort so viel Worte wechselnd, um die Speisen anzubieten oder abzulehnen. Die Unterhaltung beschränkte sich nach und nach auf einzelne Sylbenlaute.

Carl war daher äußerst erstaunt, als Martha eines Abends ihren Kopf auf die Chauffeuse zurücklehnend und ihre Füße gegen das Feuer ausstreckend, zu sagen begann:

„Haben Sie bemerkt, mein Freund, wie man mitunter von seinen ersten Eindrücken zurückkommt? Man begann damit, sich unaufgelegt zu fühlen und dann nach und nach, ohne daß man daran denkt .. oft ohne daß man es selbst will, geht die Antipathie hinweg, die Sympathie kommt dafür zart herbei ... Ist Ihnen dies schon vorgekommen?“

„Sehr selten.“

„Mir übrigens auch ... Wenn ich an die Art und Weise denke, wie ich ihn vorerst beurtheilte ... denn ich hatte ihn schlecht beurtheilt ... ich hatte mir Gedanken

gemacht . . . Denn er ist durchaus der Mann nicht, für den
ich ihn hielt . . ."

„Von wem reden Sie denn, wenn's beliebt?"

„Von Nachette."

„So! von Nachette . . . Das ist mir um so verdienst=
licher für Sie, da Sie nicht mit Nachsicht begonnen hatten
. . . Sie haben Recht, Nachette ist sehr liebenswürdig . . .
Auch ich habe meine Meinung über ihn gewechselt."

„So! Sie sehen also!"

„Er hat mich durch seine Geduld erstaunt. Wahrlich,
ich sah ihn Scherze von Ihnen ertragen . . Ich versichere
Sie, daß an seinem Platze . . ."

„Ja," nahm Martha den Gedanken verfolgend wieder
auf, „sehr sonderbar! . . Und selbst Sachen, die mir miß=
fallen . . . dieser Blick, welcher mir Furcht einjagte, dieser
Kopf, der mir so boshaft zu sein schien, bis zu seinen barschen
Manieren und seinem wilden Aussehn, Sie wissen ja alle
die Zurückstoßung, die ich fühlte, — sollten Sie es glauben,
Carl, daß ich auf all' dies keine Aufmerksamkeiten mehr
richte, auch durchaus gar nicht mehr? Es ist gerade, als
ob ich ihn jetzt mit andern Augen betrachtete . . . Jetzt bin
ich überzeugt, daß es eine herrliche Natur ist . . ."

„Meine Beste! Sie sind wie alle Frauen. Wenn Sie
die Welt gemacht hätten, dann gäbe es keinen Mittelweg ——
Ihr Urtheil geht von einem Extrem zum andern über . . .
Nachette ist ganz einfach . . ."

„O! Sie haben noch seinen Artikel auf dem Herzen . . ."

Carl ragte die Achseln in die Höhe.

„Die Frauen, die Frauen," nahm Martha auf, „Sie

mögen sagen was Sie wollen, sie täuschen sich aber noch weniger, als Ihr, über die Leute; Ihr urtheilt, wir errathen . . . Wohlan! Ich finde in diesem Jungen da ein Fieber, einen gewissen Zorn, eine Ungeduld . . mit einem Worte eine Leidenschaft, einen Haß . . welcher mir ihn lieb macht . . . ich bin überzeugt, daß dieser Junge einer großen Ergebenheit fähig ist, einer großen, wahren Liebe . . . Er, sonst so brutal, hat zeitweise solche Zuvorkommenheiten, Aufmerksamkeiten, Fürsorglichkeiten, liebkosende Formen, daß . . ."

„Ach! ich bitte Sie, Martha, seien Sie auf der Huth . . . Sie sagen mir, er sei verliebt in Sie und Sie sind beinahe verliebt in ihn . . ."

„Nun ja! ich sage es Ihnen ja, mein Freund," sagte Martha, indem sie die Stimme der Unschuld eines Kindes annahm.

„Sie werden mir zugeben, daß ein solches Geständniß für einen Ehemann mindestens sehr sonderbar anzuhören ist."

Martha, mit einem ernsten Aussehn und ihrer durchdringlichsten Stimme, mit einer Langsamkeit, die auf jeder Sylbe ruhen blieb, erwiederte:

„Bitte um Vergebung, mein Freund, nehmen wir an, ich hätte nichts gesagt . . . Ich beichtete mir selbst . . . Ich kam zu Ihnen . . . Ich kam wie eine ehrliche Frau zu einem ehrlichen Manne, um ihm zu sagen: Ich habe Angst vor mir selbst . . . ich fühle mich schwach . . . meine Kräfte reichen nicht aus . . . der Abgrund ist da . . . helfen Sie mir . . . stehen Sie mir bei . . . retten Sie mich! Sie meine Hülfe, Sie mein Beistand! . . . Sie mein Gemahl! . ."

„Ich danke Ihnen für diesen Gedanken," sagte Carl
kalt, „ich danke Ihnen, Martha ... Aber ich glaube, daß
Sie die Entfernungen sehr annähern. Der Abgrund ist
nicht so nahe. Ihr lebt Beide viel zusammen ... ich weiß
nicht weßhalb, wenn es nicht geschieht, um über mich zu
klagen und ein Echo unter der Hand zu haben ... Sehen
Sie, ich, ich errathe nicht, aber ich, ich fühle, ich fühle solche
Sachen ... Und falle niemals auf die unrechte Seite ...
Ihr liebt Euch weder der Eine noch der Andere .. Was er
Ihnen alsdann ist, er? Für Sie ist er — ich sage es
Ihnen — weiter nichts, als ein Paar Ohren ... und ein
Spielzeug Ihrer Launen ... und vielleicht auch noch gegenüber
meiner ein Schreckbild der Eifersucht ... Er z. B. was Sie
ihm sein können? ... ich suche ... Aber, Unglückſel'ge,
was habe ich Ihnen denn gethan, um mich so zu martern?
Welche Wuth treibt Sie denn an, mir Leiden zu suchen? ..
Ach! ich habe deren ohne Ihr Zuthun .. Ich bin krank,
sehr krank ... Lassen Sie mir meine Ruhe, .. lassen Sie
mich mindestens ruhig sterben!"

„So seid Ihr, Ihr Männer ... alle Ehemänner sind
so ... und dann eines Tages ..."

Bei diesem Worte trat Carl zum ersten Male aus der
Art und dem Tone eines Weltmannes heraus.

„Aber bist Du denn immer und immer Schauspielerin!
.. Du lügst also mit Deinem Herzen ebenso gut wie mit Deinem
Munde! .. Recitirst Du die Liebe! .. Du bist also ganz in
der Lüge geboren! Man hat Dich also in der Lüge gewiegt,
genährt, aufgezogen! Du bist ja das ganze personificirte
Wort, welches nicht wahr spricht, Deine Stimme trügt, das

Lächeln ist falsch, die Thräne nachgemacht! Du bist also
Alles in Allem, was dem Menschen lügt! und Alles, was
Gott lügt!"

„Mein Herr! Es ist das erste Mal, daß Sie sich erlauben . . . und es wird auch das letzte sein . . ."

„Wohin gehen Sie?" fragte sie Carl, als sie ihren Hut
aufsetzte.

„Zu Nachette!" erwiederte Martha so dramatisch wie
möglich.

„Gehen Sie! meine Beste."

LXXV.

Des darauffolgenden Morgens erhielt Carl einen Brief
von Martha. Sie hatte sich zu ihrer Mutter zurückgezogen
und bat ihn, ihr die Möbel ihres Zimmers zu schicken.

Carl antwortete durch den Commissionär, welcher den
Brief gebracht hatte, daß er sie im Laufe des Tages senden
werde. Eine Stunde später aber war Martha bei ihrem
Manne. Sie warf sich an Carl's Hals, weinte, sie hatte
jene Fluth zerknirschter Worte im Munde, welche dem Vor-
wurfe, der Ueberlegung, bei der zweiten Bewegung kaum
Raum lassen. Sie sagte ihm, sie sei wahnsinnig, sie habe
den Teufel im Leibe, daß er sehr gut sei, sie so lange ertragen
zu haben, daß sie es sich nie verzeihen könne, daß sie ihn
lieben wolle, all' des Uebels wegen, welches sie ihm zugefügt..
Und Thränen .. und Versprechen .. und Beichten wurden
durch Küsse und Lächeln, jene Lächeln unterbrochen, welche
den Strahlen eines Platzregens gleichen.

Martha spielte eine Stunde lang diese bewundernswerthe Komödie der verliebten Reue. Eine Stunde lang war sie eine große Schauspielerin, sie war Katze und Weib. Als sie aber unter ihren Liebkosungen, unter ihren Bedauern, unter ihren Kniebeugungen endlich den Willen Carl's schmelzen sah, dann folgte den Thränen, welche entwaffnen, das Lächeln, welches Vergessenheit gewährt .. Sie machte sich — auf so prächtige Weise über sich selbst und über Beide lustig, über ihre Thorheiten, besonders über die ihrige, nachdem sie Alles besessen, um glücklich sein zu können, jung — frei — voller Zukunft, und sich so toll Qualen, Kummer zu bereiten und die Liebe zum Weinen zu bringen ... Wie ist dies denn gekommen? wer hatte sie dazu angetrieben? Denn es war ihr Fehler. Sie gestand zu, sie sei ein bos= haftes Ding, eine Herausforderin, ein böser Kopf; er sei zu gut, zu schwach; er hätte sie abstrafen sollen wie ein Kind, das sie in der That auch noch sei ... Und die Fluth dieser köstlichen Worte strömte von dem Munde dieser Frau, die sich zum kleinen Mädchen machte, und das verlangt, daß man ihm zürne, wenn es nicht brav sei.

Und ihr schönes Leben begann wieder und die Ver= gangenheit kehrte wieder. Die ganze Beschäftigung Mar= tha's bestand darin, Carl zu gefallen. Sie suchte mit allem Eifer und bei jeder Gelegenheit ihm angenehm zu sein. Ihre Koketterie verschwand. Sie hatte keinen Blick mehr, sie schien nur für ihn Gedanken zu haben.

Sie fand ihre alten Frühmorgen wieder, dieses Er= wachen, welches Carl so närrisch in ihren Umarmungen umherwarf. Und ihre Laune nahm in der gleichen Weise zu, sie vergrößerte die Caricatur der Liebe auf solche Art, daß Carl, sie umarmend, zu ihr sagte: „Geh! Unser Glück ist wieder geheilt!"

LXXVI.

Nach vierzehn Tagen — es dauerte dies gerade vierzehn Tage — wurde Martha eines Abends nachdenkend.

„Was fehlt Dir, meine kleine Martha?" fragte sie Carl.

„Mir? . . . Nichts."

„Nichts? in der That? Gar nichts, Martha?"

„Gewiß nicht — ich versichere Dich, Nichts."

„Ich glaube Dir . . . Was ist's aber denn?"

„Und wenn ich nun aber einmal nicht will?"

„Mein kleines Marthchen . . ."

„Nun, ich will wohl, aber . . ."

„Aber?"

„Du siehst, ich bin es nicht . . . Ich sprach von nichts . . Du bist's . . . Ich werde Dir Morgen es sagen . . . ich verspreche es Dir . . ."

„Nein, jetzt . . . gleich."

„Ach! wie eigensinnig Du bist . . . Gut . . aber unter einer Bedingung."

„Ho! Ho!"

„Gieb mir Dein Wort, daß Du mir giebst, was ich begehren werde."

„Aber, bedenke doch, meine Theuerste, daß Du mir verlangen kannst . . . ich weiß nicht, was . . . eine Haarlocke Silvio Pellico's . . . ich kann mich nicht zum Voraus verbindlich machen . . ."

„Du willst nicht. es ist gut."

„Martha!"

„Nein!"

„Es ist also ernstlich?"

„Ich weiß nicht."

„Aber am Ende, meine Theure . . . ."

„Wohlan, ich will meine Rolle wieder . . . das ist's."

„Aber, meine kleine Martha, bedenke doch . . . ich wünschte recht gerne . . . und wenn Du mir dies nur auch früher gesagt hättest, aber jetzt . . . aufrichtig gesagt, meine Liebe, wenn bereits einmal einige Proben vorüber sind, und man bald zu Ende . . ."

„Wie Du willst."

„Und ferner, soll ich Dir es sagen? Ich habe in diesem Augenblick eine wahre Todesangst, ich zweifle, ja . . . Ist es die Ermüdung der Proben vielleicht? Aber es scheint mir, als hätte ich mir über mein Stück Illusionen gemacht, und daß Deine Rolle . . . Ich werde Dir eine weit weit bessere machen, Du sollst sehen, ich verspreche es Dir . . ."

„Also für bestimmt nein? . . . Es ist gut. Odile wird also meine Rolle behalten . . . Odile wird Beifall erringen . . . Sie wird mir meine Stellung im Theater nehmen, sie wird mich erdrücken . . . sie."

„Laß doch gut sein — thörichtes Kind, Du machst Dir einen warmen Kopf . . . Du legst meinem Stücke eine Bedeutung bei . . . Wenn es seinem Verfasser einen kleinen Namen macht, das wird, soll mich der Teufel holen, auch das Ende der Welt sein!"

„Du willst also nicht, nicht wahr? Du willst durchaus nicht?" erwiederte Martha, indem sie plötzlich das Aussehn trockenster Ironie und einen Blick annahm, hell wie eine schneidende Säbelklinge: „Nun, mein Bester, Du hast vielleicht Recht ... Wäre ich an Deinem Platze, würde ich es vielleicht eben so machen ... Vorerst liebst Du mich, und ich liebe Dich nicht ..."

„Martha!" sagte Carl.

„Aha! da haben wir's ... Was willst Du, daß ich machen soll? ... Ich habe Dich nie geliebt ... Ich habe Dich geheirathet, weil ich eine Schauspielerin war ... ich wollte einen Mann, einen ächten ... und dann, als ich verheirathet war, reute es mich ... Ich hätte Reichere als Dich heirathen können, wo ... ich weiß nicht, was ... Mit einem Wort, ich hatte Dir meine Zukunft geopfert ... Hör 'mal, Du weißt an dem Tage, wo Du von Unter-Meudon zurückkamst? damals log' ich Dich an ... Du weißt wohl noch das Anlehen bei Frau Boudenet ... ich sagte Dir damals, ich hätte es gethan, um mir das Aussehn einer unglücklichen Frau zu geben, daß ich mich habe interessant machen wollen ... Dies war es aber keineswegs .. es war ..."

„Es war?"

Der Ton Carl hielt die Phrase Martha's zurück, die alsdann fortfuhr:

„Du sagtest, es sei geschehen, um Dich herunter zu setzen ... daß ich Dich hierdurch hätte entehren wollen ... Wohlan! es kann dies vielleicht ein wenig der Fall gewesen sein ..."

„Schweig! .. Haft Du denn geschworen ... Du bist wahnsinnig! .. schweig!"

„Warte noch ein Bischen! .. Ich habe auch noch ge= sagt, Du habest alle meine Geschmeide auf das Leihhaus ge= tragen ..."

„Das hast du gesagt?" rief Carl, indem er sie an den Handgelenken ergriff.

„Laß mich .. nun so laß mich doch!" und sie versuchte es, sich aus den Händen Carl's zu entreißen, alsdann aber mit verächtlichem Tone fortfahrend: „Du, Du bist kein Mann, um eine Frau zu schlagen, Du!"

„Hast Du gesagt, ich schlüge Dich? Nicht wahr, Du möchtest es gerne sagen können?"

„Ich habe es gesagt."

Und als Carl mit Thränen in den Augen vernichtet auf einen Stuhl hingesunken war, rief sie:

„Weine! ja gehe und weine ein wenig! das wird Dir gut thun ... Ei! ich habe Dich so noch nie weinen sehen .. O! das drollige Gesicht! .."

Carl erhob sich, sprang auf sie zu, in seiner Verzweiflung aber plötzlich den Gedanken wechselnd, stürzte er sich mit dem Kopf gegen die Wand, um sich das Gehirn zu zerschellen ...: Carl hatte sich wieder emporgerichtet, und fuhr mit der Hand über die Stirne.

„Sieh', Du hast es schlecht gemacht — es ist Dir miß= lungen," sagte Martha.

Carl hatte sie hierauf um den Leib gefaßt und in die Höhe gehoben ... Das Fenster war offen ... Aber er fühlte einen todten Körper in seinen Armen: Martha war vor

dem Blicke ihres Mannes ohnmächtig geworden, sie war
gerettet. Carl ließ sie auf den Boden fallen und stürzte nach
der Treppe, auf die Straße hinab.

LXXVII.

Carl ging in den Straßen umher. Es war bereits spät.
Der Wiederschein der Gaslichter spielte auf den geschlossenen
Läden, auf den menschenleeren Trottoirs, auf dem fetten
Pflaster, auf welchem aus der Ferne her mitunter der dumpfe
Ton eines verspäteten Omnibus sich hören ließ. Carl ging
vor sich hin, verfolgt durch ein kleines, trockenes Geräusch,
durch eine Art Geklapper: es war der Schlag der Lumpensammler gegen ihren Tragkorb. Eine Straße führte ihn in
eine andere, endlich kam er auf die Boulevards.

Carl lief wie ein betrunkener Mensch. Seine Beine
bewegten sich vor ihm voraus und schleppten ihn nur so
nach. Ein verwirrter, unpersönlicher und mechanischer
Wille trieb ihn voran. Nichts von ihm selbst regte sich
mehr in ihm. Er erinnerte sich nicht mehr, er dachte nicht
mehr; er fühlte blos seinen Kopf leer und Etwas wie eine
Fluth, welche in den Ohren eines Ertränkten saust, das war
Alles. Er eilte sich und irrte stets weiter. Die Lichter an
den Coupé's, die Straßenlaternen, die Gasflammen in den
Café's, in den Privatzirkeln, schienen ihm nicht zu leuchten,
sondern zu summen. Er streifte an die Vorübergehenden
an, riß Familien, die sich am Arme führten, auseinander,
um zur Laterne eines Tabackladens zu gehen, von dieser ging
er eilig zu einer andern, indem er mit seiner Schulter die

eisernen Griffe an den Läden herunterdrückte. Dann plötzlich vor Etwas stehen bleibend, betrachtete er es, ohne zu sehen.

Er blieb stieren Blickes vor einem Auslagefenster stehen, welches die Magazinsdiener mit einem Ueberzug bedeckten, oder am Rande eines Trottoirs vor einer Straßenrinne, welche ihr Wasser in ein Abflußloch ergoß, oder auch vor dem Tische einer armen, alten Frau, welche bis zur späten Nachtstunde kleine Zuckerwaaren verkaufte. Auf dem Boulevard Montmartre blieb er lange vor einem Rahmen stehen, wo in allen Farben, und um die Kunst von Schriftzügen darzustellen, die letzte Scene aus „Dreißig Jahre, oder das Leben eines Spielers" gezeichnet war.

Von Zeit zu Zeit durchzog ein stechender Schmerz, ein Blitz sein Gehirn; alsbald aber fiel der Schleier wieder herab, sein Kopf schläferte sich wieder ein, und er rannte dann plötzlich barsch voran . . . er kam so an dem Gymnase vorüber, durchschritt den Boulevard Bonne Nouvelle und gelangte stehen bleibend, vorangehend und um sich schauend endlich bis zur Porte St. Denis, drehte dann dort den Rücken und fiel in die Rue St. Denis. Alles schlief. Nur bei den Delicatessenhändlern allein sah man noch Licht, auch noch einige Weinstuben waren offen, an deren Eingängen das rothleuchtende Kohlenbecken der Kastanienverkäufer stand. Im Innern hörte man lautes Lachen. Carl wurde durch einen Mann in weißer Blouse angerannt, dann von einer Frau angesprochen, die er anhörte und dennoch nicht verstand oder nicht hörte. Er hatte ein oberflächliches Gefühl davon, daß er kalte Füße habe. Das sämmtliche Schwenkwasser der Weinwirthe, welches man auf die Straße geschüttet, war

über seine Füße hingelaufen. Der Schatten führte ihn nun
in Versuchung, wie es früher das Licht gethan, er warf
sich in eine dunkle Straße, in deren Hintergrund ein rother
Schein leuchtete. Er stieß an zerbrochene Rinnsteine, an
Kellerläden und streckte den Kopf in dunkle, aber verschlossene
Hausgänge. Er stolperte über Unrath, glitschte auf den ab-
gelösten Kartoffel- und Aepfel-Schaalen, welche auf der
Straße umherlagen aus, und rannte von einer Seite zur andern
in die mit Schmutz überfüllten Straßenrinnen. Sein Blick
fühlte und irrte umher zwischen zweifelhaften Hellen, welche
sich aus irgend einer Spelunke durch den fetten Vorhang
hindurchstahlen, und heftete sich endlich an einem rothen Trans-
parente fest, wo er dann, Buchstabe für Buchstabe, lange damit
zubrachte, herauszubuchstabiren: Möblirte Zimmer und
Schlafkabinette zu vermiethen, monatweise und für
eine Nacht. Carl ging weiter, er drängte dorthin, wo der
Durchgang enge, dunkel, voll schmutziger Finsterniß war, dem
Aufenthalte des gefährlichsten Gesindels, stets mit einer gewissen Wuth suchend sich zu verirren, sich tausend und tausend
Mal wendend und drehend in allen diesen kleinen, engen,
schmutzigen Gäßchen, welche von der Rue St. Denis nach
der Halle führen, stets voraneilend und mit unsicherm Fuße
ein Todtenecho wiederhallend in diesem Labyrinthe von
Häusern ohne Namen, in diesen Spelunken mit zerbrochenen
Laternen, wo sich bekannte und unbekannte gewisse Leute
zusammenfinden, um die Nachtgeschäfte abzumachen. Endlich erweiterte sich seine Brust, er war an der Halle angekommen.

Er lief stets zu, öffnete die Thüre einer Garküche, setzte

12*

sich an einen mit Wachstuch überzogenen Tisch, über welchem ein Kästchen mit Fächern angebracht war, welches zusammengerollte Servietten aufbewahrte, wußte aber nicht mehr, was er bestellen wollte und ging daher wieder, von Furcht ergriffen, hinweg . . . Seine Füße trugen ihn endlich an seine eigene Thüre. Von der Halle bis an sein Haus sah er nichts weiter als den Schatten einer Lampe an dem Plafond eines Fensters ohne Vorhänge im zweiten Stockwerke eines Hauses in einer Straße.

Carl, zu Hause angekommen, trat in das Zimmer seiner Frau; er traf Martha im Bette.

„So! Sie haben sich schlafen gelegt, Sie? . . . Vielleicht schliefen Sie sogar! . . Stehen Sie auf, und machen Sie daß Sie fortkommen . . . Sehen Sie, Sie gingen zu weit . . . Diesmal ist es aus, fertig für ewige Zeiten . . . ich war noch nie in Versuchung gerathen, die Hand gegen eine Frau zu erheben, aber . . . man weiß nicht . . . ich könnte Sie tödten."

Martha erhob sich. Sie zog sich, mit hübschen Unkeuschheiten und buhlerischer Koketterie untermischt, langsam an. Carl ging großen Schrittes, ohne sie zu betrachten, auf und ab. Martha betrachtete ihn, und man hätte, ihren sonderbaren, bittenden und bezähmten Blick betrachtend, wohl gesagt, daß diese Brutalität, deren sie ihren Mann nicht für fähig gehalten, daß dieser Tod, welchen sie an sich vorübergeführt und dessen Eiskälte sie gefühlt, daß dieser todtenbleiche Zorn, dessen Schritte sie neben sich auf dem Fußboden krachen hörte, daß dieser einem Verbrechen so nahe stehende Mann in ihr Herz in diesem Augenblick jene buhlerische

Demuth legte, welche das Weib verspürt, deren Buhle ihr Furcht einjagt . . .

„Es ist also fertig zwischen uns, Carl? . . fertig für immer?" Carl erwiederte nur durch eine bejahende Kopfbewegung.

„Mein Bester, das thut nichts," sagte ihm Martha, an der Thüre stehend, „ich führe Deinen Namen, — ist doch stets so viel!"

Und sie hüpfte davon.

LXXVIII.

Drei Wochen bereits wurde „Das verzauberte U†", Carl's Stück, einstudirt und die Proben desselben abgehalten. Man war an der vorletzten Probe angelangt, an der Probe, welche der Hauptprobe vorhergeht.

In die Halbnacht des mit Ueberzügen und wie eingepackt aussehenden Theatersaales fällt ein weißer Lichtstreifen aus einer Oeffnung vom „Paradies" herunter und legt sich schräge auf die linke Seite des Publikums. Das Licht von Außen schlägt an die rothen Logenvorhänge an und giebt denselben hierdurch das Transparent des Feuers. Inmitten dieses dämmernden Tages glänzt in prismatischen Blitzen wie Rubinen und Smaragden der in der Mitte herabhängende Kronleuchter.

Im Orchester, im Saale, auf den Balcon's der Vorderscenen, da und dort herumgesäte schwarze Punkte, sie sind das Publikum: etwa vierzig Augen, die herabschauen. Auf der Scene selbst ist die Lichterrampe sehr weit herabgelassen, und

in den Zwischenakten, während des Decorationswechsels,
zwischen dem Plafond und zwischen den langsam herab=
steigenden Decorationen sieht man oberflächlich ein Gerüste,
welches sich wie das Zimmerwerk eines Kirchthurms aus=
nimmt, oder auch wie die Abstufungen eines Gletschers beim
Mondschein betrachtet.

Der Liebhaber ist ganz tief in eine Cachenez gehüllt.
Die Schauspieler machen blos die Geberde des Hutabneh=
mens, ohne ihn wirklich abzunehmen. Ich weiß nicht, was
Nächtliches, Stilles, Fantomartiges und geheimnißvoll
Todtes um diese, den Schnupfen bekommende Comödie
herumirrt und sich auf sie hinlagert.

„Glauben Sie an Beifall?"

Dies wurde von einem Schatten zu einem andern
Schatten in einer Loge der Vorderscene gesprochen.

„Und selbst an einen großen, ja," erwiederte die Stimme
Rachette's der Stimme Martha's, „nach dieser letzten Scene
da hält er sein Publikum gefesselt .. Unter uns gesagt: sein
Ding ist sehr gut gemacht . . . ich hätte nicht geglaubt . . .
Und dann wird er auch gehalten werden .. Wenn Sie ihn
wollen auspfeifen lassen, — dann wird er gerufen, denken
Sie daran, was ich Ihnen sage . . . Sie können die Logen
für sich haben, — der Saal ist für ihn . . . Und die
Feuilletons! Er hat Freunde, wahre Freunde im Feuilleton . . .
und die werden einheizen . . . Aber diese kleine Odile ist ganz
kostbar .. Es giebt Frauen, die man nie betrachtet . . . Auf
Ehrenwort, ich hatte sie nie angesehen . . . Aber wissen Sie
auch, daß sie Ihnen da einen Streich gespielt hat, indem sie
Ihre Rolle übernahm . . . das wird sie ordentlich in die Höhe

bringen . . . Sehr gut, meiner Treu, sehr gut! . . Dieses
Kind ist im Stande, über Ihren Leib dahinzusteigen . . ."

„Sie haben Wörter an sich . . . mein Bester! Wer ist
diese Frau dort, auf der andern Seite des Balcons?"

„Das muß . . . ja . . . das ist die Crecy . . . Sie
wissen, daß sie eine Flamme für Ihren Mann in sich fühlt . . .
Das wußten Sie nicht? Ach! eine wahre Verrücktheit, eine
Lust! . . . Sonderbar mit diesen Geschöpfen . . . Die Liebe
überkömmt sie . . . gerade wie die Andern . . ."

Martha unterbrach ihn:

„Nicht wahr, die Freunde Carl's sind: Lampérière,
Franchemont, Remonville, Voisroger und Laligant? . . ."

„Ja, so ist es."

Nach einigem Stillschweigen begann Martha wieder:

„Und Sie glauben positiv an einen großen Beifall,
Nachette?"

„Da sehen Sie sie selbst an . . . nein, sehen Sie sie doch an
. . . denn sie hat eine Gesichtsbildung, diese kleine Odile da . . .
Was sagten Sie? Von dem Beifall . . nun, das ist doch klar
wie der Tag . . . Haben Sie so eben lachen hören?"

Martha sagte nichts mehr.

„Was fehlt Ihnen?" fragte Nachette.

„Ich denke."

„An was?"

„An Nichts!"

Nach beendigter Probe führte Nachette Martha nach
Hause. Seitdem sie ihren Mann verlassen, war Nachette
ihr Ehrencavalier geworden. Er begleitete sie auswärts und
war zu Hause ihre Gesellschaft. Die Plauderer hatten ihn

zuerst für den Liebhaber Martha's gehalten, aber gewisse bittere Worte Martha's, Spöttereien, welche nie aus einem Munde kommen, der liebt, hatte die Beobachter eines Andern belehrt, welche nun darin einstimmten, daß Nachette nur ein Marterholz, ein Patito der Weiberlaunen, ein Stellvertreter des Gemahls in seiner Rolle eines Märtyrers sei.

Nachette ließ gewähren und schien hinlänglich befriedigt, das große Publikum zu täuschen und bei Einfaltspinseln dafür zu gelten, daß er auf dem intimsten Fuße mit dieser schönen, jungen Frau stehe, die stets an seinem Arme hing.

Kaum in ihrem Zimmer angelangt, warf Martha Hut und Shawl von sich, nahm ein kleines Kästchen, öffnete dessen Schloß und zog Briefe aus demselben hervor.

Nachette beobachtete sie, suchte zu errathen und errieth nicht, und sah blos ein boshaftes Lächeln um den Mund Martha's herumspielen.

„Was ist das?"

„Briefe", sagte Martha.

„Das sehe ich wohl."

„Ach! er hat viel Geist . . ."

„Wer?"

„Mein Mann."

„Daran habe ich nie gezweifelt . . Was weiter?"

„Ach, mein Bester!" ließ Martha stets lächelnd sich entgehen, indem sie sich mit einem kleinen dämonischen Aussehn zurückwarf, „wenn ich wollte! . . Wie nannten Sie schon seine Freunde . . . seine Freunde, welche sein Stück stützen werden?"

„Sie wissen es wohl, wie sie heißen, es sind: Franchemont, Lampérière und all' die Andern, die Sie soeben erst nannten."

„Wenn ich wollte," wiederholte Martha, mit den Augen einen der Briefe durchlaufend. „Da sehen Sie!"

Und Sie las Rachette ungefähr zehn Zeilen vor, wo die Bestrebungen und geheimsten Illusionen Lampérière's spöttisch gemacht und lebhaft parodirt waren.

Diese Briefe hatte Carl vor seiner Heirath geschrieben, damals als Martha sich zu Brüssel befand.

Carl, verliebt, befürchtend, vergessen zu werden, rief sich Martha jeden Morgen durch eine Art kleiner Zeitung in's Gedächtniß, die er sich bemühte, durch Lustigkeit und attisches Salz zu würzen, um die Schauspielerin nicht fortwährend mit Betheuerungen, Fadheiten, Zärtlichkeiten und der Einsilbigkeit seiner Liebe unterhalten zu müssen. Er machte aus Allem ein Epigramm, um sie zum Lachen zu bringen, aus Paris, aus seinen Freunden, aus sich selbst, und Alle, die ihm unter die Feder fielen, wurden mit einem tüchtigen Klapps entlassen, wobei aber sein Herz nicht Uebles dachte, dennoch aber unglücklicherweise stets eine wunde Stelle jedes Einzelnen berührte, die einzige Lächerlichkeit, aus welcher selbst die am wenigsten Empfindlichen eine Frage der Schaam, und beinahe eine Frage der Ehre machen; aus jenem unmerklichen Punkte, aus jenem Nichts eines Charakters, des Geistes oder des Ansehns, der Gesichtsbildung ꝛc., welche bei Allen der verwundbare Fleck der Eitelkeit ist.

Das Uebel wäre minder groß gewesen, falls Carl nur an das Talent der Leute gegriffen, aber er griff an die Schleife ihrer Cravatte, an die Form ihrer Nägel, und diese

Indiscretionen, inmitten des Gelächters der Unterhaltung hineingeworfen, wären vergessen worden, diese geschriebenen Indiscretionen aber, veröffentlicht und unter das Publikum kommend, mußten aus allen seinen Freunden ihm erbitterte Feinde machen.

„Aha! Da ist Franchemont .." und Martha las die Stelle. Dann kam Remonville an die Reihe, dann Laligant, dann Voisroger.

„Das ist ja eine wahre Vorsehung," sagte Nachette ernst, indem er dabei Martha scharf ansah.

„O!" sagte Martha indem sie die Briefe in's Kästchen fallen ließ .. „Können Sie glauben ... Sie werden begreifen, daß ich niemals mich ihrer bedienen werde ..."

„Ja, das ist wahr ... Sie können sich derselben nicht bedienen ... Wohlan, es bleibt dabei ... Demailly wird einen Beifall ernten, wie schon lange keiner dagewesen ... Odile wird Ihr erneutes Engagement am Gymnase hintertreiben ... Und der Beifall, wissen Sie, was das heißen will? Der Beifall bringt Alles einander nahe! Die Anhänglichkeit, die Achtung, das Mitleiden ... Alles! Am Morgen nach der Vorstellung wird Demailly ein guter Gemahl sein ... Bisjetzt haben Sie die öffentliche Meinung für sich, Sie werden sie von dort an gegen sich haben. Er, er wird die hübsche Rolle haben, Sie ..."

„Sie thun Unrecht mit dem, was Sie mir da anzurathen scheinen ..."

„Ich? Ich rathe nichts an .. Wieviel Uhr ist es? ich will zum Diner gehen ..."

„Da hören Sie noch über Lampérière . . :" und sie las.
„Nun?"

„Nun, man muß Ihnen diesen Dienst leisten . . ." und
mit einer Handbewegung entzog Nachette ihr die Briefe.
„nämlich den Dienst, dies zu hindern!"

„Nachette! Nachette! Hören Sie, meine Briefe! geben
Sie mir meine Briefe zurück! . . Es ist unmöglich! . . Das
wäre schrecklich . . . ."

„Nur keine Kinderei, meine Theuerste! . . . Sie haben
die Wohnung gewechselt, die Wohnungswechsel sind extra
zum Verlieren von Correspondenzen geschaffen . . ."

„Aber, mein Gott! Nachette — was wollen Sie aber
denn damit machen?"

„Das werde ich Ihnen am Sonntag sagen," und Nachette ergriff lebhaft seinen Hut und verschwand, ohne Martha
auch nur Zeit zum Nachdenken zu lassen.

LXXIX.

„Nach der Straße Childebert Nummer vier, und schnell!"
sagte Nachette zum Kutscher, indem er sich in einen Mieth-
wagen warf. Unterwegs durchlas er die Briefe und schrieb
mit einem Bleistift ungefähr zwanzig Stellen in seine Schreib-
tafel, die er aus der Tasche gezogen. Seine Arbeit war
gerade beendigt, als der Wagen anhielt. Er stürzte sich
gegen eine feuchte, schmutzige Treppe, stieg in den dritten
Stock hinauf und zog an einem Draht, der als Schellenzug
diente.

„Der Schlüssel steckt ja an der Thüre," grollte eine
Stimme von innen.

Nachette trat in das Zimmer, dessen Tapete in Fetzen zerfiel. In einer Ecke stand eine ehemals weiß bemalt gewesene, schmutzige Bettlade und noch schmutzigere Betttücher überdeckten die Höhlung eines ungemachten Bettes. Packete zusammengebundener Papiere lagen auf dem Boden zerstreut umher. Auf dem Kamin stand eine Büste Rousseau's und eine solche Voltaire's, diese beiden Götter des Autographen.

Hier saß ein Mann, roth, mit bläulichen Blutstreifen unterlaufenen Backen, wie man dies oft bei gewissen Greisen findet, die nackten Füße in Sahlbandschuhe gesteckt, beide Beine gegen einen erloschenen Ofen haltend, und vor sich ein Wirthsglas, welches zu zwei Drittel mit Branntwein angefüllt war.

„Herr Gagneur?“ sagte Nachette ironisch und ganz tief grüßend.

„Setz' Deinen Hut auf,“ erwiederte der Mann, „Deine Läuse könnten sonst den Schnupfen bekommen.“

„Du bist stets der Nämliche, alter Schurke,“ sagte Nachette, indem er sich wieder bedeckte.

„Nur nicht genirt mit Deinem Adoptivvater, der Dich in Paris auf die Beine gebracht, Undankbarer! .. Du scheinst mir so ziemlich anständig herausgeputzt ...“

„Und der Handel?“

„Nein beim Teufel, gar nichts mehr' .. Ach! wenn der Herr Staatsprokurator mir hätte erlauben wollen, meinen alten Handel fortzusetzen ... das ging so ziemlich ... die liebe Schuljugend und die Alten beißen in solche Bücher wie Engel ...“

„Kannst Dich kürzer fassen . . . Wir kennen Deine Unglücksfälle."

„Ja . . Wohlan! Die großen Männer, siehst Du, die sind noch weniger fest, als die Rente . . . Hast Du Jemand . . . Du hast ja jetzt Bekanntschaften . . . Hast Du Jemanden, der mir eine Sammlung Briefe der Guillotinirten der Juli-Dynastie abkaufen will? Ich habe eine sehr vollständige. . . . Aber, was willst Du denn eigentlich? Was steht zu Diensten: und mache mir nicht Deinen quoniam bonus . . . Was ist das da?"

„Briefe."

„Gut . . Weiter?"

„Dieses Paquet muß catalogisirt und Stellen daraus ausgezogen werden, ich habe sie mit Bleistift angestrichen und dann muß man drucken lassen unter der Rubrik: Verkauf einer hübschen Sammlung Autographen . . ."

„Und die Andern?"

„Welche Andern?"

„Die andern Briefe . . . Du willst daß ich mit Diesem da einen Verkauf zu Wege bringen soll? . . und dazu noch einen Namen, den ich nicht kenne . . ."

„Wohlan! Du nimmst noch die Andern dazu, um welche Du mich betrogen hast . . . Du hast mir ganze Massen genommen! . . Du fügst allenfalls noch einige Wohlthäter der Menschheit und von Deinen Guillotinirten dazu . . . da die Sache ja doch nicht verkauft wird."

„So! Die Geschichte ist nicht für den Verkauf bestimmt? . . . Was bezahlst Du aber dann?"

„Fünf Louisdor, mein ganzes Vermögen, da nimm,"

sagte Rachette, indem er gleichzeitig die vier Futter seiner
beiden Hosen- und Westentaschen umkehrte ... „zehn Andere
folgen Samstag beim ersten Probeabzug, hier nimm einst-
weilen."

„Dies Geschäft macht nicht fett, mein Junge."

„Ich verspreche Dir außer diesem noch eine Correspondenz
der Dejazet ... welche einer meiner Freunde besitzt und die
er mir geben soll ... Und da sagst Du alter Bösewicht noch,
man vergäße Dich! ... Außerdem werde ich noch eine
Masse von Autographen als Direktor eines großen Journals erhalten ... Vielleicht läßt sich für die Annoncen ein
Vertrauensposten für Dich herausfinden."

„Schwätzer! .. Man sieht wohl, daß Du keinen Zügel
im Mund hast ... Mag aber immerhin sein ... man muß
Etwas für die Kinder thun, die man hat auf die Welt
kommen sehen ... Und das Risico?"

„Durchaus keine Gefahr ... Es ist der rechtmäßige
Besitzer auch der Verkäufer ... Abgemacht ... Du wirst
mit dem, was Du noch beigiebst, einen Bogen machen ...
Der erste Abzug auf Sonntag früh, ganz sicher, verstehst Du
mich? ich muß ihn haben .... Du läßt austheilen, und in
acht Tagen darauf werde ich Dich dann anzeigen lassen, daß
der Verkauf nicht stattfindet ... ein reicher, fremder Liebhaber hat dann den gesammten Wichs angeblich zusammen-
gekauft ... Die Briefe bringst Du mir mit dem Abzug
wieder zurück."

„Nein, die behalte ich ... Wenn der Unterzeichner sie
zurückkaufen wollte? ich habe Unkosten und decke mich, das
ist natürlich!"

„Wie Du willst . . . ist mir einerlei . . . und Du bist
dafür bezahlt, mich nicht zu nennen . . . Sonntag früh den
ersten Abzug, he? Ich muß absolut bis Sonntag darauf
zählen können . . . Ach! Es stehen da so viele **Meine
Theuerste** . . . streiche diese **Meine Theuerste** hinweg . . .
sie sind unnöthig."

„Begriffen! Man wird das Publikum nicht in die
Geheimnisse einweihen und ihm sagen, daß die Briefe an
eine Dame gerichtet waren . . . Frauenehre! Begreife . . ."

„Du hast errathen."

Und Nachette wandte sich zur Thüre.

„Du gehst schon? . . bleib doch noch eine Minute . . .
es regnet so stark, daß die Hunde aufrecht trinken können . . .
Wir plaudern ein wenig von zu Hause."

„Ich habe einen Wagen unten und habe Eile." Und
Nachette war im Begriff fortzugehen.

„Hör' doch, mein Sohn!" sagte Gagneur schalkhaft,
indem er Nachette's rothe Haare betrachtete, „weißt Du auch,
daß der liebe Herrgott Dir eine große Gnade erwiesen? Er
wollte Dich verbrennen . . . und hat Dich nur gesengt."

LXXX.

„So! da wäre ich gedeckt," sagte Nachette, in seinen
Wagen steigend.

„Was kann man mir sagen? Nichts. Ich lasse nur
einen Catalog wiederholen und in vierhundert Exemplaren
abziehen. Meine Antwort ist einfach: Da habt Ihr den
Catalog! da! da, da ist er! . ."

Er sah auf seine Uhr: „Acht Uhr!.. Teufel! Ich
komme heute nicht zum Essen . . . Kutscher, vorwärts! . . .
Ich muß noch Zeit haben, um mich herauszuputzen . . .“

„Bezahlen Sie den Kutscher,“ sagte er zum Portier,
der sich verbeugte und ihm in's Ohr raunte: „Es ist eine
kleine Dame oben und wartet auf Sie.“

„Wie? Sie lassen Leute hinauf . . . wenn ich nicht
da bin?“

„Ich glaubte, es sei eine alte . . . Bekannte des Herrn.“

„Vor Allem, weder eine alte, noch eine neue . . . Verstehen Sie mich?“

„Ach, Sie sind es, Martha?“ sagte Nachette eintretend.

„Ja, mein lieber Nachette . . . Ich habe überlegt . . .
Ernstlich, es wäre gehässig! . . Sie wollten mir einen Dienst
leisten . . . aber, in der That, geben Sie mir die Briefe
wieder . . nicht wahr?“

„Thut mir leid, meine theure Martha . . . Die Revolu-
tionen haben ein Wort für das, was ich sagen will: Zu
spät!“

„Sagen Sie nur das nicht, Nachette! Nein, Sie wollten
selbst nicht . . .“

„Ich weiß nicht,“ erwiederte Nachette, sich in einen kalten
Blick einhüllend.

„Sehen Sie . . . Sie lieben mich wohl ein Bißchen . . .“
Und Martha rief ihn zu sich mit allem Liebesgeplänkel und
allen ihren Liebkosungen.

„Ich?“ Und Nachette brach in ein Lachen aus, daß
die Fensterscheiben davon erzitterten.

„O! . . . Sie haben mir Angst gemacht! . . Bitte . . sputen Sie sich . . . Mein kleiner Nachette, meine Briefe . . ."

Die Augen Nachette's entzündeten sich plötzlich, die Augen der wilden Thiere schießen solche Blitze. „Begreifen Sie denn nicht, daß ich mich über Sie lustig gemacht?" Und ein weiteres Lachen erfolgte, seine dumpfe Stimme vibrirte. „Haben Sie denn nicht begriffen, daß der garstige Affe wegen etwas Anderm in Ihr Leben eindrang, als um Sie zu lieben? Ich, Sie lieben, Sie? . . Haben Sie denn auch nur für zwei Sous Herz? . . . Eine Frau, welche sich damit belustigte, auf der Liebe eines Mannes, welcher sie liebte, herumzutreten und das Publikum mit Füßen darauf herumtreten zu lassen! . . Ihr Corset? ach! beim Henker, man weiß recht gut, was unter demselben steckt: Fleisch über einem Kieselstein! . . Schönes Glück hatten Sie aber dennoch, daß Sie ein einfältiges Herz fanden, das Sie wie ein Narr liebte; Sie, eine Theaternymphe, welche der erste Beste duzt und um die Hüften anfaßt! . . . Er hatte Ihnen die Ehre erwiesen, Sie ein für allemal zu beirathen . . vor einem ächten Maire . . Das, was er in dem Kopfe hatte, gedachte er Ihnen in den Mund zu legen, um Sie zur Hälfte seines Gedankens zu machen, zur Hälfte des ihm zu Theil werdenden Beifalls . . Und Sie glauben, daß man zwei solcher Einfaltspinsel im Leben finden kann? Ich? Haben Sie denn nicht gefühlt, daß Sie weiter nichts als ein Instrument unter meinen Händen waren, das mir zu irgend etwas dienen sollte? . . Haben Sie mich denn nicht angesehn? Haben Sie denn nicht gesehn, daß dieses Glück Carl's mich bespritzte? . . daß ich eifersüchtig war, ja eifersüchtig auf jenes Vermögen, welches ihn zu seinem Herrn und von der Arbeit frei machte, welche abtödtet, eifersüchtig auf seinen häuslichen Herd, welcher mir Runzeln verursachte, eifersüchtig auf die Freundschaften, welche sich ihm zuwandten; eifersüchtig auf seinen Namen, auf sein Gesicht, auf sein Buch . . Eifersüchtig auf Alles war! Sie haben das Alles nicht gerochen, nicht aufgebracht, noch errathen? . . . Sie sind dumm wie ein Stück Holz!"

„Mein Herr."

„Ja, ich bin in Ihr Haus getreten, um die Lampe umzuwerfen und Etwas von dem, was mich kitzelte und mich verzehrte, auf Sie zu laden . . . Begreifen Sie nun bald? . . Sie lieben . . . Ach! das stellten Sie sich vor? . . . Dazu, meine Beste, habe ich keine Zeit . . . Aber in kurzer Zeit . . . wenn mich der Gedanke anwandeln sollte . . . denn am Ende von was? . . Sie haben kein Talent, Ihre Grimassen naiver Mädchen fangen an sich abzunutzen, Ihre Schönheit ist schlecht in Wolle gefärbt . . . Vom Theater kann nicht lange mehr die Rede sein und da unten . . . eines schönen Abends . . . eines Abends, wo ich recht gut zu Mittag gespeist . . . . dann . . ."

„Mein Herr!" sagte Martha, auf einen Stuhl gesunken.

„Wir werden dann von verschiedenen Sachen reden . . . Von dem schönen kleinen Salon Ihres Mannes . . . Von den Kindern, welche Sie hätten haben können . . . Man sagt, daß die Mütterlichkeit eine Saite sei, welche bei der Frau nicht zerreiße: wir werden das sehen! . . Bitte tausendmal um Entschuldigung, ich halte Sie nicht länger mehr zurück . . ." Und eine schauderhafte Gauklerstimme annehmend, rief er: „Ich kleide mich an . . ." Dabei löſte er bereits ſeine Cravatte los.

Als Martha hinweggegangen ſagte Nachette, vor einem Spiegel ſtehend und wie wüthend auf ſeine Zähne hinein-bürſtend: „So etwas erleichtert! — Endlich wird es gehen! — Ich bin Puiſignleur ſicher und . . . heute iſt ja in der That die Einladung Couturat's, es iſt doch wohl auch richtig heute Abend?" Und dabei überlas er folgenden Brief:

Mein Alter!

Ich habe einen geſpickten Beutel. — Dein Couvert iſt Freitag den 18ten von neun Uhr Abends bis zum Morgen für Dich bereit gehalten. Das Feſt wird in dem Atelier von Girouſt abgehalten, der in ſeine Heimath gereiſt iſt, um grüne Lichtſchirme zu kaufen. Wir werden Maria und einen andern Engel um uns haben.

Dein

Couturat.

LXXXI.

Es war kaum halb zehn Uhr, als Nachette ſeinen Eintritt in das Atelier Girouſt vollzog.

„He?" rief Couturat, indem er mit dem Auge eine Frau bezeichnete, welche Maria begleitete.

„Schwalben!" erwiederte Nachette, ſich einer jener Pariſer Ausdrücke bedienend, welche nur die Eingeweihten verſtehen.

„Meine Tochter," ſagte Couturat zu dem von Nachette ſo bezeichneten Mädchen, „nur keine Aufregung, aber deſto

13 *

mehr Liebenswürdigkeit . . . Der Herr da ist der Direktor
des Delassement Comique!"

„Der Herr ist? . .." Und das arme Mädchen betrachtete
Nachette, wie ein armer Teufel einen Geldwechsler betrachtet.

„Er selbst!" nahm Nachette auf, der das Augenblinzeln
Couturat's verstanden und seine Rolle antrat: „Ja, meine
Beste, der engagirende Mann, der bin ich."

Man setzte sich um den Tisch herum, Couturat an Maria's Seite, Nachette an die Seite von Hermance, so nannte
sich Maria's Gefährtin.

„Es giebt eine Kategorie von Schauspielerinnen," sagte
Nachette zu seiner Nachbarin, „gerade wie es Kategorien
von Fleisch giebt . . . Das müssen Sie sich nicht verbergen
. . . es giebt Frauen, welche Geld dazu geben, um auftreten
zu dürfen . . . das ist nicht Ihr Genre . . . gut . . Wir
haben Frauen, die ein Engagement abgeschlossen, welches sie
zeigen können . . . Sie begreifen . . . die wir aber nicht
bezahlen . . . das ist immer noch nicht Ihre Sache, mein
kleiner Wolf . . . Dann haben wir noch die erste Qualität
. . . die wirklichen Engagements . . . die authentischen Engagements, authentisch wie ein Sparkassenbüchlein! . . ."

Hermance wagte ein: „Muß man un . . ."

„Was man haben muß? . . Man muß Alles haben:
Haare, Augen, Zähne und Waden! Alles, was Sie haben
. . . Wenn Sie dazu noch obendrein das Talent von Fräu-
lein Mars oder von Alphonsine besitzen, so kann das nicht
schaden. Sie reden nicht durch die Nase, das ist auch schon
Etwas; und mit Protektionen . . ."

„Aber ich kenne Niemand . . ."

„Und der Direktor, meine Theuerste?" sagte Rachette, galant werdend.

Die beiden Männer und beide Mädchen tranken und aßen. Rachette, von Couturat stets angeregt, ließ sein Glas keine Minute leer, er trank mehr als Jedermann, hierzu recitirte ihm Hermance mit einem Schlucken und scandirten Halbversen, den Traum Athalien's, wodurch er in solche Rührung und Zärtlichkeit versetzt wurde, daß hierdurch vielleicht auch einiger Theil der Ehre dem Weine Couturat's ebensogut als dem Talente Hermance's zugemessen werden mußte.

Maria hatte ihrerseits ein Lied in Patoissprache mit Messerbegleitung an den Trinkgläsern begonnen, als sie, sich selbst unterbrechend, sich an Couturat wandte: „Sag' mal, Couturat, was bedeuten denn alle diese Dummheiten da?" Und Maria zeigte dabei auf eine Trophäe an der Mauer, aus tausend kleinen weißseidenen Schuhen bestehend, mit Rosetten und farbigen Bändern verziert.

„Das sind Schuhe spanischer Tänzerinnen, welche wir von unsern Reisen mitgebracht haben . . . autographische Schuhe."

Maria sprang auf einen Stuhl, nahm einen der Schuhe mit einer Rosaschleife herab, der so klein war, daß es eine chinesische Mutter nicht gewagt haben würde, den Fuß ihrer Tochter da hineinzuwagen, und sie hielt ihn Couturat unter die Nase:

„Und über diesem Schuh gab es in der That ein Frauenzimmer?"

„Beinahe!" sagte Couturat.

Die Männer rauchten. Die Mädchen brachten ein Lied um's Leben, erwürgten eine Oper, oder verschlangen irgend eine Frucht.

„Aber man befindet sich ganz schlecht da! das sägt einem den Rücken durch, so an diesem Tisch zu sitzen," sagte Maria.

„Der Gedanke ist nicht übel," sagte Couturat. „Wenn wir das Tischgestell hinwegnähmen, wie meint Ihr?"

Man legte die Tischplatte auf den Boden und Jeder legte oder setzte sich in der ihm beliebigen Stellung um dieselbe herum, in jenen Stellungen ungebundener Freiheit nach einem feinen Souper, welche man auf den Bildern Lancret's sieht.

Nachette auf dem Bauche liegend, mit einer türkischen Pfeife verheirathet und in eine dichte Rauchwolke gehüllt, erzählte Hermance, mit dem Kopfe auf einem Kissen liegend, das Stück, in welchem er sie debütiren lassen werde, die Worte welche sie zu sagen und die Tricots, welche sie anzulegen habe.

Couturat, auf Türkenart mit unterschlagenen Beinen, den Rücken an die Mauer gelehnt, dasitzend, und seine Schulter dem Kopfe der beinahe eingeschlafenen Maria als Stützpunkt bietend, betrachtete von Zeit zu Zeit die Stunde auf einer großen Stutzuhr, deren Zeiger vier Uhr Morgens anzeigten. Auf dem Tische herrschte jenes Durcheinander, welches keine Einbildung sich vorstellen kann, wer nicht den Orgien der Pariser Jugend in ihren tiefsten Falten einmal diesen Anblick abgelauscht. Gläser aller Art schienen wie verschiedenartige Truppen auf dem Kampfplatze in Verwirrung umherzuirren, hier große Wassergläser der zarten

Fräuleins, um sich nicht zu sehr zu benebeln, dort ein halb-
gefülltes Glas mit dem blonden Rheinwein, nebenan mit
neidischem Auge, wie der Wächter eines kleinen Kirchthurmes,
der blaßrothe Champagner, der aus Zorn über den Rheinwein stets Bläschen in die Höhe wirft. Die chinesischen
Dessertteller haben sich zusammengerückt und sehen aus, als
ob sie Kriegsrath hielten. Runde Pflaumen liegen wie
Sechspfünder umher, Traubenbeeren sind auf dem Tische da
und dort herum wie Kleingewehrkugeln zerstreut, Fruchtkerne,
Traubenstiele, Zuckerzangen, Orangenschaalen, grüne Blätter,
Brodkugeln, wie Laufgräben ausgehöhlte längliche Brode,
Pyramiden von Aepfeln und Birnen, Ueberreste von Torten,
Gefäße mit eingemachten Früchten, Alles dies liegt wie nach
einer Plünderung auf dem Kampfplatz umher und bezeugt
die Hitze des Gefechts. Von dem Plafond herab wird
dieses Bild durch einen venetianischen Kronleuchter erhellt,
welcher noch auf dem Tische zahlreiche Wachskerzen als
Adjutanten hat. Es ist nun bald fünf Uhr. Plötzlich
wird die Glocke angeläutet.

„Ach, es ist ja auch wahr!“ sagte Couturat, „ich hatte
es ganz vergessen . . . bitte um Verzeihung, meine Damen
und Herr . . . aber ich schlage mich diesen Morgen . . .“
Und sich über Hermance beugend, raunte er ihr in's Ohr:
„Du weißt, daß ich nicht weiß, daß Du die Maitresse von
Puisignieux bist . . .“ und er legte ihren Kopf sanft auf
die Brust Nachette's.

Der durch Couturat eingeführte junge Mann war in
einen großen Mantel gewickelt, welcher sich rechts unter einem

Pistolenkästchen auseinanderschlug und hinten durch die Spitzen von zwei Degen in die Höhe hob.

„Meine Damen, der Herr Baron v. Puisignieur . . . Besten Dank! Du bist pünktlich . . . Du siehst, ich bereitete mich auf den Tod en famille vor . . ."

Puisignieur sah Hermance, er sah Nachette. Er hatte einen jener Blicke, welche die Leute tödten möchten; er sagte: „Ah!" und setzte sich.

Nachette, der gerade noch so viel kaltes Blut hatte, um den Baron wieder zu erkennen, verwirrt und redend, um zu reden, sagte zu Couturat:

„Wie? . . . Was soll diese Posse da bedeuten? . . Du schlägst Dich?"

„Ja . . einer Sache wegen, die so dumm ist . . dumm! . . . ein Aneinanderstoßen, welches durch eine Ohrfeige endigte . . . meine Hand, die sich auf der Wange eines Engländers befand . . . Leute die uns trennen wollten . . . Der Engländer ruft mir zu: Uebermorgen auf der Terrasse St. Germain, sieben Uhr! und er wirft mir dabei seine Karte zu, ich stecke sie in meine Tasche, komme nach Hause, betrachte sie und sehe: London Piccadilly . . . Ich bin auf einen Engländer gestoßen, der London bewohnt, auf den einzigen Engländer, der nicht Neapel oder Windsor Hotel wohnt! . . Unmöglich, unsere Zeugen in Beziehung zu setzen, Du begreifst das . . . Sie werden sich auf dem Kampfplatz mit einander besprechen . . . Ich zählte auf Dich, Du hättest mir Puisignieur die Sache abmachen können . . . Aber Du scheinst mir ein wenig angesäuselt . . . Wenn Du aufgeregt bist . . . dann nehme ich im Vorbeigehen Bourniche mit."

Und da er Puisignieux in einer dumpfen und wüthenden
Stellung dasitzen sah, fuhr er fort: „Du siehst aus wie ein
aus Marmor gehauener Seelenschmerz oder wie ein bestohlener
Cassirer, nicht wahr, mein Junge ... Was ist Dir denn
über die Leber gelaufen, he? .. Und Du auch, was ist denn
Dir zugestoßen? .." sagte Couturat zu Hermance. „Her-
mance, meine Theuerste, Sie sehen zu sauer drein, um nicht
Unrecht gethan zu haben!"

Und zu Puisignieux sich wendend: „Ist es nicht so? ..
Ah bah, mein Theurer, was willst Du weiter? ein kleines
Unglück! Ich bin untröstlich ... aber das passirt ja
Jedermann und Du wärst, wenn Du Nachette deshalb böse
würdest, ebenso dumm wie ein Blinder, der Dir auf ein
Hühnerauge tritt ... zum Teufel! er konnte es ja nicht
riechen ... Siehst Du, da haben wir's, was dabei heraus-
kömmt, wenn man seine Maitressen seinen Freunden verbirgt
... Nun aber keinen Scherz — wir kommen sonst zu spät ...
Gieb Maria den Arm, Puisignieux ... Für Dich, Nachette,
einen Freundesrath: da wirf Dich auf das Bett Giroust's,
Du giebst den Schlüssel unten ab ... So .. nun aber vorwärts!" Und Hermance beim Arm nehmend: „Kein
Wort!" sagte Couturat leise zu ihr, „Du verlierst ihn nicht
— er wird noch artiger gegen Dich werden, als früher ...
Dein Engagement ist auf dem Feuer und kocht ... Du
weißt, daß ich den Frauen Wort halte."

Man führte die Mädchen nach Hause. Alsdann trom-
melte man Bourniche heraus, welcher in die Geschichte
Couturat's wie ein Maikäfer in eine Laterne trat. Er
verbreitete sich in Fragen und Einwendungen bis nach

St. Germain; er hatte diesen Engländer gesehen, er war sicher, ihm begegnet zu sein. Er nahm einen Plan der Ohrfeige auf, er erzählte sich die Scene, und verlangte von Couturat zum zweiten Male die Darlegung der Thatsachen, stellte sich die Zeugen in Gedanken vor, die sie finden würden, und hing sich zu den Wagenfenstern hinaus, um einen englischen Backenbart zu entdecken, und als er nichts sah, fiel er auf's Neue über Couturat mit Fragen her, der ihn aber nun zum Teufel wünschte.

Zu St. Germain angekommen, durchzogen sie die ganze Terrasse. Niemand zu hören, noch zu sehen. Eine Stunde verging. Nichts. Couturat schickte Bourniche, um sich im Pavillon Henri IV. und in den umliegenden Hotels zu erkundigen, nirgends war ein Engländer erschienen. Um zehn Uhr erklärte Bourniche, daß er nöthig habe, um Mittag in Paris zu sein. Couturat erinnerte sich, einen in St. Germain in Garnison befindlichen Offizier zu kennen, der ihm nicht verweigern würde, sein Secundant zu sein, und indem er Bourniche verabschiedete, erklärte er für sich, daß er den ganzen Tag warten würde, — „nach Art der Spanier".

Mit Puisignieux allein geblieben, führte Couturat ihn in dem Walde spazieren, und hier in dem Gehölze, in dieser geheimnißvollen und sanften Atmosphäre, in dieser Luft, welche das Herz öffnet und die Seele geschmeidig macht, von allen Aufregungen des Ortes und der Gelegenheit Nutzen ziehend, nahm Couturat die Stimme und den Ton eines zum Sterben bereiten Menschen an und der vorher noch einem Freunde beichtet, und entfernte demgemäß auch aus dem gewöhnlichen Couturat, welchen Puisignieux kannte, alle

Plauderei und Spötterei, so daß er wie ein ganz anderer Mensch erschien.

Da gab es liebkosende Noten, sanfte Trauerworte, er drückte sein Bedauern über den Kummer Puisignieur' aus, hörte ihn aufmerksam an, umarmte, begriff, verband, wiegte ihn, besonders aber achtete er ihn hoch und unternahm es nicht, ihn zu trösten.

Er bemitleidete ihn, beweinte seine betrogene Liebe, über-ließ sich ihm ganz — sagte auch, er sei betrogen worden; — und das war das Meisterstück Couturat's — daß er ihm seine erste Liebe erzählte, diese erste Betrügerei, welche ihn, er gestand es ein, ironisch und schlecht gemacht habe. Er hielt ihn, und behandelte ihn auf diese Weise den ganzen Tag über, ließ es an Liebkosungen nicht fehlen, suchte alle Empfindlichkeiten in ihm zu wecken, jedes Mißtrauen zu stärken, trat, indem er sich das Aussehn gab, sich ganz hinzu-geben, bis in die letzte Falte des Innern von Puisignieur, nahm dessen vertraulichen Mittheilungen alle falsche Scham, durchdrang seine ganze Jugend und bemächtigte sich so aller seiner Leidenschaften, seiner noch warmen Liebe — und der ersten Thränen seiner Enttäuschungen . . .

Und als sie gegen 6 Uhr nach Paris zurückkamen, waren Couturat und Puisignieur solche Freunde, als ob alle Beide von dem nämlichen Mädchen betrogen worden wären.

LXXXII.

Um halb sieben Uhr gingen Couturat und Puisignieur mit eingehängten Armen, den Boulevard entlang, von dem bevorstehenden Tode der Tante Puisignieur' redend, zu welcher Puisignieur bei seiner Rückkehr von der Eisenbahn einen Augenblick eingetreten war, um nachzusehen, und die nur noch zwei oder drei Tage „es machen" werde. Sie sprachen von der Zukunft, von der Hinterlassenschaft, von Allem, was Puisignieur unternehmen könne, von dem schönen Hebel, welchen er unter den Händen haben werde, von der Stellung, welche er in der Oeffentlichkeit einnehmen müsse, als sie endlich auf Montbaillard stießen, der, die Hände in der Tasche, herumbummelte.

„Wo Teufel, kommt denn Ihr Beide her?" fragte Montbaillard, „Ihr seid ja schmutzig wie eine Vicinalstraße! . . . A propos, was hast Du denn mit Rachette gehabt? . . . Er ist wüthend auf Dich . . . Er erzählt so eben im Café die Posse, die er über das heutige Duell wird drucken lassen . . . Hast Du Dich in der That geschlagen?"

„Nein, man ist ausgeblieben . . . Und Du, was machst Du?"

„Ich, mein Bester, ich langweile mich . . . ich glaube, daß ich für das Handwerk zu alt werde . . . Paris riecht mir in die Nase hinein . . . Ich würde zehn Sous darum geben, wenn ich auf dem Lande wäre . . . Ohne Spaß, ich verspüre eine wahre Schäferwuth in mir! . . . Ich möchte gerne hübsche Schäfchen sehen . . ."

„Zum scheeren!" warf Couturat ein.

„Schon gut," sagte Montbaillard, indem er ihm einen freundlichen Klapps versetzte; „Du wirst schon noch sehen, wenn Du einmal vierzig Jahre in diesem garstigen schurkischen Paris zugebracht haben wirst . . . Ich habe des Kopf-

brechens genug ... und überhaupt mit der ganzen Sauerei ...
Alle diese Geschichten da ... und dazu noch alle diese Feind-
schaften, Duelle oder Gefängnißstrafen ... das geht Alles,
so lang man jung ist ... Aber im Grunde, siehst Du, ist
dieses Leben da doch nichts weiter ... als ein dummes
Geplauder!"

„Höre, Montbaillard, Du bist heute Abend so schäfer-
artig gestimmt, wie ein Mensch, der gern ein Geschäft machen
möchte. "

„Ist das ein Lästermaul, dieser Couturat! ... Nun
ja ... ganz sicher, mein Junge, ich möchte mein Journal
allerdings verkaufen. Nachette hat mir schon den Puls gefühlt, er demaskirt aber seine Capitalisten nicht ... und
wenn ich durch Nachette über den Löffel barbirt würde ...
Du begreifst ... Er würde keine Kinder mehr haben! ...
Und dann, ich habe Dich lieber, ja Dich ... nein, auf Ehrenwort, ich will Dir sagen ... Man verläßt ein Journal nicht,
wie man ein Hemd wechselt, es ist das wie ein Kind, welches
man versorgt sehen möchte.. und ich glaube, mit Dir würde
er leben und fortleben, mein „Scandal" ... Du hast eine
Concurrenz im Kopfe, ein großes, kleines, tägliches Journal
mit Correspondenzen, mit dem Teufel und seiner Großmutter
... Weißt Du, was das Beste ist? Mir abzukaufen.. Da
hast Du gleich Abonnenten, einen Grundstock, und brauchst
nicht gleich zu bauen ... Ach, wenn Du die Zahl aller jener
Journale wüßtest, die mir unter den Füßen zerplatzten vor
diesem da! .. Was hindert Dich an dem Kauf?"

„Geld."

„Geld? Mit einem Edelmann, wie der Herr hier!" sagte

Montbaillard, indem er auf den Baron zeigte. — „Vorerst ist
das ja nur eine Bagatell! Was verlange ich denn dafür?
Achtzigtausend Franken ... Und Du weißt, daß mit den
Anzeigen jährlich dreißigtausend eingehen.. Suche mir noch
viele solche Gelegenheiten, um Geld anzulegen! Wohlan,
was sagen Sie dazu?"

„Wir kaufen!" sagte Couturat kühn, indem er ein
Va banque auf die Schwäche Puisignieur' baute, und ihm
durch seine Augen den Willen in einer Weise kund gab, wie
Jemandem, dem man ein Knie auf die Kehle setzt, „nicht
wahr, Puisignieur?" Und ohne ihm die Zeit zum Antworten
zu lassen, sagte er zu Montbaillard: „Puisignieur wird Dir
Dein Journal abkaufen ... aber er hat kein Geld ... aber
morgen wird er haben .. übermorgen ... in zwei Tagen,
drei Tagen."

Montbaillard, welcher von Allem gut unterrichtet schien,
sagte hierauf kein Wort. Couturat nahm wieder auf: „Du
verstehst, er kauft Dir es ab, aber man muß ihm doch Zeit
lassen, seine Siebensachen zusammenzuraffen, er kauft Dein
Journal um den Preis von achtzigtausend Franken ... davon
vierzigtausend Franken zahlbar in sechs Monaten, die Inter=
essen von heute an gerechnet, was die andern vierzigtausend
Franks anlangt, so steht es in seinem Belieben, Dir sie sechs
Monate nach der ersten Zahlung zu entrichten mit fünf
Procent Zinsen ... oder auch Dir die achtzigtausend Franken
auf einmal zu geben."

„In diesem Falle", sagte Puisignieur, „bezahle ich aber
dann nur die Interessen von sechs Monaten."

„Versteht sich ... aber nur keine Geschichten! Vierzig

tauſend Franken in ſechs Monaten .. Ich hoffe, mein Junge,
daß Sie mich mit Ihrem Vermögen nicht aufſitzen laſſen!
Ihre Frau Tante iſt aber doch gerade keine Schaukel?" fragte
Montbaillard mit einem Ausſehn des Zweifels und des
Mißtrauens, welches zu gut geſpielt war, als daß Couturat
es nicht für geſpielt angeſehen hätte. „Und die andern, die
andern vierzigtauſend Franken ſechs Monate ſpäter oder zu
gleicher Zeit ... Wohlan! ſchlagen Sie ein, Sie ſind Eigen-
thümer des „Scandals" ... A propos! ich laſſe Euch als
Erbtheil eine hübſche Nummer! Dieſer Teufelsjunge von
Rachette hat, ich weiß nicht wo gedruckt, die Briefe Demailly's
aufgetrieben ... Boisroger, Franchemont, Remonville und
die ganze Bande ſind, Ihr dürft es glauben, wacker her-
genommen! Die werden ein prächtiges Geſicht machen, wenn
ſie dies Alles von einem intimen Freunde leſen ... Für
derartige Streiche, da giebt es nur einen Rachette ... Aber
Du hörſt ja gar nicht, was ich ſage?"

Montbaillard irrte ſich. Couturat war ganz Ohr, aber
er ſah vor ſich hin, wie ein in oberflächliche Bedenken ver-
tiefter Menſch.

„Ich? .. he? nein .. Was ſagteſt Du? Ach ja! Du
ſprachſt von der Nummer ... Du weißt, daß wir von dem
Journal augenblicklich Beſitz ergreifen?"

„Oho! Ihr laſſet mir wohl noch die morgende Nummer
als Dreingabe ..."

„Die Zinſen laufen von heute an, mein Beſter ... und
dann eine Kinderei! Puiſignieur und ich, wir wollen augenblicklich von Deinem grünen Direktorſtuhl Beſitz nehmen ...
Nach dem Diner werden wir einen kleinen Vertrag unter

uns machen, ein Projekt wenn Du willst, und bleibt es Dir, wenn die Tante einmal ihre Koffer gepackt hat, überlassen, alle Johanniskräuter noch in derselben aufzunehmen, welche Dir belieben sollten . . . Die Verträge mit der Redaktion sind aufgelöst, sobald eine neue Direktion eintritt, nicht wahr?"

„Ja."

„Ganz gut. Also um acht Uhr wirst Du uns einführen!"

„Gut! aber es ist für Sie . . ich werde Ihnen heute Abend noch die Mobilien des „Scandals" übergeben . . die Sache ist abgemacht, und ich will sie sogleich austrommeln."

„Nein . . . sage nichts . . . Ich möchte damit überraschen."

Als Montbaillard sie verlassen hatte, sagte Couturat: „Mein lieber Baron, Du wirst mir danken . . . Hermance hat nur einen Gedanken: ein Engagement . . . Ich kenne sie . . . Auf mein Ehrenwort, sie liebt Dich! Aber siehst Du? so ein Schwätzer, welcher ihr versprechen wird, sie in das Theater der Folies-Dramatiques zu bringen . . . Was willst Du? Es ist bei ihr ein fixer Gedanke . . . Das Theater ist für dieses Mädchen, was für die Andern ein Palisander= Möbel ist . . . Mit dem „Scandal" . . . kannst Du in vier= zehn Tagen ein Engagement begehren, und alsdann . . . Alsdann hast Du sie fest . . . und wirst die Schlinge nach Belieben fest ziehen! Du wirst ihr mit dem Journal Furcht einjagen, gerade wie ein Gemahl mit dem Schwurgericht Angst macht . . . Von Zeit zu Zeit ritzt man sie ein wenig, damit sie auf dem guten Wege bleibt . . . und ich schwöre es Dir, sie wird sich nicht mehr rühren!"

In fünf Minuten hatte man bei Puisignieux gespeist, welchen Couturat mit Hermance Frieden schließen ließ. Couturat hatte im Vorzimmer in das Ohr des Mädchens geraunt: „Es geht ... Du wirst engagirt ... Jetzt aber auch Glück für dieses Kind und feurig darauf los! Du sollst auch noch einen hübschen Rentenschein erhalten ...“

„Wenn ich Dir eine Procuration ausstellte?“ sagt Puisignieux, sich in seinem Fauteuil ausstreckend.

„Nichts da! Vorerst das Geschäft und dann das Vergnügen! ... Du kömmst mit mir, ich verlange, daß Du gegenwärtig seist ... Man würde sonst sagen, man hätte Dich erwürgt ... Du bist der Käufer ... Ich bin weiter nichts, ... als Dein erster Redakteur ... Du wirst den Gehalt festsetzen und damit basta ... einen Gehalt, so ehrenvoll, wie es Dir Recht dünken wird ... Wenn Du aber mir einen Theil an dem Gewinn zugestehen willst ...“

Sie standen im Begriffe, in das Lokal des Journals einzutreten, als eine der größten Berühmtheiten des Jahrhunderts, welcher es versucht hatte, ein Journal auf seinen eigenen Namen groß zu ziehen, ihnen unter der Nase vorbeikam.

„Sieh!“ sagt Couturat, indem er Puisignieux mit dem Ellenbogen anstößt und sich der Berühmtheit quer über den Weg stellte, ... „Guckuck! mein Bester, Sie haben eine glückliche Hand ... Sie haben da einen Jungen in Ihrem Journal, — gestern wußte ich seinen Namen selbst noch nicht einmal, ... der Ihrem Journal ein Leben giebt ... man sprach gestern von nichts Anderem im Café Riche als hiervon ... Welch' herrliche Artikel!“

„Nicht wahr, Sie reden von Mellin? . . . Ja, er hat viel Talent . . . Hast Du meinen gestrigen Artikel gelesen?"

„Nein," sagt Couturat, „Mellin, ja so heißt er . . . Bewahren Sie diesen Jungen in Baumwolle auf; er ist das Glück Ihres Journals."

„Warum hast Du ihm dies gesagt?" sagt Puistgnieur, es schien ihm zu mißfallen . . ."

„Warum? Das wirst Du schon sehen . . Du hast vielleicht nicht in Gedanken, Nachette zu behalten?" Puistgnieur machte eine Bewegung, „Wohlan! da wäre Nachette schon ersetzt . . ."

„Wie so, ersetzt?"

„Dieser große Mann ist, so ein großer Mann er auch immerhin sein mag, dennoch ein Schriftsteller . . . Sobald man ein wenig von seinen Redakteuren spricht, dann spricht man nicht ausschließlich allein von ihm . . . Man wird Mellin den Abschied geben und dies morgen früh bereits unter irgend einem Vorwande, und dann haben wir ihn."

Montbaillard, im Bureau auf und abgehend, wartete.

„Du bist pünktlich", sagt ihm Couturat.

„Pünktlich, wie eine Sonnenfinsterniß, meine Kinder . . . Alles ist bereit . . . hier der Vertragsentwurf . . ."

Couturat empfing ihn aus Montbaillard's Händen und übergab ihn Puistgnieur, darauf nahm er ihn wieder und durchlas ihn aufmerksam.

„Ganz gut," sagte er nach Durchlesung . . . „Puistgnieur und Du, Ihr werdet ihn beide auf Stempelpapier schreiben . . . Ich will inzwischen die Verträge der Redaction durchgehen . . ."

Und während sie abschrieben, nahm Couturat die auf

tem Bureau liegenden Probeabzüge des Journals und durchlief mit lebhaftem Auge Nachette's Artifel.

„Hier! Wir wollen also unterzeichnen : . . . Die Feder
von Fontainebleau, meine Herren!" sagte Montbaillard.

Man unterzeichnete.

„Meine Herren, das Haus gehört Euch . . . es ist ein
gutes Haus . . Sapperment! Ich bin ganz . . ." Und
indem er aus der Casse nahm, was sie enthielt: „Da ist ein
Schlüssel, welcher zu etwas mehr gedient hat, als nur Stahl-
federn damit einzuschließen!... Und jetzt, wo Alles fertig ist,
habe ich die Ehre . . . ich will etwas trinken . . . Ach! sag'
doch mal, willst Du vielleicht die Probeabzüge ansehen, ehe
ich solche hinübergebe? . . "

„Wozu?" fragte Couturat. „Nein . . gieb nur die
Erlaubniß zum Druck . . und hier! . . so, Du kannst sie
nehmen und hinuntergeben . . ."

Als Montbaillard an der Thüre war:

„Nein, mache Dir keine Mühe . . . ich muß doch in die
Druckerei, ich werde sie selbst geben."

Montbaillard ging hinweg.

„Du bedarfst meiner nicht mehr?" fragte Puistgnieur.

„Doch," sagte Couturat, „da schlafe ein wenig auf
diesem Divan, man liegt sehr gut darauf."

Couturat raffte die Probeabzüge zusammen und blieb
zwei Stunden lang vor ungefähr zwanzig Phrasen in Nachdenken vertieft sitzen. Sein innerliches Selbstgespräch, das
er mit sich hielt, war folgendes: „Ein Catalog von Briefen,
in welchem man Auszüge aus Briefen einer Berühmtheit
giebt, welche nicht mehr berühmt ist, als Demailly, das sind

14*

faule Fische . . . Auszüge, die gerade nur auf Franchemont,
Lampérière, Remonville und die Andern ausschließlich allein
sich beziehen, das ist zu gerade gezielt, das ist eine Bosheit,
die für einen Autographenhändler zu literarisch ist . . . ich
rieche aus allen diesem die Lüge heraus . . . Ach! wenn
man errathen könnte, an wen die Briefe gerichtet sind, das
führte dann vielleicht auf die Spur . . . Laß mal sehen!
hum! hum! . . . eine sehr leichtfertige Wendung für Briefe,
die an einen Mann gerichtet sind . . . Gewöhnlich sind wir
mehr auf unserer Hut als nur soviel . . . Ach gewiß! die
Briefe sind an eine Frau gerichtet . . . die dummen Teufel
haben nicht daran gedacht, den Artikel abzuändern . . . das
Femininum verräth sie . . Gut! also an eine Frau, . . . Ja,
aber weiter? Durchlesen wir nochmals. Es liegt ein gewisser Ton der Achtung darin, der sich nur an eine Frau
richten kann . . . gerade wie an eine legitime Frau . . . Und
dann zeigt der Catalog an, daß die Autographen mit seinem
Namen unterzeichnet sind . . . Wenn es vielleicht an eine
Maitresse war; dann aber würde nur ein Vorname unter=
zeichnet sein . . . Dummer Teufel, der ich bin! das sind
einfach Briefe von Demailly an seine Frau . . . Nachette,
welcher seit einigen Monaten bereits um sie herumschwänzelt,
wird von dem Dasein der Briefe Kenntniß erlangt haben . .
und der Catalog ist eine Erfindung . . . Nein! Nachette ist
durchtriebener als nur so . . . Eine Infamie solcher Natur
ist doch noch unter ihm . . . es muß wohl ein Verkauf statt=
finden . . ."

Und Couturat verfiel wieder in sein Nachdenken:

„Ganz gut!" nahm er wieder auf, als er sich aufraffte,

„so ist's . . Gagneur, ein Schurke, den ich zwei oder drei
Mal im Bureau herumstreifen gesehen . . . Es ist dies nur
ein abgekarteter Scheinverkauf zwischen ihm und Nachette . . .
eine ziemlich gut erfundene Geschichte!"

Er legte die Probeabzüge wieder auf das Bureau, nahm
ein großes weißes Blatt Papier und arbeitete die ganze
Nacht über an dem Programm der neuen Direktion, das er
zwei oder drei Mal frisch anfing, um in jedes Wort ein
Versprechen und in jede Phrase einen Köder zu legen. Dann
wartete er den Tag ab, indem er die Abonnentenlisten durch-
ging. Puisignieur, durch seinen Spaziergang des ganzen
Tags über ermüdet, schlief ruhig auf dem Divan, gerade
so gut, als ob er in seinem Bette geschlafen hätte. Man
klopfte heftig an die Thüre.

„Um Vergebung, Herr!" sagte ein Druckerlehrling,
„man hat mir anbefohlen, nachzusehen, ob Jemand im
Journal sei : . . Man hat die Abzüge gestern Abend nicht
gebracht . . . Es wird ein Verzug eintreten . . ."

„Ach! Zum Henker! . . ich vergaß sie zu lesen . . .
thut aber nichts . . da nimm! man soll gleich anfangen . . .
Kein weiterer Abzug mehr . . . man corrigirt heute nicht."

„Ich frage Dich ein wenig, warum Du mich da behieltst?"
sagte Puisignieur erwachend.

„Warte doch!"

Und Couturat begann im Bureau auf- und abzugehen.
Puisignieur entschloß sich auf's Neue, wieder einzuschlafen.
Nach Verlauf einer Stunde weckte ihn Couturat auf:

„Du wirst nun in die Druckerei hinuntergehen . . .
wirst zur Eile des Drucks auffordern . . . Sieh' wie man

abzieht . . . Haft Du noch nie abziehen sehen? . . sehr lehr-
reich . . . Wenn etwa fünfzig abgezogen, dann nimm eine
Nummer . . . d. h. Du nimmst deren zwei, eine, die man
Dich nehmen sieht, und die Andere, welche Du nimmst ohne
gesehen zu werden . . . und bringst mir Beide dann herauf."

Puistgnieur kam mit beiden Nummern zurück.

„Ganz gut! Nimm ein Kreuzband . . . schnell! . . .
Schreibe: Herrn Carl Demailly . . . Wirf Dich in ein
Coupé . . . fahre bis zu seiner Wohnung und schiebe das
unten durch die Spalte der Hausthüre."

„Ich begreife aber nicht . . ." sagte Puistgnieur.

„Du wirst später begreifen . . . Geh!"

Couturat stieg nun alsbald mit dem Journal in der
Hand in die Druckerei. Das Gerücht seiner neuen Eigen-
schaft umgab ihn mit der Achtung der Setzer.

„Halten Sie mit dem Abzug ein!" schrie Couturat,
„im Augenblick eingehalten! . . Wo sind alle abgezogenen
Nummern? Alle, auch nicht ein einziges soll wegbleiben! . . .
Michel, nehmen Sie das Paquet . . . und verbrennen Sie
es vor meinen Augen in meinem Kamin. Ich will keine
derartigen Dinge in dem Journal . . ich . . . ." Dabei zeigte
Couturat mit dem Finger auf Rachette's Artikel . . .
„Plaudereien laß ich mir gefallen! . . . aber so etwas . . .
das ist zu stark . . . Montbaillard konnte darin nichts sehen
. . . Man lege das Journal ab!"

Alsdann aber nach einigen Augenblicken Ueberlegung:

„Wir müssen aber doch erscheinen . . . Da oben ist gar
nichts . . . keine Spur von Manuscript . . . Lassen Sie den

Satz noch stehen ... Man lege blos auf der vierten Seite die Anzeige der Stadt **Marseille** ab."

„Aber, Herr Couturat," sagte Malgras, welcher von dem Bureau herunterkam, wohin er sich begeben hatte, um den Versandt des Journals zu besorgen, „das ist eine Annonce von zweihundert Franken, die man verlieren wird! Seit drei Wochen bereits steht sie wieder da ..."

„Man lege sie ab! ... Sehen Sie, Herr Malgras, tausend Franken würde ich darum geben, um diese saubere Nummer nicht auf dem Leibe zu haben ... und dazu meine erste Nummer! .. man warte jetzt zu .. Wir erscheinen heute ... morgen .. oder übermorgen!"

Puisignieux wartete auf Couturat in dem Bureau.

„Es ist geschehen."

„Gut."

„Du hast einen Gedanken?"

„Weiß von nichts ... Nur giebt es einen Menschen ... Du weißt, von wem ich rede ... er hat sich mir schon zwei oder drei Mal in den Weg gestellt ... ich will ihn ganz einfach vor die Thür werfen ... so zwar ... daß er sich die Tatzen zerbrechen soll!"

„Und das Mittel?"

„Ich suche ... ich erwarte etwas ... der Zufall ... die Vorsehung ... was Du nur willst — irgend Etwas ... oder Jemand. Aber das wäre doch der Teufel, wenn von der Bombe, die ich in den Kaffee Demailly's geworfen, nicht auch ein Splitter umherfahren sollte ... Jetzt, mein kleiner Puisignieux, wenn Du Hermance umarmen wolltest? .. Ich muß nun allein sein.

LXXXIII.

Couturat verbrachte zwei Stunden damit, die Gerüchte des erwachenden Paris anzuhören, und wartete.

Endlich wurde es im Vorzimmer laut.

„Was giebt es, Michel?" sagte Couturat zu dem eintretenden Bureaudiener.

„Ein Herr, welcher nach der Adresse des Herrn Nachette fragt."

„Du hast ihm gesagt?"

„Daß ich sie nicht wüßte ... er sagte, er werde warten."

„Was ist es für ein Herr?"

„Ein dicker .. kurzer Herr, der aussieht, als ob er aus seiner Heimath käme ... und zornig wie ..."

„Lassen Sie ihn eintreten."

„Mein Herr, Sie wünschen?" fragte Couturat mit kaltem Tone und sich erhebend.

„Mein Herr," sagte der dicke, wie ein Wolkenbruch hereinstürzende Mann, „ich verlange die Adresse eines Buben Namens Nachette ... und ich glaubte nicht, daß man sich weigere .."

Couturat hatte ein würdiges Lächeln: „Um Vergebung, mein Herr, aber erlauben Sie mir Ihnen vor Allem zu sagen, daß Sie mit den Gebräuchen in einem Journal völlig unbekannt zu sein scheinen ... Gründe ... gesellschaftlicher Anordnung, Sie begreifen mich? .. machen allgemein aus der Wohnung eines Schriftstellers ein Geheimniß ... für seine Gläubiger ... aber für Sie, der mir von einem ganz andern Beweggrund geleitet scheint ..."

„Ich komme, um ihm die Entwürdigung eines ehrlichen Mannes auf beiden Backen auszudrücken . . . ich komme um ihn zu prügeln . . . ja, um ihn zu prügeln!"

„Ihn zu prügeln? . . Mein Herr, Sie scheinen mir sehr aufgeregt."

„Ei! ich weiß nicht, mein Herr, wie ich bin! . . Nur müßte man kein Blut in den Adern haben . . . . Wie, Herr? Briefe, die ein Elender einer Frau gestohlen hat! . . Man wird den Mann damit ruiniren, um's Leben bringen! . . . Sein Gedanke, Herr, sein Gedanke soll veröffentlicht werden! . . . So! Ich scheine Ihnen aufgeregt! . . und das, was er eines Tages in's Ohr gesagt, den Eindruck eines Tages, einer Stunde . . . Vertraulichkeiten . . . seine Beichte . . Ein Spion, mein Herr, ein Spion würde dies nicht gethan haben!"

„Sie sagen, mein Herr?"

„Ich sage, daß dieser Herr die Briefe der Frau Carl's gestohlen hat . . . ge—stoh—len! und . . ."

„Ich hatte das wohl gehört, mein Herr . . . Wollten Sie mir aber gefälligst erklären, wie so Herr Demailly Kunde von einer nicht erschienenen Nummer haben konnte?"

„Nicht erschienen! . . . Wenn Sie seit einer Stunde in meiner Haut gewesen wären, dann würden Sie wohl gesehen haben . . . . ob sie nicht erschienen ist! Sie hätten dann gesehen, ob Carl Ihre nicht erschienene Nummer nicht gelesen hat! . . . Er fiel mit der Nase auf den Fußboden . . . ganz platt . . . wie von einem Blitzstrahl getroffen . . . Man eilte zum Arzt . . . ich weiß nicht, ob er lebt oder todt ist . . . Er war mir wie ein Sohn, Herr . . . Und ich bin ausgegangen,

ich, der ich keinen Degen zu halten verstehe . . . ich bin
ausgegangen . . . ich sage es Ihnen, daß ich ihn beohrfeigen
werde!"

„Sie können keinen Degen führen? Das ist unglücklich, mein Herr, bedauerlich . . . Rachette ist sehr stark! . .
Er hat zwar eine unglückliche Hand gehabt, ich weiß nicht
gerade wo, zu Nantes . . . O! übrigens in solchen Dingen
ist der Zufall . . ."

Und Couturat, welcher mit dem Auge diese gute und
warme Natur, dieses sanguinische Temperament, diese erste
Aufwallung, diese Leidenschaft, welche sich unbehindert ergoß,
befragte, ihr nur die Kälte der Höflichkeit und die Praxis
der Dinge entgegenhaltend, sah in dieser Entwürdigung all-
mälig die Ueberlegung, das Alter und das Leben wieder
zurücktreten, das Andenken an schöne Kinder, die er zu Hause
zurückgelassen, ließ diesen Mann sich erweichen und sanfter
werden . . . Es trat ein Stillschweigen ein, welches Couturat
verlängerte, um die Menschlichkeit in dem Freunde Carl's
wirken zu lassen, und den er unmerklich erblassen sah, als
ob ihm der Tod auf die Schulter geklopft.

Couturat begann wieder:

„Wie groß auch Ihre Freundschaft für Herrn Demailly
immerhin sein mag, eine Freundschaft, die ich ehre, mein
Herr, wie groß auch Ihre Verachtung der Chancen bei einem
Duell sein mag — so erlauben Sie mir dennoch, Ihnen zu
sagen, daß es bedauerlich ist, daß Sie den Platz eines weit
jüngern Freundes als Sie, einnehmen, und daß Sie auf
dem Kampfplatz einen jungen Mann von dreißig Jahren
vertreten wollen . . den man nicht für krank halten wird,

ich kenne dafür das Publikum ... Und ferner," sagte Couturat, welcher fortfuhr, seinen Mann zu beobachten, „wenn
Sie einen Degenstich davon getragen, welchen Dienst werden
Sie hierdurch Herrn Demailly geleistet haben? Sehen Sie
her," und Couturat verließ plötzlich seinen Ton eines Re-
dakteurs en Chef, um einen gemüthlichetn Ton Mann gegen
Mann anzunehmen, „wissen Sie, was ich gethan habe, ich,
der hier mit Ihnen spricht? Ohne etwas zu wissen, ob diese
Briefe falsch oder ächt seien, woher solche stammten, wie sie
erlangt worden, was sie sagten, auf den einfachen Verdacht
in der Art jenes, wie Sie mir soeben mittheilten, habe ich
den Abzug der Nummer einhalten lassen ... Ja, Herr, sogar
auf das Risico einer Verspätung hin ... Ich ließ eine
Annonce von hundertundfünfzig Zeilen ablegen, deren Nutzen
mir entgeht und bei welcher ich Geld verliere ... ich ließ
alle bereits abgezogenen Nummern zusammennehmen, und
hier in meinem Kamin können Sie noch die Asche davon
sehen ... Die Nummer, welche Ihr Freund erhalten hat,
ist für mich ein Räthsel ... vorausgesetzt, daß Nachette
nicht vor mir in die Druckerei gekommen ist ... dieses
könnte den einzigen Aufschluß bieten ... Und gerade im
Augenblicke suche ich eine Antwort, die auf den Rücken des
Artikels von Nachette alles Dasjenige nagelt ... Alles,
was jeder ehrliche Mann davon denken soll ... Eine Note
in acht Tagen, das wäre zu spät, und ich will mit der
Nummer selbst auch diese Personage zur Thüre hinauswerfen
und ihn die Treppe auf den Rippen hinuntergehen lassen ...
Sie sind stark gebaut ... Sie haben Arme und eine Faust
... Sie fühlen für Demailly eine jener Freundschaften ...

die wir unter uns nicht kennen, das mag sein! . . . Sie
werden nun mit einem einzigen Sprung . . . nach der
Childebertstraße Nummer 4 eilen . . . Dort werden Sie
einen gewissen Gagneur finden, ein elender, furchtsamer,
betrunkener Mensch . . . es ist elf Uhr, da ist er schon be-
soffen . . Sie drohen ihm, ihn zu erdrosseln . . . würgen
Sie ihn auch ein Bischen . . . bis er Ihnen das Zeugniß
ausstellt, daß er die Briefe von Nachette hat . . . Mit diesem
dann . . . wäre Alles beisammen, was wir bedürfen . . .
Vor Allem sparen Sie die Fäuste nicht! Sie müssen aussehen wie ein Mensch, der kommt, um umzubringen . . .
So, nun gehen Sie schnell . . es steht da unten ein Wagen
bereit . . . zwanzig Minuten für den Hinweg, zwanzig Minuten für den Rückweg, zehn Minuten für den Auftritt . . .
also kaum eine Stunde."

Nach dreiviertel Stunden kam der dicke Mann, schweiß-
triefend und sich das Gesicht wischend, und eine breite Hand
triumphirend in die Luft haltend:

„Das hat hart gehalten . . . aber hier! . . "

Und Couturat las:

„Ich erkläre, daß der angezeigte Verkauf unter dem
Titel: Verkauf einer schönen Sammlung mo-
derner Autographen, welche auf den 24. Januar
festgesetzt, nur ein Scheinverkauf war. Ich erkläre
ferner, daß die Briefe des Herrn Demailly, von welchen
der Catalog spricht, mir durch Herrn Nachette übergeben
worden, gleichzeitig hiermit bestätigend, daß ich in Allen
diesem gehandelt habe, ohne den Ernst der Sache zu begreifen.   Gagneur."

„Sie haben meine Achtung," sagte Couturat mit blitzenden Augen.

Und sich an seinen Tisch setzend, schrieb er in einem Athem fort ungefähr fünfzig Zeilen.

„Michel! dies schnell in den Satz, hinten an den Artikel des Herrn Rachette . . und man soll gleich abziehen!"

„Herr," sagte Michel, „es ist Jemand da, der mit Ihnen reden möchte . . . Herr Mellin . . . Mellin . . ."

„Unmöglich! . . Sagen Sie ihm, daß ich ihn morgen um zehn Uhr erwarte . . . Ach! schicken Sie mir auch Herrn Malgras . . ."

„Herr Malgras," sagte Couturat, „Sie haben das neue Programm, streichen Sie den Namen Rachette durch . . und setzen den Namen Mellin an die Stelle . . . dann geben Sie es in die Druckerei."

Der dicke Mann machte Miene, aufzustehen.

„Gehen Sie nicht hinweg, Herr," sagte Couturat zu ihm, „wir werden lachen!"

LXXXIV.

Rachette hatte sich im Vorzimmer mit Malgras gekreuzt.

„Ich weiß nicht, mein lieber Rachette, ob Sie bleiben, weiß nicht," hatte ihm Malgras gesagt, auf seinen ausgestrichenen Namen deutend.

„Dieser gute Papa Malgras hat stets gute Nachrichten! . . Mach Dich aus dem Staube, Rabe!"

Und Rachette trat in's Bureau.

„Sag' mal, was sagt man mir denn da?" Und vor Zorn blaß wie der Tod, geht er auf Couturat zu . . „Man sagt mir, mein Artikel hindere das Journal am Erscheinen? Das ist wieder etwas ganz Neues! Was ist denn da wieder los, he?"

„Nichts . . . Dein Artikel erscheint."

„Und mein ausgestrichener Name auf Deinem Programm . . . Malgras hat ihn mir gezeigt . . . was soll denn das bedeuten? . ."

„Daß ein neuer Direktor da ist, und daß die mit Mont= baillard abgeschlossenen Verträge bei eintretendem Direktions= wechsel ihr Ende erreichen . . . Du kannst an die Casse gehen und dort die Vorschüsse zurückbezahlen, welche Dir das Journal gemacht hat, dazu hast Du gutes Recht . . ."

„Sieh', Couturat, Du machst eine Säge aus mir . . . Du kannst mich nicht so vor die Thüre setzen . . . wie einen Hund . . . wegen einiger Nasenstüber . . . wegen Deiner Freundschaft für Demailly."

Und Nachette hatte hiebei ein ironisches Lächeln.

„Weßhalb nicht? Ich konnte wohl über ihn plaudern . . aber . . ."

„Siehst Du, Couturat! Du hast Unrecht, mit mir solches Spiel zu treiben . . ."

Die Hand Nachette's drückte an seinem Stockknopfe herum. Couturat, welcher ihn mit dem Auge überwachte, spielte nachlässig mit einem eisernen Lineal.

Nachette begann wieder, indem er seine Stimme dämpfte:

„Du willst also nicht, daß man Etwas über diesen theuern Demailly sage? Ich bin nicht gerade darauf versessen, wenn

es Dir leid thut ... Ich? Ei! ich bin sogar bereit, ihm
Talent, Genie, Alles, was Du willst, beizumessen! Ich werde
sagen, er sei ein wahres Modell von Ehemann ... er sei
verkannt! Ich werde in dem Journal seine über Dich gemachten Witze erzählen ... Du siehst, Herzensdirektor! daß
ich stets würdig bin, im Scandal zu unterzeichnen ... und
Du behältst mich."

„Unmöglich, mein Bester ... Die neue Direktion will
keinen Redakteur, welcher Artikel macht mit Briefen, die er
einer Frau gestohlen ...."

Und das eiserne Lineal wendete sich wie aus Zerstreuung
gegen Nachette.

„Du lügst!"

„Sie wissen wohl, Nachette, daß ich mich geschlagen
habe .. mehrfach ... und ernster als gestern ..." sagte
Couturat, indem er auf die letzte Phrase mit einem persifli-
renden Lächeln sich stützte.

„Das muß die Frau Demailly's gesagt haben ...."

„Nein, Gagneur ist's .. Du weißt ja wohl, Gagneur...
und dieser Herr da bringt die Erklärung Gagneur's ...
eine Erklärung, nach welcher ... Da lese!"

Und Couturat reichte Nachette das Journal dar, welches
Michel in diesem Augenblicke brachte.

Nachette durchlief mit den Augen die Note Couturat's
und wurde weiß wie sein Hemd. Er ließ das Journal fallen
und sich auf seinen Stock stützend:

„Du sollst bald von mir hören!"

„Ich gebe Dir das Geleit nicht ..." sagte Couturat
langsam.

Als Nachette die Thüre hinter sich zugeworfen, wandte sich Couturat zu dem dicken, ganz aufgeregten Manne: „Wenn ich Sie hier der Achtung versichere, welche ich vor dem Charakter und dem Talente Demailly's habe, so bin ich auch überzeugt, daß Sie mir glauben werden... Ihr Freund ist mehr werth, als wir Andern alle zusammen, ich weiß und sage es Ihnen ... Aber was wollen Sie? Das Uebel war einmal geschehen. Ich habe nicht mehr thun können, als was ich gethan .. und mein Gewissen giebt mir das Zeugniß, daß, indem ich es that, ich Demailly die einzige Genugthuung gab, die ich ihm anbieten konnte ...."

LXXXV.

Bei diesem Worte wurde die Thüre barsch aufgerissen, Carl Demailly stürzte in Pantoffeln, mit verzogenem Gesichte und schrecklich entstellt, aus dem Munde einen Aethergeruch verbreitend, in das Zimmer.

„Sie hier, Chavannes!" sagte er, den dicken Mann bemerkend. „Lassen Sie gut sein! Das geht mich an, das ... ich komme von Nachette, der ausgegangen war ...." Und Carl warf Couturat einen herausfordernden Blick zu.

„Du bist närrisch!" sagte ihm Chavannes, welcher den Blick gesehen und eine Geberde befürchtete. „Dieser Herr schlägt sich für Dich mit diesem Nachette ...."

„Demailly würde mich nicht ebenso verpflichten," sagte Couturat grüßend, und troß aller jener Bronze, welche er unter seiner Haut hatte, verbarg er doch kaum den Schlag, welchen er im Innern empfunden, als er diese Art von wandelndem Geiste eintreten gesehen. „Nein . . . Morgen wird Rachette in ganz Paris keine zwei Individuen mehr finden, die ihn als Zeugen dienen möchten . . . Es giebt Leute, die stets zwei Zeugen finden, aber er, er zog gegen Jedermann los . . . Sie werden sehen, was da abgesattelt werden wird . . . Morgen wird er keine zwei Freunde mehr finden, . . . übermorgen findet er nicht mehr einen einzigen, und falls er noch acht Tage wartete . . . in diesen acht Tagen ist er im Stande, bei allen Journalen anzuklopfen, ohne auch nur ein Eckchen so groß wie meine Hand zu einer Antwort finden zu können. O! in unserer Welt giebt es kein Mit= leiden für garstige, schlecht gemachte Sachen . . . es ist gerade wie in der andern Welt für die Schurken, welche sich zu Grunde richten . . . Mein aufrichtigstes Bedauern darüber, daß ich nicht ein Journal war, als der Artikel gebracht wurde . . ."

Und sich einen Augenblick vergessend, sagte Couturat diese Phrase in der Aufrichtigkeit seiner Seele.

„Ein solcher Mann", bemerkte Chavannes, mit Carl die Treppe hinuntersteigend, „ein solcher Mann erwärmt einem doch wieder ein wenig das Herz!"

Carl betrachtete ihn und hatte einen Augenblick Alles auf den Lippen, was er errathen hatte, aber er sagte nichts.

„Welche Unklugheit auszugehen! . . . Wie ist es Dir?"

„Danke . . . besser . . . Die Füße brennen mich . . . Ach! Das ist der Senfteig, welchen ich vergaß . . . Der Arzt sagte, es sei ein nervöser Schlaganfall . . . Pfui! Ich habe den ganzen Mund voll Aether . . . und den Kopf . . . das ist sonderbar . . . wie wenn ich erstaunt wäre . . ."

„Du haſt viel gelitten?"

„Schrecklich . . . Ich weiß nicht, was da drinnen vor=
ging", und Carl bezeichnete seinen Kopf. „Alles, was ich
mich erinnere, daß, während ich ſo litt, mein Gedanke zu
einer Phraſe überging . . . ich las, ich weiß nicht wo, in
welchem mediziniſchen Buch . . . daß die jungen Hingerich=
ten etwas in dem Kopfe haben, welches ſich in dem Augen=
blick, vielleicht in der Sekunde, welche der Enthauptung
vorhergeht, härtet . . . Es ſchien mir, als fühlte ich dieſes
Abhärten . . . der . . . ich habe den Namen vergeſſen."

„Welche Gedanken! . . der Arachnoïde . . ."

„Ich glaube, ſo heißt es . . Ach, mein lieber Chavannes,
ich, der Sie habe kommen laſſen, um mein Stück anzuſehen!
Sie Ihrem Hauſe . . Allem entzog, was Sie lieben . . . es
lohnte ſich wahrlich der Mühe! . . Das war zum Voraus
beſtimmt, daß Sie wieder gehen würden, wie Sie gekommen
ſind . . ."

„Das wäre ſchön! Wird denn dieſe Geſchichte es hindern,
daß man morgen das Stück nicht mehr giebt?"

„Mein Stück geben . . . mein Stück? Ich haſſe es . . .
ich habe Furcht vor ihm . . . Die Freundſchaft, die Achtung
jener Männer, welche ich liebte, achtete . . . es koſtet mich
Alles dies! Es koſtet mich noch mehr . . . Sie wiſſen ja . . .
Nein, ſehen Sie Chavannes, es iſt vorbei! . . . ich habe
einen Abſcheu vor dem Theater, ich habe Abſcheu vor der
Schriftſtellerei . . . Dieſes Leben iſt ſchrecklich . . . An dieſem
Leben ſterbe ich, und ich will nichts mehr davon! . . . Für
zwei Pfennige Berühmtheit durch Torturen erkaufen . . .
Wenn man ſie nur erſt kennte! . . . Es iſt aber am Ende

ein zu toller Vertrag, . . . der Handel eines Einfaltspinsels!
. . . Nein, die Bücher, die Zeitungen, die Lampen, Paris . . .
davon will ich nichts mehr! Nein! Nein! . . Kommen Sie
mit in's Theater herauf."

Carl fand den Direktor, welcher bereits Wind von der
ganzen Geschichte erhalten, und sonderbar gegen das Stück
und gegen dessen Verfasser erkaltet war. Carl erklärte, daß
er sein Stück zurückzöge. Der Direktor verwahrte sich
Höflichkeit halber dagegen, war aber innerlich erfreut, von
dem Stücke eines unbekannten Namens befreit zu sein, und
ließ „das verzauberte Ut" herausgeben.

Chavannes blieb einige Tage bei Carl. Er war erstaunt,
darüber nichts von Nachette zu hören; nichts von dem Geräusch, welches die Zurückziehung seines Stückes gemacht,
von den Dingen, welche ehemals sein Leben, seinen Gedanken,
seine Unterhaltung ausmachte. Er fand sogar, daß er ihn
ein wenig oft darum befragte, wenn er abreisen werde, um
so mehr, da er nur seinetwegen in Paris blieb, um ihn zu
besorgen. Als er abreiste, begleitete ihn Carl zur Eisenbahn
und versprach ihm — Chavannes hatte ihn mit sich nehmen
wollen —, daß er bald kommen werde, sobald er einige
Angelegenheiten in Paris in Ordnung gebracht habe.

LXXXVI.

Carl war wieder in den Fiaker getreten, welcher sie an
den Bahnhof geführt hatte.

„Wohin soll ich fahren?" fragte der Kutscher.

„Wohin Sie wollen."

15*

„Sie sind zum Lachen aufgelegt, Bürger?"

„Nein! Wohin Sie wollen, habe ich Ihnen gesagt . . .
Fahren Sie mich spazieren!"

Der Kutscher bestieg seinen Sitz und fuhr die Boulevards
entlang.

„Herr, wir sind an der Bastille . . ."

Carl antwortet nicht.

Der Kutscher fährt melancholisch in die Antonsstraße,
kam an die Kais, drehte sich von Zeit zu Zeit um, diesen
sonderbaren, unbeweglichen Heiligen zu betrachten, welcher
mit gekreuzten Armen im Hintergrund seines Wagens lag.
Die Kais verlängerten sich. Der Fiaker fuhr stets voran.
Endlich stieg der Kutscher ab und öffnete den Wagen-
schlag:

„Nein," sagte Carl, ohne die Stellung zu wechseln, „ich
schlafe nicht . . . ich habe Sie stundenweise gemiethet, fahren
Sie zu . . ."

„Aber, Bürger, meine Pferde haben seit heute früh nichts
gefressen . . ."

„Wo sind wir?"

„Am Eingang der Straße des Louis St. Paul."

„Was ist das da? Ein Schildchen für Miethwohnungen,
da oben an dieser Thüre?"

„Ja, Bürger, ein Schild für Miethwohnungen."

„Hier ist Geld."

Carl trat zur Pförtnerin ein. Es war dunkle Nacht.

„Sie haben ein Appartement zu vermiethen?"

„Ja, Herr," sagt die Pförtnerin, „aber . . ."

„Aber was?"

„Der Herr wird wohl wissen, daß man nach 7 Uhr Abends keine Wohnungen mehr zeigt."

„Zeigen Sie mir die Wohnung." Dabei legte Carl zehn Franken auf den Tisch.

Die Pförtnerin schritt auf einer großen, breiten, steinernen Treppe, die ein lackirtes Holzgeländer hatte, bis zum zweiten Stock empor und zeigte, durch ein Licht beleuchtet, vier oder fünf sehr große, hohe Zimmer mit weiten Fenstern, — ein altes Appartement des Marais-Viertels.

„Welcher Preis?" fragte Carl.

„Ich könnte tausend Franken sagen, da man aber gleich sieht, mit wem man es zu thun hat, so sage ich Ihnen festen Preis von achthundert Franken."

„Hier für das erste Vierteljahr die Miethe . . . und zwanzig Franken als Miethpfennig. Bringen Sie mir ein Packet Wachslichter und einen Stuhl."

„Aber der Herr wird ja da nicht schlafen können . . ."

„Ein Packet Wachslichter und einen Stuhl", wiederholte Carl.

Die Pförtnerin kommt mit den Lichtern und dem Stuhl.

„Der Herr haben nichts mehr sonst nöthig?"

„Ach doch! Einen Eimer Wasser."

Carl ging die ganze Nacht im Zimmer auf und ab, seine Hände von Zeit zu Zeit in das kalte Wasser tauchend und solche dann an seine Stirne legend.

Als es Tag geworden, ging er nach Hause . . . Sein Diener öffnete ihm:

„Ah! Sie sind es, Herr . . . Wir haben uns nicht zu

Bette gelegt, weder ich noch meine Frau ... Ach wie bleich Sie sind. Herr! Sind Sie krank, Herr?"

„Machen Sie Ihre Rechnung."

„Ist der Herr mit uns unzufrieden?"

„Ihre Rechnung ... Dann gehen Sie zum ersten besten Möbelhändler ... aber gleich ... er soll heraufkommen."

Der Möbelhändler tritt ein: „Wie viel für Alles, was Sie da sehen?" Und Carl bezeichnet mit einer Handbewegung alle Möbel, er behielt nur sein altes Junggesellen-Mobiliar zurück.

Der Möbelhändler, so gewöhnt er auch sonst daran war, Möbel verkaufen zu sehen, machte große Augen. „Alles? ... Der Herr behält das Bett der Verstorbenen nicht?"

Carl machte eine Bewegung: „Alles ... mit Ausnahme dieses Zimmers."

Der Möbelhändler bot einen Preis. Carl nahm ihn an. Er bezahlte beide Domestiken ... beauftragte den Portier, die noch übrig bleibenden Möbel auf einen Wagen laden zu lassen und ihm solche im Laufe des Tages zu schicken, dann stieg er in einen Wagen, den er herbeiholen ließ. Aber im Augenblick, wo er die Thüre schließen wollte, schlich sich eine Frau herein und setzte sich auf einen vorn stehenden Stuhl, mit der Verlegenheit einer Person, die befürchtet, abgewiesen zu werden.

„So! Du bist da, Françoise? Wohlan, so komm', weil Du doch kommen willst ..."

Es war die alte Frau, welche ihn auferzogen, und von welcher er sich seit seiner Heirath getrennt hatte, die Conflikte und Eifersüchteleien zwischen der alten Dienerin und der jungen Herrin des Hauses befürchtend.

Carl hatte ihr eine kleine Pension ausgeworfen, welche sie am Ende jedes Monates zu holen kam. Als sie gerade inmitten dieses für sie unbegreiflichen Mobilien = Verkaufs hineinfiel, und Carl's verzerrtes Aussehn sicher betrachtete, hatte sie begriffen, daß in diesem Manne abermals ein Kind zu bewachen wäre, und mit jener den Herzen des Volks so eigenen, plötzlichen Eingebung, Alles um sich her vergessend, war sie in den Wagen gestiegen, welcher Carl nach der Straße des Louis St. Paul führte.

LXXXVII.

Als Carl sich an's Fenster legte, sah er Folgendes: Es war das Haus, in welchem er sich die Nacht über befunden. Vorerst sah er ein großes, viereckiges Hofthor, um dessen Thoreinfassung herum auf weißem Grunde Hufeisen angemalt waren. An den dicken Holztheilen sind Schmiedenägel in Form eines Kreuzers eingeschlagen, unter der Thürwölbung, in dem schwarzen Schatten der Pförtners = Loge, tauchen einige Blitze von Fayencegegenständen auf, ferner läßt sich nach der auf den Gang hin geöffneten Thür ein Vorhang aus blauem Zeug an den kleinen Fensterscheiben, die in die Thüre eingefügt sind, erblicken. Rückwärts der Wohnung, nach dem Hofe zu, befindet sich eine Hufschmiede, trüb, düster, schmutzig, und mit altem Eisen = Gerümpel ausgefüllt; aus der Esse steigt ein weißer Rauch in die blaue Luft empor, unter dem hervorspringenden Schuppen steht ein

weißes Pferd zum Beschlagen, dessen einer Fuß auf dem
Schenkel eines Mannes ruht, der in Hemdärmeln darauf
zuhämmert. Das äußerste Ende des Schmiedeschuppens ist
durch alte Bretter in eine Art von Federvieh-Stall verwandelt,
aus welchem die verschiedensten befiederten Familienglieder
ab- und zuwandern; im Hofe selbst liegen zerbrochene Räder,
Handkarren und Gerümpel aller Art herum. An einer
Mauer ziehen sich Reben hinauf, an einigen grün angestriche-
nen Fenstern einer kleinen Hofwohnung sind die Fensterscheiben nicht in bestem Zustande, es herrscht für das Auge
hier ein Durcheinander, von welchem man sich nicht leicht
eine Vorstellung macht, und welche nur Fragonnard's Pinsel
mit großer Wahrheit wiederzugeben im Stande war.

LXXXVIII.

Einige Tage gingen mit der neuen Einrichtung der
Wohnung dahin. Carl schien in diesem Hause sich zu gefallen. In seinem Aeußern schien sich nichts geändert zu
haben, ebensowenig in seiner Lebensweise. Er liebte es,
wie zur Zeit seiner alten Arbeiten, in seinem Zimmer zu
bleiben. Er ging aus, wenn die Sonne recht lustig in's
Zimmer schien und Françoise ihn dazu aufmunterte. Er
aß und schlief, und Françoise war ganz beruhigt, als sie ihn
essen sah: ein Mann, der ißt und trinkt, kann für das gewöhnliche Volk kein kranker Mann sein. Er schien innerlich
sehr beschäftigt, versunken, und antwortete kaum auf Dasjenige,
was ihn Françoise fragte; aber Françoise hatte ihn schon
früher so in ernsten Zeiten der Arbeit gesehen und beunruhigte
sich nicht weiter darüber.

Was sie am meisten wunderte, war, daß Carl, seinen
Gewohnheiten entgegen, sein Piano noch nicht geöffnet hatte,
während einer ganzen Woche, wo es bereits, ihn erwartend,
dastand. Eines Abends öffnete er es jedoch. Er ließ
zuerst seine Hände umherirren, alsdann kam ihm ein steyrischer
Ländler unter die Finger und in's Gedächtniß, den er nach
dem Gehör spielte.

Diesmal aber flogen die Töne wie Blitze unter seinen
Fingern dahin, Alles lebte in seinen Augen, die Hochzeit,
welche man ihm eines Tages auf der Reise gezeigt hatte, kam
in seinen Gedanken zu ihm vom Berge herab; der Violin-
spieler und der Zitherspieler schritten voran, zuerst die
Neuvermählte mit ihrem stolzen Blicke, der junge, wohlge-
staltete Gemahl, mit seinen Kamaschen und enganliegenden
Hosen, dann kam die ganze Hochzeitsgesellschaft, Pärchen
um Pärchen, die Faust auf den Hüften, tänzelnd nach dem
Klange der Violine und der Zither dahinschreitend.

Und seine Hände auf dem Piano und seine Stimme in
der Luft wiederholten das Echolied, das melancholische, ein-
wiegende Kirchenlied der Hochzeit bis zu der Stelle, wo die
Bierfiedler gewöhnlich plötzlich das Lied abbrechen, den Rest
in den Wind jagen und einem närrischen Lachen sich hin-
geben, ein Lachen, welches Carl in dem sonderbarsten Aus-
drucke der Ironie und innerer Zerrissenheit ebenfalls er-
schallen ließ . . .

Während drei oder vier Tage blieb er Morgens und
Abends bei dieser nämlichen wahnsinnigen Melodie. Am
Ende war es nur noch ein letzter teuflischer Triller, seine
Stimme schwieg und seine Hand suchte nur allein noch in

der Luft umher, aber auch sie ließ bald nach zu suchen, und nur mit einem einzigen Finger ließ er die Stelle la la! auf den Tasten anklingen . . .

„Aber, Herr! welch' garstige Musik machen Sie denn da?" sagte Françoise zu ihm, während sich Carl auf die besagte Weise in die Unendlichkeit der Töne verlor. „Das ist ja gerade wie ein Todtenlied! Sie würden besser daran thun, auszugehen . . . Da schauen Sie 'mal heraus, welch' schönes Wetter . . ."

„Nein, ich bin müde . . . ich habe Beine, wie aus Baumwolle . . . ich werde ausgehen . . . morgen werde ich ausgehen" . . . Das Piano blieb offen. Carl ließ es unberührt. Er blieb in seinem Fauteuil vergraben am Kaminfeuer, ohne ein Wort zu reden, mit einem Aussehen sitzen, als denke er an gar nichts, der Tageshelle sich verschließend, Schatten suchend, und so kam endlich der Abend herbei. Als es Nacht geworden, schien er sich in's Bett legen zu wollen, so wie er war: Françoise war genöthigt, ihn auszukleiden.

Diese Unempfindlichkeit Carl's, diese den ganzen Tag über angedauert habende Trägheit, diese Gleichgültigkeit des Körpers an jeder Sache, dieser Schlaf mit offenen Augen begannen die alte Dienerin zu beunruhigen; und da er seitdem er in diesen Zustand verfallen, auf erstaunliche Weise Allem sich fügte, jedem Ansuchen, welches sie an ihn stellte, entsprach, mit einem Worte einen maschinenartigen Gehorsam bewies, näherte sich Françoise ihm eines Nachmittags, wo er so zusammengekauert am Kaminfeuer saß, bot ihm Stock und Handschuhe dar mit den Worten: „Vorwärts, Herr! Sie müssen ausgehen . . . sich ein wenig aufheitern!"

„Ja," wiederholte Carl, „ich muß mich erheitern" . . .
und dabei blieb er sitzen. Aber Françoise ließ nicht nach,
Carl mußte aufstehen, mußte ausgehen. Von da an ging
er jeden Tag aus. Er ging vor sich hin, auf diesem traurigen
Kai, am Arsenal, auf diesem todten, kalten Boulevard, längs
dieses langsam hinfließenden Wassers. Er ließ seine Hand
an der glatten Ufereinfassung hingleiten, ging auf und ab,
blieb vor den auf den Ufereinfassungen in Kasten zum Verkauf ausgestellten alten Scharteken stehen, öffnete einen
zerrissenen, beschmutzten Band, blieb stundenlang lesend, ohne
ein Blatt umzuwenden. Als der Büchertrödler sah, daß er
Nichts kaufte, ihn anstieß, ihm auf die Füße trat und ihn
auf seine Art vertrieb, ging Carl gegen einen Baum inmitten
kleiner Buben, die, auf die Ellbogen gestützt, am Boden
liegend, mit Affengesichtern der Ladung in zwölf Tempo
zuschauten, welche die exercirenden Truppen dort übten.
Einmal dort stehend, dachte er dann nicht mehr an das
Hinweggehen. Die kleinen Tauchenichtse erkannten ihn
endlich schon von Weitem und hatten für den „Zopf" oder
den „Verrückten", wie sie ihn nannten, ein unbarm-
herziges Gelächter in Bereitschaft.

Erstaunt, daß er nie darüber sprach, was er auf seinen
Spaziergängen gesehen oder gemacht habe, weder von seinen
Freunden sprach, noch von einer Begegnung, noch von irgend
einem Eindruck, zu deren Vertrauten er sie früher gemacht
hatte, wollte die alte Françoise endlich einmal wissen, wohin
er ging, und folgte ihm daher nach. Sie sah, wie ihn der
Büchertrödler ziemlich roh hinwegwies, und wie er von

einer kühner gewordenen Bande kleiner Gaſſenjungen mit
Spötterei und Gelächter verfolgt wurde.

Beim Mittageſſen ſagte ſie zu ihm: „Warum, Herr,
gehen Sie denn nicht mehr Ihre alten Freunde beſuchen?
Wollen Sie ſich denn durch Kummer um's Leben bringen?
Und wenn der Herr es wollte, haben Sie denn nicht Geld
genug, um den ganzen Kram dieſes Büchertröblers zu kaufen?
Und dieſe Gaſſenjungen, die ſich Späße mit dem Herrn erlauben . . . ei, ei, und wozu haben Sie denn Ihren Stock?"

„Ja, es iſt wahr . . . ich habe ja Freunde . . ich . . ich
habe Geld . . . ich habe einen Stock . . ich!" und ſeine
Stimme wurde dabei lebhafter. Alsdann nahm die Kraft
des Ausdrucks wieder ab, ſein Blick wurde ſchleppend: „Es
iſt wahr . . ja . . wahr . ." ſummte er vor ſich hin.

LXXXIX.

Jeder Tag mehrte nun in ihm die Verwirrung des innern
Wohlbehagens, welches das Bewußtſein der Vernunft in
dem Menſchen hervorbringt. Zwiſchen ihm und den Gefühls-
wirkungen zerriß ſich nach und nach die Kette der natur-
gemäßen Beziehungen, und glitt ſich etwas Unterbrochenes
und Todtenartiges ein, ungefähr ſo, wie eine wahnſinnige
Mutter zwiſchen ihrem Kuſſe und dem Backen ihrer Kinder
fühlt. —

Es ging in ihm die dumpfe Arbeit eines unvollſtändig
werdenden Daſeins vor ſich, eine Arbeit, in welcher in einer
unerklärbaren Auflöſung der lebensfähigen Körperordnung,
in der Ausrenkung der Organe, jeder einzelne der Sinne,

jede Einzelheit des Ichs dem Gesammtwesen widerlich werdend, die Gewalt zu verlieren scheint, sich mit einander in Beziehung zu setzen und eines auf das andere zu wirken. Er fühlte in sich die Uneinigkeit des wirkenden Wesens der Intelligenz mit den körperlichen Organen.

Er fühlte auf der ganzen Fläche seines Körpers diese Abnahme des Gefühlsvermögens, jenes Schaums des Gefühls- und des Befühlungssinnes, durch welchen die Verkehrtheit beginnt, und durch eine sonderbare Naturerscheinung schienen ihm seine Verrichtungen und seine Handlungen des natürlichen Gefühls und des Genusses, deren Folgen sie sind, zu entbehren.

Schmerzliches Geheimniß! daß der Wahnsinn nie eine vollständige Umdunklung der Gedanken, nie die vollständige Verbannung der Intelligenz in eine Welt der Hirngespinnste ist, welche den Verbannten dem Andenken an sein moralisches Vaterland, seiner verlorenen Vernunft, völlig entreißt! In diesen umwölkten Seelen, in diesen Gehirnen, welche sich versteinern, giebt es hellere Tage, Lichtblitze, es giebt unter ihnen sogar solche, die eine Gewißheit verspüren, diese schauderhafte Gewißheit, daß Dasjenige, was in ihrem Kopfe wohnt, eine Lüge sei, Dasjenige, was ihre Handlungen leitet, ein Besitz, Dasjenige, was sie glauben, hören, fühlen, schmecken, nur ein grausames, sie betrügendes Gefühl sei! Sie besteht, diese Gewißheit, sogar bis zu dem hervorragendsten Wahnsinn, und das Beispiel ist von solchen Wahnsinnigen vorhanden, die, als sie Besucher lachen sahen, ihnen wünschten, sie möchten niemals wahnsinnig werden! Aber vorher, vor dem Eintritt des unheilbaren Uebels, bei Beginn des

Irrsinns, so lange der Wahnsinn nur noch eine Versuchung, eine Wolke ist, so lange er noch das Gehirn, dessen er sich bemächtigen will, nur kitzelt und befühlt, welches aber immerhin noch nicht in seiner bleiernen Hand schläft — wer vermöchte jenes Zusammendrücken, jene Leiden, jene schreck= liche innere Debatte, dieses verzweifelte Duell des Gedankens zu beschreiben, welches sich wanken und sich abgleiten fühlt, ab= gleitet, trunken von der Luft des Abgrundes und stets noch gegen denselben ankämpfend, sich an den letzten gesunden Gedankenrest anklammernd, gerade so, wie der Schwindel an schwache Gesträuche sich anklammern will?

Wer vermöchte die Demüthigung dieser stolzen Eigen= schaft, die Tortur der Vernunft zu beschreiben?

Und lasse man nun einen Mann von allem diesen Schmerz zerreißen, der alle seine Hoffnungen gerade hier, bei diesem Gehirn, angelegt, einen Mann, der sich geschmeichelt hatte, das geistige Fieber seines Hirns nach Belieben zu ordnen und aus ihm das Glück seines Namens und die Unsterblich= keit seiner Gedanken zu ziehen; einen Mann, der zwischen ihm und Demjenigen, was er thun wollte, einen verdicken= den Schleier sich legen, der am Vorabend und erneut am Morgen seine Gedanken entfliehen fühlt; welcher nach und nach, Stück für Stück das König=Organ seines Daseins und die Harmonie einer durch ihn zu gebärenden Welt in sich zerbrechen fühlt — dann haben wir die fürchterliche Qual Carl's vor uns. Er widerstand er ebenfalls. Und eines Tages, alle seine Kräfte zusammenraffend, wollte er einen letzten Kampf auf seinem Thätigkeitsgebiet liefern.

Er stürzte an seinen Schreibtisch, begann wüthend zu

arbeiten, schrieb, schrieb, bedeckte Seite um Seite und warf dabei seine Worte ohne Zusammenhang laut in die Luft ... Darauf ließ er dann seine Feder sinken und setzte sich abgemattet und wie besiegt an die Kaminecke, in einen Lehnstuhl, den er nicht mehr verlassen wollte.

XC.

Nachstehend eine der von ihm niedergeschriebenen Seiten:

„ . . . . Ich befand mich in einer ungeheuer großen öffentlichen Waschanstalt. Ihre Beleuchtung bestand aus einem Jaspis, der durchsichtig war wie Krystall! Aus den Waschzubern stieg jener sanfte Geruch empor, den Maria Magdalena hinter sich zurückließ, als sie den Geist aufgab. Rings umher Engel, blaß, weiß, sanft strahlend, einer Wintersonne ähnlich, mit Röcken in sanftem Blau und durch Gold erleuchtet, oder auch in weißen oder rosa Kleidern, Engel mit goldenen Flügeln, welche wie die Wäscherinnen am Ufer knieten und Seelen wuschen. Und die Waschbürste in ihren göttlichen Händen machte ein Geräusch von Harfen und sang wie ein Refrain zur Arbeit: Amen! Halleluja! Andere halb niedergebeugte Engel packten Körbe aus, in welchen sich mehr oder minder beschmutzte Seelen befanden — die Einen unschuldig und beinahe weiß, die Andern hingegen ganz beschmutzt und angeschwärzt durch das Leben, schwarz wie der durch den Feuerbrand des heiligen Gregorius angeschwärzte Unbekannte. Und Andere dann an der Thür stehend, eine Lilie, ein Kreuz oder einen grünen Zweig in der Hand, ein unbeschreibliches Lächeln der Wohlthätigkeit in den Augen, nahmen Pakete voll Seelen in Empfang und hielten, als Einschreibebuch der Waschfrauen, ein azurnes Buch, das Buch des Lebens des heiligen Johannes in ihren Händen. Weiße Leitern gingen bis zur Wölbung empor, wo die jüngsten Engel, Myrthenkränze auf dem Haupte, mit einem Fuße sich emporschwangen, einander durchkreuzten und im Himmel die gewaschenen Seelen, wie Paare gewaschener Strümpfe, aufhingen ..."

Hier hatte Carl sein Gedächtniß verlassen, er hatte bis unten an die Seite mit großen Buchstaben geschrieben: Carl Demailly, Carl Demailly, Carl Demailly — gerade als ob er befürchtet hätte, daß sein Name dem Gedächtniß entschwinden könne!

XCI.

Seit einigen Tagen sah die alte Françoise ihn Zeichen von Unruhe geben. Er schaute mit ungeduldiger Geberde und schien etwas von sich stoßen zu wollen, was er nicht sah. Er bewegte sich auf seinem Lehnstuhl umher und legte seine Hand an das Ohr. Françoise beobachtete ihn, ohne es zu wagen, ihn zu befragen, als er plötzlich ein: „das ist unerträglich! unerträglich!" sich entgehen ließ.

„Hat der Herr mit mir gesprochen?" fragte Françoise.

Carl antwortete nicht, aber kurz darauf: „Das ist nicht wahr, ich sage Ihnen, das ist nicht wahr ... Sie lügen!.. O! diese Weiberstimme ... immer noch! .. Du lügst! Du lügst ... so schweige doch still? schweig! ... Du bringst mich um ..."

„Mit wem haben Sie es denn, Herr?"

„Pst! Pst! hörst Du sie? .. Hörst Du?"

„Aber Herr, das ist ja das Feuer im Kamin."

„Siehst Du! diesmal hast Du gehört?"

„Das war der Wind auf der Straße, Herr."

„O! Du bist taub, meine arme Alte .. So höre mal gut .. Du wirst die Frauenstimme hören ... eine Stimme, die zu Lachen scheint und mir fortwährend zuruft: Narr! Narr! Narr!"

„Das sind Gedanken, welche der Herr sich macht .. denn am Ende sehen Sie ja, Herr ... es ist ja Niemand da als der Herr und ich ..."

„Schweig! Das sind sie Alle ... alle die Schwätze-rinnen sind da ... die beiden Männerstimmen .. und der Andere .. Diesmal wirst Du hoffentlich nicht sagen ... Du hörst sie wohl, he?"

„Ja, Herr," sagte die arme Frau, welche Angst vor dem Zustande ihres Herrn hatte, „ich will das Fenster aufmachen und so oft sie wiederkommen, darf mir der Herr nur rufen; dann jage ich sie hinaus ..."

Und nachdem sie ihm geholfen hatte, sich auszukleiden, legte sie sich selbst in einen an seinem Bette stehenden Lehn-stuhl. Als sie gegen Morgen Carl ruhig eingeschlafen sah, eilte sie zu einem Arzte, welchen ihr die Pförtnerin des Hauses bezeichnete, und führte ihn sogleich in das Schlaf-zimmer.

Als Carl den Arzt eintreten sah, warf er einen Blick auf Françoise, welche sich beeilte, ihm zu sagen: „Herr

Carl, ich habe den Herrn geholt, weil Sie heute Nach«
etwas Fieber hatten . . ."

„Mein Herr," sagte Carl hierauf, „ich bedarf weder
eines Arztes, noch eines . . . Spions."

„Ich sehe es, Herr," erwiederte der Arzt, „Ihre Dienerin
hat sich ohne Grund beunruhigt . . . Lassen Sie mich Ihren
Puls fühlen . . . ganz herrlich! . . . Es ist sehr richtig,
Sie bedürfen meiner nicht . . Ich habe die Ehre, mich Ihnen
zu empfehlen."

Ein in einigen tausend Exemplaren in die Welt ge-
worfenes Buch, welches dem Zufall nach unter diese Menge,
das Publikum, fällt, wenn es viel Haß, viel Neid, viel
geheimen Zorn erregt, bringt aber auch oft seinem Verfasser
jene große und süße, zu oft nur unbekannt bleibende Beloh=
nung eines Freundschaftsbandes, einer Seelengemeinschaft
ein, eine Anhänglichkeit, die sich sein Geist in dem Herzen
des Lesers hier — und in weiter Ferne geschaffen, mitunter
auch in seiner nächsten Nähe, ohne daß er darum wüßte,
kostbare und theure Freundschaften, deren Vorgefühl, oder
vielmehr deren Bewußtsein, den Muth und den Stolz eines
Mannes hebt, der einen Gedanken in die Luft sät, eine
geheimnißvolle Ergebenheit, welche nur einer Gelegenheit,
eines Zusammentreffens, eines Zufalls bedarf, um sich laut
kund zu thun.

Carl's Buch hatte dieses Glück gehabt. Und dieser
Arzt war einer seiner unbekannten Freunde. Des andern
Morgens, als er sich von der guten Alten alle Symptome
von Carl's Uebel hatte mittheilen lassen, kam er abermals,
Carl zu besuchen. Er sagte ihm augenblicklich, er käme

nicht wegen seines Gesundheitszustandes, überzeugt wie er sei, daß derselbe nichts zu wünschen übrig lasse, aber er habe sich das Vergnügen nicht versagen können, ihn damit bekannt zu machen, wie sehr es ihn freue, mit einem Manne in Beziehung gesetzt worden zu sein, welchen er geliebt habe, ehe er ihn gekannt, und er begann nun ihm von seinem Buche in der Art eines Lesers zu reden, welcher es wirklich gelesen und abermals gelesen.

„Ach ja," sagte Carl, „der Bürgerstand ... : ja ich habe das zu jung geschrieben ... Wenn Sie läsen, was ich habe machen wollen ..."

„Etwas," unterbrach ihn der Arzt, „wundert mich in Ihrem Buche, und zwar Folgendes: Alle Ihre Bilder scheinen nach der Natur gezeichnet, und, so großer Beobachter Sie auch immerhin sein mögen — so scheint es mir dennoch sehr schwer ..." ·

„Ach! Damals hatte ich eine gewisse anschauende Erkenntnißkraft — eine Entdeckung ..."

„Nicht wahr, wie eine Art von Stimme?" sagte der Arzt, indem er auf das Wort Stimme Nachdruck legte, „welche Ihrem Gehirne die Schöpfungen eingab."

„Ja, eine Art von Stimme, eine Stimme, so ist's, ganz richtig ... aber eine Stimme in dem Gehirn, wie Sie sagen, und nicht wie jetzt ... nicht in den Ohren."

„Hören Sie in der That Stimmen? .. Ach! so etwas ist merkwürdig ... eingebildete Stimmen?"

„Nein, wirkliche Stimmen."

„Stimmen, welche keinen Körpern angehören?"

„Ach! Die Körper ... ich weiß nicht ... ich sehe sie nicht."

„Das ist sonderbar . . . Sind Sie auch ganz sicher?“

„Warten Sie . . . da! hören Sie mal: es sind drei Stimmen, eine nervöse, aufgereizte, die Stimme eines jungen Menschen . . . eine kleine, zarte Frauenstimme . . . und dann eine dicke . . eine plump scherzende Stimme . . . Sie reden nicht immer . . noch alle zusammen, aber die kleine Frauenstimme, sie ist stets da . . . ich rede mit ihnen, heiße sie hinweggehen, biete ihnen Geld an: Die Schwätzerinnen lassen sich nicht aufhalten! . . .“

„Mein Gott! lieber Herr, ich habe mir sagen lassen, daß es in Ihrem Handwerk Leute giebt, die kostbare Fopperreien treiben, ich weiß aber dennoch nicht, ob es einen guten Geschmack verräth, sich einen alten Mann zur Zielscheibe seiner Scherze auszuerkoren,“ und der Arzt — in der Absicht, die Eigenliebe Carl's auf's Aeußerste zu treiben und durch die Discussion ihn zu einer Beichte seiner ganzen Illusion zu vermögen, fuhr fort: „Sie werden begreifen, Herr, daß Alles, was Sie mir da soeben sagten, rein unmöglich ist . . . Stimmen! . . Wie wollen Sie daß . . .“

„Unmöglich? . . Aber, Herr, was ist heute denn unmöglich mit der Wissenschaft: Alles, was man findet, ist unmöglich, das Daguerreotyp, der elektrische Telegraph . . . Alles! Und dann, wenn ich mir das nur so vorstellte, wenn das keine wirklichen Stimmen wären . . . alsdann würden Sie mich nennen gerade wie mich die Schwätzerinnen nennen!“

„Und wie nennen sie Sie denn?“

„Das geht Sie nichts an . . .“ Und alsbald die Stimme senkend, nahm Carl wieder auf: „Sie nennen mich ... Es ist nicht wahr, Herr! ... Was mir fehlt? Ich habe einen kranken Kopf, weil mir viele Sachen .. zugestoßen .. Aber Sie können die Frau fragen, die bei mir ist ... Sie wird Ihnen sagen ... ich bin ruhig ... ich treibe nichts Unvernünftiges ... Ich bin ein wenig verwirrt, ja, ein klein Wenig ... habe mitunter Mühe, meine Gedanken wieder zu finden .. aber ... aber ich finde sie wieder ... und ich weiß nicht, weßhalb mich die Stimmen Narr nennen ... ich bin kein Narr ... nicht wahr, Herr, ich bin keiner?"

XCII.

Der zu Carl gerufene Arzt gehörte jener bereits sehr zahlreichen Classe von Aerzten an, welche eine Krankheit, die sie als eine moralische Krankheit erkennen, auch einer moralischen Behandlungsweise unterwerfen.

Das Uebel durch das Mittel des Vertrauens und der Sanftmuth zu bekämpfen, durch eine geduldige und freundschaftliche Unterhaltung, und ohne den Kranken vorerst in seiner Illusion zu stören, ohne ihm von vornherein Handschellen anzulegen, in ihm nach und nach zurückzurufen und wieder zu vereinigen, was ihm noch als Bewußtsein von sich selbst, an klarem Urtheil, unerschütterlicher Wahrheit, gesundem Lichte geblieben, zu versuchen, alle jene Gefühle der Eigenliebe zu erwecken, welche mit der Vernunft in Beziehung stehen und sie spielen läßt, zu suchen, ihn selbst greifen, ihn selbst, soweit dies möglich ist, seine Ungesundheit eingestehen zu lassen, auf das physische Wesen nur durch eine sanfte ärztliche Behandlung zu wirken, durch lauwarme Bäder, Senfteige, nöthigenfalls auch durch Anwendung von Blut-egeln, dies war der Lehrbegriff, nach welchem dieser Arzt handelte und seine Vorschriften einrichtete.

Uebrigens sah er in dieser Täuschung des Gehörs eine jener Täuschungen des gewöhnlichen und nicht des ernsten Wahnsinns, nur eine vorübergehende Störung, eine Ver-wirrung der Sinne in Folge heftiger Gemüthsbewegungen, auf welche die Zeit, die Rückkehr zu seinem Leben und seinen Gewohnheiten, eine Ortsveränderung, Carl wieder heilen konnten, ohne Spuren zurückzulassen.

Und daher, Carl mit seiner ganzen Sorgfalt umgebend, ihn sanft in die Pläne der Zukunft wiegend, versuchte er es, ihn zu einer großen Reise nach Italien zu bestimmen, bereits bemüht, unter den jungen Assistenzärzten des Spitals, dem er vorstand, den lustigsten und sanftesten Reisegefährten für diesen kranken Geist zu finden. Es ging auch bereits mit Carl besser. Aber diese schreckliche Krankheit, die Krankheit der Narren, sie scheint selbst närrisch zu sein. Sie hat weder einen Gang, noch eine Regel. Ein angesehenes Gesicht, ein durch irgend etwas heraufgerufenes Andenken, eine physische Störung, ein Wechsel der Zeit, mitunter etwas Ungreifbares, welches, was weiß ich, der Wissenschaft ent-geht? eine Atmosphäre, ähnlich der Atmosphäre in den Junitagen des Jahres 1848, in welcher sich alle Narren zu Bicetre in Bewegung setzten — tausenderlei Electrizitäten ha-ben eine Wirkung auf sie und treiben das Uebel voran. Plötz-lich und ohne irgend eine anscheinende Ursache, machte der Besserungszustand Carl's einer Verschlimmerung Platz. Die

Stimmen kamen wieder, viel dringender, viel marternder als das erste Mal. Carl wollte auf nichts mehr Antwort geben. Eine momentane Färbung seines Teint drückte nur allein aus, daß er verstand, was ihm der Arzt und Françoise sagten. Er saß mit stierem Blicke und großen Augen, die durch einen Schreck noch weit größer wurden, in die Ferne. Und den ganzen Tag lang saß er, beide Ellbogen auf die Knie gestützt, eine Hand gegen die Brust gedrückt, durch die andere seinen halb zurückgeworfenen Kopf tragend, das Gesicht convulsivisch durch den Schrecken entstellt, bei dem geringsten Geräusch bebend, unbeweglich und zitternd da, er schien die schmerzensreiche Statue der „horchenden Furcht" zu sein . . . Leider! war er bei jener traurigen Periode melancholischen Wahnsinns angelangt, wo der unbewußte Wille, überragt durch die Verzweiflung, sich der harten Einflüsterung eines falschen Princips überläßt: Er war nun bei der Manie des Selbstmordes angekommen. Bereits zwei oder drei Mal, in Betrachtung vor den weißen, am bläulichen Himmel dahineilenden Wolken versunken, hatte er, dieselben herbeiwinkend und ihnen zurufend, sie möchten kommen, ihn zu holen, es versucht, aus dem Fenster zu springen; man konnte ihn glücklicherweise noch zu rechter Zeit zurückhalten. Auf diese Regungen, dieses instinktmäßige Herbeirufen des Todes! auf diese Versuchungen des Augenblicks und der Gelegenheit, folgten dann ohne auf sich warten zu lassen die Entschlüsse und Pläne eines festüberdachten und gereiften Selbstmordes, deren Bedenken dem Arzte nicht entgingen.

XCIII.

Die Frau Carl's wurde benachrichtigt. Chavannes, nach Paris berufen, eilte herbei. Ein Familienrath sprach seine Bevormundung aus und der Kranke wurde in das Narrenhaus nach Charenton gebracht. Er erhielt hier ein besonderes Zimmer, einen eigenen Diener, die theuerste Behandlungsart des Hauses umgab Carl mit Luxus und aller jener Sorgfalt, allem jenen Comfortable und, wenn man sich so ausdrücken kann, mit jenem Wohlstand der Krankheit, von welchem das Elend nichts weiß.

Der erste Eindruck eines in ein Narrenhaus verbrachten Kranken, vor einem vergitterten Kamin, einem vergitterten Spiegel, mit unbekannten Gesichtern in Berührung gebracht und inmitten einer neuen, ihm furchtbaren Welt sich befindend, plötzlich von dem bisherigen Schauplatz seines Wahnsinns und aus seiner Wohnung entfernt, von der Trauer jener befreit, welche ihn umgaben, dort Sorgfalt und Zuvorkommenheit findend, wo er mit großer Angst befürchtete, er mußte selbst nicht was, zu finden, dieser erste Eindruck ist ein Gefühl der Betäubung, welche eine Ablenkung in dem Laufe der Krankheit verursacht. Es ist auch ein oberflächliches Gefühl der Furcht, welche, indem sie die nervöse Aufregung mäßigt, den Kranken hierdurch beruhigt und ihn zum ruhigen Verhalten, zum Gehorsam und zur Beobachtung der Vorschriften geneigt macht. In den ersten Tagen kommt es auch vor, daß der Gestörte gegenüber dieser Beaufsichtigung, die er überall um sich herum fühlt, von sich selbst

auf jeden Verſuch des Selbſtmordes verzichtet, zum Voraus
von deſſen Mißlingen überzeugt.

Mit länglich verzogenem Geſichte, gelber Geſichtsfarbe,
trockenen rothen Lippen, beunruhigtem Auge, blieb Carl
unbeweglich vor ſeinem neuen Feuer ſitzen. Er gab kurze,
mit Seufzern durchmiſchte Antworten; er rief aus: „Ich
will fort . . . ich möchte wiſſen . . .“ Und er fuhr fort
zu zittern, bei jedem Geräuſch zu beben, ſich über die Ruhe
des Schweigens zu entſetzen, auf ſeinem Geſichte ſtets die
Angſt des Bedauerns, des Schreckens und der Verzweiflung
zeigend, aber er ſchien jeden Gedanken aufgegeben zu haben,
ſich erwürgen zu wollen, und trotzdem er tauſend Schwierigkeiten machte, eine Fleiſchbrühe zu nehmen, ſo gelangte man
endlich doch dahin, ſie ihn nehmen zu laſſen.

Das Syſtem des erſten dirigirenden Arztes war beſonders
auf die Melancholie gerichtet, die Lipémanie der Aerzte, welche
Seelengeſtörte behandeln, war ungefähr jenes Syſtem,
welchem Carl's Arzt zugethan war.

Auch er war Anhänger der moraliſchen Behandlungsart,
wenn auch gerade nicht als ausſchließliche Vorſchrift, ſo
aber dennoch als vorherrſchende Behandlung, aber ſeine
Erfahrungen und Studien hatten ihn beſtimmt, dieſer Behandlungsart den Schmerz beizugeben, nicht als phyſiſche
Strafe, ſondern als moraliſche Wirkung. In ſeinen Gedanken die Narren den Kindern gleichſtellend, dachte er an
deren Beſtrafung, an die den Kindern ſo nöthige, ſo wohl-
thuende Beſtrafung in den erſten Jahren des menſchlichen
Lebens, und mußte ſolche auf den Wahnſinn angewendet,
auf jene Kindheit eines Gehirns, welches man zur Männlich-

keit führen will, ebenfalls wie die Züchtigung bei Kindern
wirken.

In der Absicht, Carl eingewöhnen zu lassen, ferner, indem er auf sich warten ließ, durch seinen Besuch jene Gewalt
über das Gemüth des Kranken sich zu verschaffen, welche die
größte Waffe des Arztes in solchen Krankheiten ist — wartete
er daher das Ende der ersten Woche ab; als man ihm meldete,
Herr Demailly weigere sich unter allen Umständen irgend
eine Nahrung anzunehmen.

Der Arzt trat barsch in das Zimmer Carl's, nahm die
Tasse Fleischbrühe und bot sie Carl an. Mit einer um-
gekehrten Bewegung der Hand warf sie Carl mitten in das
Zimmer. Der Arzt sagte nichts, verlangte eine andere
Fleischbrühe und reichte sie ihm kalt dar. Carl wendete ener-
gisch den Kopf hinweg.

„Mein Herr," sagte der Arzt zu ihm, „ich bin betrübt,
daß Sie uns zu so äußersten Maßregeln zwingen — da Sie
aber nicht vernünftig sein wollen, so werden wir gezwungen
sein, die Gewalt anzuwenden."

„Die .. die Gewalt? . . . oho! . . ."

Und Carl's Augen drohten.

„Die Sonde!" verlangte der Arzt.

Drei Mann ergriffen nun den Kranken, warfen ihm den
Kopf zurück, hielten ihm die Nase zu und brachten eine Sonde
in seinen Schlund. Aber Carl, mit jener Energie und
jener Wuth des Willens, welche Melancholiker haben, die
Hungers sterben wollen, spie die Bouillon augenblicklich
wieder aus. Zwischen ihm und den drei Männern fand
ein Kampf statt. Die Sonde konnte gefährlich werden.

„Nicht wahr, wir haben Eis im Behälter?" fragte der Arzt, „man bringe den Herrn in den Saal."

Und Carl wurde in eine Badewanne gesetzt, dicht unter den Krahnen einer starken Douche; und der Strahl begann zu wirken. Die Leiden Carl's mußten schrecklich sein, er wurde furchtbar blaß, aber er machte dennoch seine Zähne nicht von einander.

Der Arzt frug ihn, ob er essen wolle. Carl blieb stumm. Er blieb eine halbe Minute, eine Minute stumm ... dann aber, unter der stets herabstürzenden Douche in Thränen zerfließend, in Schreie ausbrechend und in ununterbrochenen Sätzen sagend:

„Warum mich so leiden lassen? .. so leiden? ... Was habe ich Euch denn gethan? .. Ach, ich weiß wohl, wer Ihr seid ... ich habe ebenfalls medizinische Bücher gelesen, als ich Angst bekam ... Sie sind der Doctor Hemroth! der Barbar Hemroth! .. und Ihr Alle da deutsche Henkersknechte! .. Ich verstehe Sie, lassen Sie es nur gehen! Sie sagen, der Wahnsinn sei eine Seelenkrankheit, die Seele habe gesündigt ... ja, Du hast es gesagt, man müsse den Wahnsinn züchtigen ... Du hast gesagt gesündigt ... Du hast gesagt züchtigen! Ja, ja, ich erinnere mich ganz gut... und daß es deshalb sei, weil man nicht sein ganzes Leben lang Gott vor Augen gehabt habe ... aber ... ich habe ihn vor Augen gehabt .. und Gott .. immer .. Ich will nichts mehr auf meinen Kopf, es ist genug! ... Ich habe nie Uebles gethan, ich .. nie, auf mein Ehrenwort! .. Die Stimmen sind es, die mir Uebeles wollen ... Nein, Sie sind nicht Hemroth ... noch die Freunde Hemroth's ...

Nein, meine lieben Herrn . . . ich bitte Sie . . . da ich aber doch verspreche . . . ich werde essen hier, ich werde essen."

Als Carl aus dem Bade war, brachte man ihm die Fleischbrühe. Er weigerte die Annahme, aber auf die Drohung eines zweiten Bades entschloß er sich, sie zu verschlingen. Wiederholte Bäder erzielten gleiche Ergebnisse, und Carl begann zu essen.

XCIV.

(Er befand sich in dem fürchterlichen Sturzbade.)

Der Arzt sagte zu ihm:

„Es ist auch nicht ein einziges Wort wahr von Allem, was Sie mir erzählen . . . Deßwegen sind Sie hier, und Sie werden nicht hier heraus kommen, ehe Sie nicht selbst eingestehen, daß . . ."

„Sie wollen, daß ich Dasjenige nicht hören soll, was ich höre?" erwiederte Carl sanft. „Ganz gut . . . ich, ich weiß wohl, was ich höre, Sie wollen aber nicht, daß ich davon rede . . . weil Sie sagen, dies sei nicht wahr . . . ist mir auch recht . . . ich werde nicht mehr davon reden . . . aber ich kann doch nicht verhüten, sie zu hören."

„Sie müssen wollen, Sie nicht mehr zu hören."

Und das Sturzbad wurde fortgesetzt.

XCV.

Die Sorgfalt, eine streng geregelte Lebensweise, eine geschickt angewendete Medication, vielleicht auch diese schmerz-

haften Mittel der Bestrafung, diese Spannkraft der Leiden
gegenüber der Feigheit der Einbildungskraft angewandt,
triumphirten nach und nach, zwar langsam, aber ohne
Aufenthalt über das Uebel Carl's. In seinen Zwiege-
sprächen mit dem Arzte, welche Plaudereien geworden waren,
sprach Carl nicht mehr von diesen „langweilenden Stimmen",
als nur von einem Geräusch, das er gehört zu haben glaube.
Es war keine Behauptung mehr, aber eine letzte furchtsame
und verschämte Verwahrung, über welche der Arzt leicht
Meister wurde. Das Leben, die Wärme kamen von Tag zu
Tag in diesen elenden, abgemagerten Körper wieder zurück.
Inmitten dieser Gesundheits-Versprechen begann der Wille,
diese bisher beherrschte und wie versunkene geistige Eigen-
schaft, sich der Beherrschung und dem Druck der auf ihn ge-
legenen Gewalten zu entziehen und, seine eigenen Kräfte
wieder erlangend, somit die Persönlichkeit seines Lebens,
begann er auch wieder zu Wollen. Moralisch und physisch
trat Carl aus dieser Versunkenheit, aus dieser Unbeweglich-
keit, dieser Bewußtlosigkeit des Gewissens, aus dem Tode.
Die Bewegung hatte ihm wieder Appetit verschafft, alle
Befürchtungen innerer Verletzungen waren geschwunden,
und die völlige Genesung des Kranken war von jetzt in den
Gedanken und Hoffnungen des Arztes nur noch eine Frage
der Zeit, da er ihn über „die Stimmen" mit einer Art von
Lächeln auf den Lippen sich lustig zu machen anfangen und
an Gedanken sich betheiligen sah, welche keine Beziehung zu
seiner Krankheit hatten, dann auch las, ohne hierdurch die
Ermüdung jener Erscheinung zu verspüren, wodurch die
Buchstaben gegenseitig aufeinander herumreiten.

Carl, es muß dies hier gesagt werden, wurde in seiner Genesung ermuthigt und aufgemuntert durch die Zuvorkommenheiten und Aufmerksamkeiten aller jener Personen, welche sich ihm näherten.

Er sah nur Gefühlsmenschen um sich herum. Alle, auch selbst die Abgehärtetsten in diesem Hause, waren durch das Unglück dieses jungen Mannes tief bewegt worden. Seine vorerst so schmerzhafte Melancholie und seine nun so sanft lächelnde Jugend, die herzlichen Manieren, mit welchen er seine Dankbarkeit zu erkennen gab, seine Geschichte, die, wenn auch unvollständig, als Gerücht verbreitet worden, empfahl ihn jedem Menschen von Herz, ebenso sein Name, welchen Einige von seinen Büchern her kannten, hatten ihm alle diese Liebe, dieses Mitleiden, diesen delikaten Ergebenheitsinn, alle diese Freundlichkeiten erworben, die in jeder solchen Anstalt übrigens in mehr oder minderm Grade solchen Opfern zu Theil werden. Und dies war nicht nur die alleinige Hülfe, welche Carl gegen die Wiederkehr seiner Täuschungen und seiner Verzweiflung erhielt, sondern diese Conspiration guten Willens und aller Sorgfalt für die baldigste Herstellung seiner Gesundheit wurde von dem gesammten ärztlichen Personale getheilt, welches vielleicht in dieser Kur nichts weiter, als die Eigenliebe der Wissenschaft zu sehen glaubte, während es aber doch ein Eifer war, welchen sich die Menschlichkeit als Ehre zurechnete. Chavannes, welcher ihn gegen Ende Winters besucht hatte, fand ihn so wohl auf, daß er ihn mit hinwegnehmen wollte. Aber aus Erfahrung und traurigen Fällen die Gefahren des Rückfalls kennend, wollte der Arzt Carl erst dann seiner völligen

Freiheit zurückgeben, wenn er von Grund aus vollständig geheilt sein würde, daher er Chavannes anrieth, ihn bis zum Frühjahr noch da zu lassen, die wahre Zeit für's Landleben und die geeignetste für die glückliche Beendigung einer Gemüthskrankheit. Inzwischen hatte er Carl von jeder Aufsicht und jeder ärztlichen Vorschrift entbunden.

Carl führte ungefähr das Leben eines politischen Gefangenen in einem Krankenhause und, die Bedenken des Arztes selbst anerkennend, wartete er mit aller Gemüthsruhe eines vernünftigen Menschen die festgesetzte Entlassungszeit ab.

Der Beiarzt, welcher mit Carl sich freundschaftlich verbunden hatte, erhielt mitunter die Erlaubniß, ihn mit sich nach Paris nehmen zu dürfen, mit ihm spazieren zu gehen, ihn auf eine Weise zu zerstreuen, durch welche er wieder an die Besitznahme seiner Freiheit und die Führung seines eigenen Lebens gewöhnt werde. Eines Abends, als sie bei Bonvallet gespeist hatten, sagte ihm der Arzt, daß kein Grund mehr vorläge, ihn länger zurückzuhalten, und da der Winter sehr gelinde sei, so sollte er nach Belieben seinen Freund besuchen, dieses habe gar keinen Anstand, und indem Beide so miteinander sprachen, befanden sie sich gerade unter der Beleuchtung eines kleinen Boulevardtheaters, und der Arzt sah in dem Auge Carl's eine so große Lust, in dieses Theater einzutreten, daß er eine Loge nahm, und sie traten somit ein. Sie setzten sich Beide, und als Carl ebenfalls saß, sah der Arzt zum ersten Male auf seinem Gesichte den lebendigen und lebhaften Ausdruck des Mannes, welcher Demailly ehemals gewesen war.

„Ich danke Ihnen, Doktor! Ganz entschieden ist es fertig, ganz fertig, ich fühle es . . . Ich hatte schon so lange Lust hiezu . . aber ich wagte es nicht, Ihnen davon zu reden . . Ach, wenn Sie wüßten, wie glücklich ich bin." Und Freudenthränen überzogen dabei Carl's Augen.

„Ich mußte wohl, daß es vorbei sei . . Aber, lieber Freund, nur Ruhe . . keine Aufregungen . . ."

Aber Carl weinte in sein Taschentuch hinein, und dies waren so sanfte Thränen, die er weinte, daß lange Zeit verging, ehe er die Scene betrachtete.

Als er den Kopf in die Höhe richtete, befand sich eine Frau in Scene und es entspann sich zwischen ihr und einem jungen Manne ein ziemlich lebhaftes Liebes-Zwiegespräch: In einem Augenblick war das Blut Carl's zu Kopf gestiegen, seine Augen vergrößerten sich auf eine schreckliche Weise, seine Lippen bebten . . . Der Arzt wollte ihn hinweggehen machen . . . „Nein, Doktor, da ich doch kein Narr mehr bin, kein Narr mehr, ich schwöre es Ihnen . . ." und ein Zittern durchlief bei diesen Worten seinen ganzen Körper . . . Der Arzt wollte ihn in seine Arme nehmen und hinwegtragen, Carl aber klammerte sich mit seinen beiden Händen an die Bank fest, und mit einem kräftigen Ruck seiner Schultern sich aus der Umarmung des Arztes losmachend, sich kerzengerade in die Höhe richtend und zur Loge hinausbeugend, rief er zum Erstaunen aller Anwesenden, indem er mit dem Finger auf die Schauspielerin zeigte, mit aller Kraft:

„Die Stimme . . . die ehbrecherische Stimme!"

XCVI.

Während man sich seiner bemächtigte, hörte der Arzt:

„Ei sieh' da! Dieser arme Demailly! Es hieß, er sei geheilt ... Er wußte es also nicht, daß seine Frau vom Gymnase hier heruntergestiegen war?"

Man mußte Carl hinwegtragen, um ihn fortzubringen. Er wehrte sich mit den Füßen, Händen, Zähnen, mit Allem, durch welches er zerreißen, beißen, kratzen und schlagen konnte. Im Wagen mußte man ihn binden. Zu Charenton angekommen, wurden die heftigsten Mittel, die energischsten Erschöpfungsmittel von dem Aderlaß bis zur Ohnmacht, bis zu dem schrecklichen in dem Nacken angewendeten rothglühenden Eisen versucht, Alles mißglückte gegenüber dieser Wuth, gegenüber dieser Manie der Zerstörung, die Alles in Stücke legte und in Fetzen zerriß, was sich ihr näherte.

Dieser langen und fürchterlichen Krise folgte die Erschlaffung. Und so ermattet, so erschöpft, zernichtet auch der Wüthende war, so entgingen ihm dennoch Ausrufe der Wuth ...

Alsbald aber vermochte Carl kein Wort mehr hervorzubringen. Er konnte keine Bewegung mehr machen, welche anzeigte, daß er noch ein Gefühl für die Worte Anderer besäße. Sein Gesicht war von convulsivischen Zuckungen bewegt, sein Auge stier und ohne Ausdruck, sein Körper überall, wo er die Betttücher berührte, von braunen, aufgeschärften Hautwunden bedeckt. Der Puls ging klein und langsam. Der letzte Schlaf begann: Carl Demailly begann zu sterben, er sollte befreit werden! . . . Aber ein Wunder trat ein . . Er hatte eine Krise, nach welcher, aus diesem Schlafe erwachend und sich lebend emporrichtend, er Durst fühlte und trinken wollte . . . Der Unglückliche wußte aber die Worte nicht mehr, mit welchen man zu trinken verlangt!

XCVII.

Und er lebte. Er lebt, gerade als ob er dazu bestimmt worden, bis zum Schauder die Sühne und die Demüthigung des menschlichen Gedankens zu erschöpfen. Er lebt, um in den Händen des Lebens nichts mehr weiter zu sein, als das furchtbare Beispiel unseres Elendes und der Nichtigkeit unseres Stolzes . . . Alles, selbst bis zu den Namen der dem Leben nothwendigsten Dinge, Alles, Alles ist seinem Gedächtnisse entschwunden. Für ihn giebt es keine Vergangenheit, kein Andenken, keine Zeit, keine Gedanken mehr! Nichts mehr den Tod Ueberlebendes, als eine Fleischmasse, aus welcher kleine Laute, Grimassen, Geheul, Lachen, unkenntliche Sylbenlaute, Kundgebungen ausgehen, welche der Zufall dem Blödsinn ohne irgend einen Grund aus diesem athmenden Fleischklumpen hervorpreßt! Nichts mehr Menschliches in diesem Körper, der Menschheit nur noch allein durch die Verdauung angehörend! Dieser Körper an einen Lehnstuhl angekettet, unverständliche Sylben stammelnd, wie das Kind in seinen Windeln, unbeweglich und sich nur durch eine unaufhörliche Erhöhung und Herabsenkung der Schultern bewegend, beim Anblick der Sonne den animali-

schen Ruf coc ... coc! in die Luft werfend, den Mund
öffnend für die Nahrung, welche man ihm bringt, und sich
an dem Manne, welcher ihm zu essen giebt, mit der Liebkosung und Dankbarkeit reibend, welche das Thier seinem
Wohlthäter beweist.

Bei **Otto Wigand** in Leipzig ist erschienen:

Aus dem

Gefängnissleben

von

Th. Oelckers.

8. 1860. 2 Bände. Preis 2 Thlr.

Inhaltsverzeichniß.

Erster Band:

Zweiter Band: